京津冀协同发展司法服务与保障研究

陈泰　梁平◎著

JINGJINJI XIETONG FAZHAN
SIFA FUWU YU BAOZHANG YANJIU

中国法制出版社
CHINA LEGAL PUBLISHING HOUSE

序　言

京津冀协同发展战略是习近平总书记亲自谋划、亲自部署、亲自推动的重大国家战略。2015年4月30日，中共中央政治局会议审议通过了《京津冀协同发展规划纲要》，以疏解北京非首都功能、解决北京"大城市病"为基本出发点，着眼于京津冀整体协同，实现空间结构、产业布局和城市功能的优化互补。2017年4月1日，作为北京非首都功能集中承载地的雄安新区设立，此为"千年大计、国家大事"，为京津冀协同发展提供了新的着力点和增长极。自京津冀协同发展战略提出以来，已近五年，京津冀三地在交通、环境保护、产业转移等领域率先取得了突破性进展，雄安新区规划建设亦进入实质性建设阶段，总体上实现了体制机制改革创新、经济有序增长、社会持续和谐稳定的有机统一。其中，立足司法职能、依法审理案件和妥善化解社会矛盾纠纷，为京津冀协同发展和雄安新区规划建设提供良好的社会环境，是人民法院肩负的重大政治责任和光荣历史使命。2016年2月3日，最高人民法院印发了《关于为京津冀协同发展提供司法服务和保障的意见》，京津冀三地高院等亦出台了规范性文件，采取有效措施，加强司法协作，积极主动地为京津冀协同发展提供优质服务和有力保障。

从长远来看，立足于京津冀协同发展重大国家战略，建构京津冀司法协同运行机制，推动京津冀司法协同治理，既是京津冀协同发展的题中之义，又是司法服务保障京津冀协同发展的必然要求，亟待立足于我国宪法以及现行政治体制，对跨省级行政区划的司法协同进行深入研究。鉴于此，本书基于对京津冀协同发展战略提出五年来三省（市）司法协同实践的持续跟踪，着眼于构建京津冀司法协同治理机制，从基本理论、立案、审判、执行以及保障机制等层面进行了系统总结和深入分析。

人民法院为京津冀协同发展提供司法服务和保障的基本着力点是案件审理和社会矛盾纠纷化解，包括京津冀三省（市）内的以及跨省（市）的案件和矛盾纠纷，旨在打造和维护和谐稳定有序的区域社会环境，其重心是立足于审判执行本职职能，切实履行司法职责，正确适用法律，公正高效地裁决纠纷。但从司法服务保障区域发展的角度来讲，京津冀法院在社会治理中的功能定位沿着两个维度进行辐射和拓展：一是以社会矛盾纠纷为中心，将司法的触角从审判执行向外延伸，与党委政府等主体加强协同联动，积极推进非诉讼纠纷解决机制，加强诉源治理，优化司法服务，以案说法促进普法宣传教育，促进区域法治文化的形成；二是以跨省级行政区划的司法协同运行为中心，建立健全京津冀三省（市）各级法院在立案、审判、执行、信息化、人才队伍建设、调研交流等方面的全方位协作，打造京津冀一体化的司法协同运行模式。这就要求京津冀各级法院提高政治站位，从“审判执行——非诉化解——案例普法”等三个维度切入，加强区域治理主体、矛盾纠纷化解、社会风险防控、跨域规则体系建设等层面的司法协同，助力京津冀的政治、经济、文化、社会、生态文明建设。

沿此思路，本书的研究重点和显著特色主要体现为：一是对京津冀协同发展战略提出五年来，最高人民法院以及三省（市）各级人民法院的司法协同实践进行了系统的考察，运用司法数据和实证资料，从文本规范、司法互动、机制构建与运行等层面，全方位地展现了京津冀司法协同的总体面貌，并以此作为理论分析的基础和根据。二是建构区域司法协同技术治理的分析框架，坚持人本理念和系统治理思维，以机制构建和协同创新为重点，对京津冀司法协同的前沿热点问题进行了深入研究，特别是对跨区域案件识别、特定类型案件（知识产权、环境资源、海事商事、金融等案件）集中管辖、跨域立案、审判机构改革、要素式审判、类案检索与法律统一适用、执行体制改革、区域执行协作、网络执行查控以及京津冀司法合作、调研论证、人工智能应用、人才队伍建设等，在现状分析的基础上提出了京津冀司法协同机制的构建思路。三是着眼于提升司法服务保障京津冀协同发展和雄安新区规划建设的能力，以逐渐破除京津冀司法运行的行政区划壁垒为切入点，提出创新和深化京津冀司法合作机制，推动京津冀司法一体化协同运行的制度化，并以人工智能等科技与司法的深度融合为支撑，为增强京津冀司法协同、以服务保障京津冀协同发展提供制度和机制保障。

京津冀协同发展战略实施和雄安新区规划建设，赋予了京津冀三省（市）各级人民法院重大的历史使命，考验着区域司法协同治理的担当和能力，亦为推动和深化跨省级行政区划的司法协同治理提出了一系列新的研究课题。目前，各项工作总体上尚处于起步阶段，随着京津冀协同发展的稳步推进，必将对司法提出更高更新、更明确更具体的要求，有待深入探讨的新问题将不断涌现，有待进一步跟踪研究。本书仅是京津冀协同发展战略提出五年来三省（市）司法服务保障机制建设的阶段性成果，难免存有疏漏，敬请读者不吝批评指正。

CONTENTS 目 录

第一章　京津冀协同发展司法服务与保障的理论研究

2014 年 2 月，习近平总书记首次提出将京津冀协同发展上升到国家战略层面。2015 年 4 月 30 日，中共中央政治局会议审议通过了《京津冀协同发展规划纲要》（以下简称《规划纲要》[①]），对京津冀协同发展作出了顶层设计和长远规划。为更好地服务保障京津冀协同发展，2016 年 2 月 3 日，最高人民法院印发了《关于为京津冀协同发展提供司法服务和保障的意见》。《规划纲要》为京津冀描绘了新蓝图、带来了新机遇，同时也面临着新情况、新问题，京津冀三地各级法院进一步创新司法思维，拓展司法空间，提升司法能力，推动区域司法协同治理，更加坚定有力地服务保障京津冀协同发展，不仅应当不断强化审判执行本职职能，而且需要从国家治理的高度参与和推进社会治理，加强区域治理主体、矛盾纠纷化解、社会风险防控、跨域规则体系建设等层面的司法协同，以重大政治责任感和光荣历史使命感，为京津冀区域的政治、经济、文化、社会、生态文明建设提供司法服务和保障。党的十八大以来，我国发生了巨大变化，取得了巨大成就，做了许多过去想做而没做成的事，中央出台了各领域改革的重大决策部署，与京津冀协同发展战略同步实施，客观上更需要三地法院加强司法协作，而全面深化司法改革的重大突破以及法院信息化建设的持续升级，

① 本书中《规划纲要》均指《京津冀协同发展规划纲要》。

作为法院工作发展的“两翼”，有力地提升了司法服务保障能力，这是京津冀三地法院服务保障京津冀协同发展所具有的前所未有的良好机遇。因此，京津冀法院应当勇于肩负历史使命，抢抓时代机遇，从“审判执行——非诉化解——案例普法”这三个基本维度抓根基、强联动、聚合力，为京津冀协同发展提供优质高效服务和坚强有力的司法保障。

第一节　京津冀协同发展与区域司法协同治理

京津冀协同发展战略是习近平总书记亲自谋划、亲自部署、亲自推动的重大国家战略，以疏解非首都功能、解决北京“大城市病”为基本出发点，着眼点和核心是三地的整体协同，实现空间结构、产业布局和城市功能的优化互补。雄安新区作为非首都功能的集中承载地，与作为北京城市副中心的通州构成了北京新的“两翼”，为京津冀协同发展增添了新动能。京津冀协同战略的稳步推进和雄安新区的高质量建设，必然面临着三地要素资源自由流动和社会关系调整，甚至某些层面需要进行重构性改革，涉及户籍、住房、教育、养老、医疗等民生领域，面临着建设规划、土地征迁补偿、企业搬迁或停并转、项目建设、劳动用工、环境保护、流动人口管理等一系列问题，对区域协同治理是一种考验。2019 年 10 月 31 日，第十九届四中全会通过的《中共中央关于坚持和完善中国特色社会主义制度 推进国家治理体系和治理能力现代化若干重大问题的决定》，对新时代国家治理作了总体部署。从国家治理现代化的角度来讲，既需要建立现代化的治理体系，又要切实提升现代化治理能力，特别是善于运用法治思维和法治方式，主动谋划、扎实推进和有效化解京津冀协同发展战略实施过程中面临的新情况、新问题，真正做到京津冀三地的实质性协同。法院作为国家机构的重要组成部分，司法作为国家治理的重要环节，建立并推进区域司法协同治理是维护京津冀区域社会和谐稳定的客观需要，是京津冀协同发展的必然要求，重点是立足于审判并积极拓展司法职能，为京津冀协同发展提供优质服务和坚实保障。为此，京津冀三地的各级法院要牢固树立"司法协同"理念和总体安全观，深化治理意识，加强三地法院之间以及法院与其他治理主体的协同性；在矛盾纠纷化解过程中，既要妥善处理涉京津冀矛盾纠纷，又要坚守阵地，及时有效化解当地社会矛盾纠纷，为京津冀协同发展提供安全稳定的社会环境；作为社会治理责任主体，既要立足于司法职能，依法审理和制裁危害国家安全、侵害人身权利和经济金融安全的严重犯罪行为，又要坚持把非诉讼纠纷解决机制挺在前面，深化社会矛盾纠纷的多元化解，以审判运行态势为依据，加强对社会风险的预测预警预防，共同致力于社会治理；以司法裁判和社会矛盾纠纷化解的规则统一适用为导向，加强三地协同，准确地适用法律规则，并通过案件审理凝练出跨区域适用的具体规则，为京津冀协同立法提供实践依据。

一、稳步推进的京津冀协同发展战略

2014 年 2 月，习近平总书记主持召开座谈会，专题听取京津冀协同发展工作汇报，明确指出："京津冀协同发展意义重大，对这个问题的认识要上升到国家战略层面"，[①] 并强调"实现京津冀协同发展，是面向未来打造新的首都经济圈、推进区域发展体制机制创新的需要，是探索完善城市群布局和形态、为优化开发区域发展提供示范和样板的需要，是探索生态文明建设有效途径、促进人口经济资源环境相协

① 张潇爽：《专家圆桌：打造京津冀世界级城市群》，载《人民论坛》2014 年第 5 期（上）。

调的需要，是实现京津冀优势互补、促进环渤海经济区发展、带动北方腹地发展的需要。”“作为首都，北京必须要处理好国家战略发展要求和自身发展的关系，在服务国家大局中提高发展水平；作为特大城市，北京要解决功能疏解、控制人口、治理‘城市病’等难题，仅从自身角度考虑是很有局限的，根本的出路在于推动区域协同发展、一体化发展。我们要自觉打破自家‘一亩三分地’的思维定式，跳出北京看北京，着力推动京津冀三地经济继续朝着目标同向、措施一体、作用互补、利益相连的路子走下去，努力实现一加一大于二、一加二大于三的效果。”① 自此，京津冀协同发展战略的重大谋划和顶层设计逐步展开，中央层面的研究部署会议相继召开，京津冀协同发展的思路日益清晰。

2015 年 2 月 10 日，习近平主持十八届中央财经领导小组第九次会议审议研究《规划纲要》，提出了“多点一城、老城重组”的思路，着手思考建设承载非首都功能的新城，并特别强调：“疏解北京非首都功能、推进京津冀协同发展，是一个巨大的系统工程。目标要明确，调整经济结构和空间结构，走出一条内涵集约发展的新路子，探索出一种人口经济密集地区优化开发的模式，促进区域协调发展，形成新增长极。”② 4 月 30 日，习近平主持召开中共中央政治局会议审议通过了《规划纲要》。

2016 年 3 月 23 日，习近平主持召开中共中央政治局常委会会议，听取北京市行政副中心和疏解北京非首都功能集中承载地有关情况的汇报，确定并命名“雄安新区”作为新城的规划选址，由此形成了北京新的“两翼”。

2017 年 4 月 1 日，中共中央、国务院决定设立雄安新区，作为疏

① 本报评论员：《要在推动京津冀协同发展上有新认识——十论用习总书记重要讲话精神武装头脑指导实践推动工作》，载《北京日报》2014 年 3 月 12 日，第 1 版。

② 本刊编辑部：《习近平主持召开中央财经领导小组第九次会议》，载《党史文苑》2015 年第 4 期。

解北京非首都功能的集中承载地和北京之外的新城，这是以习近平同志为核心的党中央作出的一项重大的历史性战略选择，是继深圳特区和上海浦东新区之后又一具有全国意义的新区，是千年大计、国家大事，对于集中疏解北京非首都功能，探索人口经济密集地区优化开发新模式，调整优化京津冀城市布局和空间结构，培育创新驱动发展新引擎，具有重大现实意义和深远历史意义。

京津冀协同发展是以疏解非首都功能、解决北京“大城市病”为基本出发点，核心是京津冀三地的整体协同发展，旨在进一步调整优化城市布局和空间结构，推进产业升级转移，促进市场一体化建设，推动公共服务共建共享，以“一核两翼”为抓手打造布局合理、功能互补的世界级城市群。自京津冀协同发展战略提出以来，经过五年的持续推进，“京津冀协同发展水平有了较为明显的提升，区域空间格局显著优化，以试点示范平台建设为代表的体制机制改革不断深化，区域协同发展成效明显”，具体包括“北京市人口调控卓有成效”“北京非首都功能有序疏解”“交通基础设施建设成效显著”“生态环境保护工作稳步推进”“产业升级专业工作进展顺利”“创新驱动三地互利共赢”“体制机制改革稳步实施”“试点示范平台建设有效推进”“区域空间格局不断优化”等九个方面，同时也面临着有待深入解决的突出问题，诸如“区域发展差距依然显著”“人口调控缺乏长效机制”“创新驱动辐射带动不足”“区域空间结构有待优化”“生态协同治理机制有待完善”“体制机制改革仍有待深入”等。①

京津冀协同发展的根本要义是“三地协同”，即打破三省（市）的体制机制性壁垒，全方位地推动区域各要素的一体化，这就要求三地首先从思想层面切实打破“一亩三分地”的思维定式，正视并力争破解阻碍京津冀区域协同的困境，“在要素市场一体化、行政管理协同

① 参见李国平主编：《2019京津冀协同发展报告》，科学出版社2019年第1版，第4-15页。

机制、行政管理信息交流共享等突破行政壁垒的关键领域改革仍需进一步突破”。[①] 2019年1月16日至18日，习近平在京津冀三省市考察并主持召开京津冀协同发展座谈会时进一步明确了六大重点任务：“第一，紧紧抓住‘牛鼻子’不放松，积极稳妥有序疏解北京非首都功能；第二，保持历史耐心和战略定力，高质量高标准推动雄安新区规划建设；第三，以北京市级机关搬迁为契机，高质量推动北京城市副中心规划建设；第四，向改革创新要动力，发挥引领高质量发展的重要动力源作用；第五，坚持绿水青山就是金山银山的理念，强化生态环境联建联防联治；第六，坚持以人民为中心，促进基本公共服务共建共享。”[②]

习近平总书记的这些重要论述，为京津冀协同发展进一步指明了方向。当前，京津冀三地在交通、生态、产业等领域率先实现了突破，但总体上仍处于“打基础”阶段，接下来围绕雄安新区高质量建设以及进一步优化京津冀产业布局、加快解决北京“大城市病”难题、加强北京对天津特别是对河北的辐射带动作用以及三地深度融合等面临着更为艰巨的任务。“京津冀区域的面积和城市数量决定了该区域不是一个单纯的大都市区，而是个经济区域，在基础设施建设、生态保护补偿、公共服务提供等领域面临区域公共管理问题，因而需要从区域整体的层面探讨不同等级城市间的区域协调机制”，[③] 始终坚持和运用现代治理理念和思维稳妥处理搬迁转移、项目建设和产业调整升级等过程中面临的新情况新问题。这既需要在以习近平总书记为核心的党中央坚强领导下京津冀三地进一步加强沟通协调，加快政策创新，推动区域法治一体化，以法治引领、推动和保障京津冀协同发展，又要立足于现阶段三地协同面临的现实任务，着眼于项目建设中的民生保障和社会矛盾纠纷预防化解，特别是要把提高预测预警预防各类风险

① 李国平主编：《2019京津冀协同发展报告》，科学出版社2019年第1版，第15页。

② 孙明华：《京津冀协同发展：新阶段 新使命 新任务》，载《求知》2019年第5期。

③ 杨龙、胡世文：《大都市区治理背景下的京津冀协同发展》，载《中国行政管理》2015年第9期。

能力作为核心，坚持发展与稳定“两手都要抓，两手都要硬”，以发展促稳定，以稳定保发展，善于运用法治思维和法治方式化解社会矛盾纠纷，为京津冀协同发展提供和谐稳定有序的社会环境。

从更深层次来讲，京津冀协同发展战略是党的十八大以来立足于中国特色社会主义的总体布局，从国家层面对京津冀区域未来发展的战略性安排，体现了国家治理现代化的广阔视野和伟大谋略，“国家是治理体系现代化中具有威权引领功能的重大责任主体，遵循、维系和保障国家逻辑是治理体系现代化进程中必须坚守的基本原则，是深化国家与社会共同体关系的合理需求，是规范多元治理主体之间要素分层和功能重叠的定海神针”。[①] 由于京津冀三地的层次定位、资源禀赋、发展程度等存在着较大差异，某些方面也受制于客观因素，加上体制机制以及政策法规方面的制约，京津冀协同发展战略的推进必然面临着区域间的利益协调，甚至直接影响到人民群众的切身利益，这就要求京津冀三地各级党政机关从国家治理的高度正确认识京津冀协同发展的历史必要性和现实必然性，坚持和完善“党委领导、政府负责、民主协商、社会协同、公众参与、法治保障、科技支撑”的现代治理体制，将京津冀协同发展的各方面各要素纳入国家治理的视野，善于运用改革创新思维，注重解决三地间长期形成的结构性矛盾和体制性机制性障碍，为京津冀协同发展的深入推进提供制度支撑，为现代世界级城市群的区域协同治理积累经验和贡献智慧。

二、国家治理视域下的区域司法协同治理

党的十八届三中全会审议通过的《中共中央关于全面深化改革若干重大问题的决定》提出：“全面深化改革的总目标是完善和发展中国

① 陈进华：《治理体系现代化的国家逻辑》，载《中国社会科学》2019 年第 5 期。

特色社会主义制度，推进国家治理体系和治理能力现代化。”“国家治理体系和治理能力是一个国家制度和制度执行能力的集中体现。国家治理体系是在党领导下管理国家的制度体系，包括经济、政治、文化、社会、生态文明和党的建设等各领域体制机制、法律法规安排，也就是一整套紧密相连、相互协调的国家制度；国家治理能力则是运用国家制度管理社会各方面事务的能力，包括改革发展稳定、内政外交国防、治党治国治军等各个方面。国家治理体系和治理能力是一个有机整体，相辅相成，有了好的国家治理体系才能提高治理能力，提高国家治理能力才能充分发挥国家治理体系的效能。”① 国家治理体系和治理能力是以“国家”为主体进行的制度化构建和能力塑造，直接落实到各级党政国家机关及其人员身上，最终形成的是包括党政机关、企事业单位、公民等各类主体共同参与、共同推动下的多元合作共治。其中，以制度为核心的国家治理体系具有根本性、全局性和长远性，是各类主体共同遵循的行动指南，而治理能力则是国家治理实践中运用制度体系调整各类社会关系的能力，包括方向把控能力、分析判断能力，社会动员能力、推动实施能力、评估监控能力和调整完善能力等。

按照现代治理体制，法治在国家和社会治理中发挥着保障功能，这是全面推进依法治国的客观需要，是法治自身运行逻辑的必然要求。2011 年我国已经形成了中国特色社会主义法律体系，解决了法治运行中“有法可依”的先决条件，为国家法治化治理提供了制度支持和基本依据。党的十八大报告进一步提出了“科学立法、严格执法、公正司法、全民守法”新的十六字方针，表明我国社会主义法治建设进入新的阶段，而“公正司法”作为其中的重要一环，按照古希腊哲学家亚里士多德的划分，司法在社会运行中发挥着“矫正的正义”的功能，即“损害的禁止和补偿的原则”，因为“在古希腊人的原始正义观中，

① 习近平：《切实把思想统一到党的十八届三中全会精神上来》，载《求是》2014 年第 1 期。

把正义理解成一种超人世的对超越自身规定地位的事务的惩罚，以恢复那种永恒的秩序”,[①] 蕴含着维护和恢复社会秩序的思想，并将之作为与“分配的正义”相对应的概念。以现代的眼光来看，“分配正义”与“矫正正义”并非截然对立的，也无严格的界限，但司法机关作为运用法律规范惩罚违法犯罪行为、化解社会矛盾纠纷的国家机关，对于维护法律统一实施、阐释法律规则价值、修复社会关系和维护社会秩序具有不可替代的作用，是国家治理体系中法律规范实施的重要推动者和社会公平正义的坚强捍卫者。因此，司法治理是国家治理的重要组成部分，建立健全司法治理体制机制是国家治理体系和治理能力现代化的重要体现。

司法作为法律实施体系的重要环节，又被称为“法律适用”，是指“国家司法机关依据法定职权和法定程序，具体应用法律处理案件的专门活动，不同于其他国家机关、社会组织和公民实施法的活动，具有职权的法定性、程序的法定性、裁决的权威性等独有的特点。”[②] 对“国家司法机关”的不同解读，形成了对“司法”的广义和狭义理解。一般而言，国家司法机关是指行使国家司法权的机关，在最为典型的刑事诉讼程序中，从侦查、公诉、审判到执行的各环节，涉及公安机关（以及国家安全机关、监狱侦查部门、军队保卫部门、中国海警局等其他负有刑事侦查权的机关）、法院、检察院、监狱等多个部门，除了法院和检察院外，由于其他机关主要承担行政管理职能，因而，广义上的司法主要是指法院和检察院的法律适用行为。对于检察院而言，除了刑事案件公诉外，还负有法律监督功能，即《宪法》第 134 条规定的“中华人民共和国人民检察院是国家的法律监督机关”，狭义上认为“司法权”的核心要义是“裁断”，司法权是一种判断权，因而，司法权的行使主体仅指法院。本书从狭义层面界定“司法”“司法权”

---

① 沈晓阳：《论分配的正义》，载《新东方》第 2000 年第 2 期。

② 刘作翔著：《法理学视野中的司法问题》，上海人民出版社 2003 年第 1 版，第 2－3 页。

等相关概念，主要侧重于对人民法院如何服务和保障京津冀协同发展进行研究。

区域司法协同治理是近年来提出的新命题，是区域法治的组成部分。有学者针对我国实施西部大开发战略提出："西部开发法治必须先行。……西部区域法治建设应该在法治统一的前提下，以实现可持续发展为目标，以为西部开发服务为宗旨，坚持法治建设各个环节的同时并举，为西部开发创造一个良好的法治环境"，重点提出"在法律创制上应有所突破，逐步建立起完善的区域法律体系"，同时认为"在法律适用上协调配合，建立起完备有效的执法、司法运行机制"，包括"可根据西部地方需要设立一些特殊机构，如西部开发的法律、政策咨询研究机构、地区或区域事务的协调机构，以满足特殊方面的需要"。[①] 但"区域法治"中的"区域"如何界定，究竟是"区域法治"还是"区域法制"，至今仍存在分歧。主张"区域法治"的学者认为，"区域法治是深化依法治国方略和建构世界法治秩序的一种崭新的法治形态"，[②]"区域法治研究的基本任务是解决如何为我国区域协调发展提供强有力的法治保障"，所指"区域"涵盖五个层面，即"纯法律意义上的区域""行政区划意义上的区域""经济发展意义上的区域""综合区位意义上的区域"和"跨国界意义上的区域"；[③]"区域法治发展是国家法治发展的有机组成部分，是国家法治发展在主权国家的特定空间范围内的具体实现"。[④] 主张"区域法制"的学者则认为"无论是发展意义上的区域法治，还是协调意义上的区域法治，抑或是地

① 孟庆瑜、赵玮玮：《论西部开发中的区域法治建设》，载《甘肃政法学院学报》2001年第3期。

② 文正邦：《区域法治——深化依法治国方略中崭新的法治形态》，载《甘肃社会科学》2008年第6期。

③ 参见夏锦文：《区域法治发展的法理学思考——一个初步的研究构架》，载《南京师大学报（社会科学版）》2014年第1期。

④ 公丕祥：《区域法治发展的概念意义——一种法哲学方法论上的初步分析》，载《南京师大学报（社会科学版）》2014年第1期。

方法治意义上的区域法治，都没有能够在法学视角下把握区域问题的本质。……需要从中央立法、地方联合立法、区域行政和区域纠纷解决等四个方面加快区域法制建设”；[①] 进而提出“区域协调发展涉及地方政府与市场的协调、地方政府之间的协调、以及中央与地方事权的界定划分，它实际指向了地方制度的总体范畴与整体框架，因此需要在单一制国家结构形式下依据地方制度的理论框架，结合区域协调发展的生成动因，对区域协调发展中的核心关系进行梳理，进而构建出政府主导与市场机制分工相协调、行政区域划分稳定性与适应性相协调、地方执行中央事权的协调、地方自主权行使的区域协调等四位一体的法制协调机制。”[②] 对此，坚持“区域法治”的学者认为“‘区域法治’不仅指主权国家范围内基于特定行政辖区的依法治理活动，而且指基于跨行政辖区的协同治理活动，因而内在地包含着‘区域法制’的概念要素”，[③] 并对区域法治文化[④]、法治中国进程中的区域法治发展[⑤]、区域法治绩效评估[⑥]、区域法治的竞争性机理与复杂系统[⑦]、国家治理体系中的区域法治发展类型[⑧]、当代中国区域法治发展

① 张彪、周叶中：《区域法治还是区域法制？——兼与公丕祥教授讨论》，载《南京师大学报（社会科学版）》2015 年第 4 期。

② 周叶中、刘诗琪：《地方制度视域下区域协调发展法制框架研究》，载《法学评论》2019 年第 1 期。

③ 公丕祥：《还是区域法治概念好些——也与张彪博士、周叶中教授讨论》，载《南京师大学报（社会科学版）》2016 年第 1 期。

④ 参见夏锦文、陈小洁：《区域法治文化：意义阐释、运行机理与发展路径》，载《法律科学（西北政法大学学报）》2015 年第 1 期；江雪松：《国家治理体系中区域法治的文化解释》，载《理论月刊》2016 年第 9 期。

⑤ 参见公丕祥：《法治中国进程中的区域法治发展》，载《法学》2015 年第 1 期。

⑥ 参见刘爱龙：《我国区域法治绩效评估体系建构运行的特征、困境和出路》，载《法学评论》2016 年第 6 期；刘爱龙：《我国区域法治绩效考评体系优化与方法创新》，载《学术交流》2016 年第 10 期。

⑦ 参见刘旭：《区域法治的竞争性机理分析》，载《南京师大学报（社会科学版）》2016 年第 3 期；张丽艳：《区域法治协同发展的复杂系统理论论证》，载《法学》2016 年第 1 期。

⑧ 参见江雪松：《国家治理体系中的区域法治发展类型学分析》，载《宁夏社会科学》2017 年第 4 期。

的动力机制[①]、分析工具[②]和方式[③]等进行探讨。结合国家治理体系和治理能力现代化的论述，以及关于“法治”与“法制”的区别之共识，区域法治应当是国家治理的具体化，是跨行政区划并以支持、服务和保障该区域经济社会发展为宗旨，涵盖立法、执法、司法、守法在内的地方性治理，包括法治体系和法治能力两个层面，而以国家法律法规、地方性法规和规章以及各类政策等在内的规范性文件构成了区域法治所必需的规范体系，即所谓的“法制”，而最终落脚点是区域治理的实践样态。因此，对于区域司法协同治理的把握，应当纳入到全面依法治国、法治中国建设以及国家治理、区域法治等更宏大的视野中，以促进区域各类要素的协调运行和维护修复社会关系为目的，建立区域司法协同治理机制，更好地促进区域法治发展并为区域经济社会发展提供服务和保障。

理论层面，区域司法协同治理源于德国物理学家赫尔曼·哈肯所创立的协同学。“协同是指系统内部的子系统之间或子系统的各要素之间，在相互作用的基础上产生整体效应，从而形成新的系统结构，使系统从无序变为有序的过程。”[④] 司法权是国家权力的一个子系统，一方面，在司法权运行系统中应当具有整体性，即实践视角中的“法律统一适用”并以此为中心建立纵横协调运行的系统和机制；另一方面，司法权的行使主体——法院，与行政区划总体上保持一致性，且各行政区划之间乃至内部的发展不平衡不充分矛盾仍很突出，导致司法权存在着明显的区域差异性。打破区域司法的行政区划壁垒，推动区域

① 参见公丕祥：《当代中国区域法治发展的动力机理——纪念中国改革开放四十周年》，载《江苏社会科学》2018 年第 4 期。

② 参见公丕祥：《法治发展的区域分析——一种方法论的讨论》，载《法学》2018 年第 5 期。

③ 参见公丕祥：《空间关系：区域法治发展的方式变项》，载《法律科学（西北政法大学学报）》2019 年第 2 期。

④ 张丽艳、夏锦文：《国家治理视域下的区域司法协同治理》，载《南京社会科学》2016 年第 5 期。

司法治理，不仅是区域法治发展和维护一体化的区域经济社会发展环境的需要，更是国家法治统一化的必然要求。长期以来，受制于行政区域之间利益驱动以及司法内部的科层化管理体制，司法地方化和行政化是影响司法公正的“两大顽疾”。2014 年 1 月 7 日，习近平总书记在中央政法工作会议上明确指出：“我国是单一制国家，司法权从根本上讲是中央事权。各地法院不是地方的法院，而是国家设在地方代表国家行使审判权的法院。”这是对“司法权”的准确定性，符合宪法的根本要求。党的十八大以来，司法体制机制性改革的一系列具体措施直指“两大顽疾”，取得了显著的阶段性成果。2019 年 2 月 27 日，最高人民法院印发的《关于深化人民法院司法体制综合配套改革的意见——人民法院第五个五年改革纲要（2019 - 2023）》，对进入“深水区”和“克难攻坚期”的司法改革作了总体部署，诸如“深化与行政区划适当分离的司法管辖制度改革”等，为进一步破解司法地方化和促进区域司法协同提供了体制性支持。从国家治理和区域治理的角度来讲，司法是以案件为中心进行的治理，传统意义上的司法权运行具有中立性、被动性、亲历性等特点，这是司法权力运行规律的内在要求，但基于协同学和系统论的观点，无论是法院与国家机构体系、司法权与其他权力的运行体系还是诉诸法院的“案件”本身在整个社会系统中都不是孤立存在的，是该体系中相互作用、相互影响的“存在”，因此，国家治理视角下的区域司法协同治理，是在遵循司法权力运行规律的前提下，法院积极主动地拓展功能，与其他治理主体建立科学合理的协同机制，共同致力于区域社会矛盾纠纷预防和化解，以司法之力辐射并推动区域法治建设。

三、服务保障京津冀协同发展的区域司法协同

京津冀区域司法协同是以服务保障京津冀协同发展战略实施和高

质量推进雄安新区建设为主要任务，长远来看在于打破京津冀司法治理的行政区划壁垒，打造区域内法律适用标准统一、司法权力协调运行的司法治理机制。以当前推进的京津冀协同发展战略为契机，三地法院建立区域司法协同机制的着眼点在于：一是创新服务功能，将社会矛盾纠纷化解的关口前移，建立司法参与下的预测预警预防机制，促进三地社会秩序的总体和谐稳定，为京津冀协同发展战略实施过程的各项工作打造良好的社会环境；二是强化保障功能，坚持打击违法犯罪行为和依法保障人权并重，将司法作为社会公平正义的最后一道防线，公正、高效地解决社会矛盾纠纷，及时地为京津冀协同发展战略实施扫清障碍，确保各项工作依法有序地推进。基于此，京津冀区域司法协同主要包括治理主体协同、矛盾纠纷化解协同、社会风险防控协同和跨域规则体系协同等。

一是区域治理主体协同。如前所述，狭义上的司法主体仅指法院。根据我国《宪法》第 133 条①和《人民法院组织法》第 9 条②的规定，地方各级人民法院由同级人民代表大会产生并对该级人民代表大会及其常务委员会负责，京津冀各自的三级法院遵循基本法的规定，这是必须坚持的基本原则，也是传统意义上法院主要以行政区域为基准行使司法权的法律依据，进而确定了诸如管辖等基本制度。但这并非绝对的，并不意味着同级人民法院之间是完全孤立的，诸如委托送达、委托执行等机制的创设，实际上建立了跨区划法院之间的协作机制。但从区域司法协同治理的本意来讲，它是“区域司法参与区域社会治理的一种有效方式，是指区域司法主体及相关主体为了实现共同目标，在遵循国家法治发展要求的前提下，共同建立规范各方互动关系的规

① 《宪法》第 133 条：最高人民法院对全国人民代表大会和全国人民代表大会常务委员会负责。地方各级人民法院对产生它的国家权力机关负责。

② 《人民法院组织法》第 9 条：最高人民法院对全国人民代表大会及其常务委员会负责并报告工作。地方各级人民法院对本级人民代表大会及其常务委员会负责并报告工作。各级人民代表大会及其常务委员会对本级人民法院的工作实施监督。

则，构建一种有序的区域司法治理结构的过程”，不仅具有“主体的多元性”“行为的互动性”“过程的动态性”“结构的有序性”等特征，[①]而且最典型地体现为协同主体共同参与同一案件的处理，因此，法院之间的协作机制仅是司法主体协同的简单形式，真正意义上的“协同治理”重心在于共同面对社会矛盾纠纷及其相关案件。京津冀协同发展打破了各要素的区域限制，对法院参与区域治理提出了新要求，从主体协同角度来讲，主要体现为：一是法院体系内建立多元化的协同网络，包括跨京津冀三地不同层级法院之间以及省（市）级区划内三级法院之间的常态化协同机制；二是法院与其他治理主体之间建立纵横交错的协同网络，包括同一区划内法院与党委、人大、政府及其部门（包括公安、司法行政、教育、交通运输、民政、农业、水利、住建、文化旅游、卫生健康、应急管理等职能部门）、检察院以及人民调解委员会、工团妇等群众组织、基层自治组织等主体之间，以及省（市）区划内跨越行政层级的上述主体之间、跨京津冀区域的上述主体之间的协同。京津冀三地不同层级法院与各类治理主体之间建立的网络化协同机制，是在坚持我国《宪法》确立的基本政治体制的前提下，以“事”为中心，加强各类主体之间的协调运行，将司法的触角延伸至法院之外，与各类主体建立联结，形成多元主体共治的格局。

二是矛盾纠纷化解协同。京津冀协同发展的要素流动具有跨地域性，这既对区域各类治理主体协同提供了可能，也赋予了法院参与区域协同治理的新任务。以一般制造业疏解为例，“北京市与河北省不断加强区域对接合作，转移疏解产业项目。2015 年 7 月 24 日，河北省张家口市宣化区与北汽福田汽车集团签署合作协议，承接其北京市厂区总投资 50 亿元的部分产业转移……2016 年大兴区整体外迁，生产环节外迁或到外埠建厂扩大产能的企业约 130 家，其中规模以上企业 29

① 参见张丽艳、夏锦文：《国家治理视域下的区域司法协同治理》，载《南京社会科学》2016 年第 5 期。

家，产业类型以纺织服装、服饰业和装备制造业为主。转移产业方式包括全部外迁、总部经济和产能扩张三种类型，主要转移地区包括河北省廊坊市、永清县、衡水市、天津市宝坻区及山东省等地区，其中涉及机电设备、印刷、电缆、建材、化工等行业的13家企业已在河北省固安县、霸州市、永清县、文安县落地并投产。"[①] 区域性物流基地、区域性专业市场的疏解，“截止2017年底，动物园地区12家大型批发市场全部闭市，累计疏解面积约35万平方米，疏解完成后地区日均客流量从高峰期的10万人锐减至1万人以下”，“2018年3月，大红门地区区域性批发业态的疏解任务全部完成，原有45家市场中，拆除13家，关停（现状空置）20家，转型升级12家”。[②] 仅以此为例，京津冀协同发展的“打基础”阶段即面临着体量庞大的企业、人员、资金等的疏解，涉及法律关系庞杂众多，无论对于外迁地还是承接地而言，同一事件可能打破区域限制，如处理不当可能演化为现实的社会风险乃至矛盾冲突，这就要求京津冀有关主体在处理有关矛盾纠纷时建立沟通协调机制，尽可能地将矛盾预防在萌芽状态、化解在初始阶段，将风险降到最低。总体而言，围绕京津冀协同发展的矛盾纠纷分为两大类：一是涉京津冀矛盾纠纷，指的是当事人、案件发生地、标的物等因素具有跨区域性，在法律适用和程序运行等层面涉及三地的不同规定，需要根据实际准确地把握政策、创新法律规则，进而妥善地予以处理。二是从服务和保障京津冀协同发展的角度来讲，大量的社会矛盾纠纷尽管不具有跨地域性，即不属于“涉京津冀矛盾纠纷”，但无论发生在哪个地区，对于社会治安和营商环境均会产生不良影响，进而影响到京津冀之间相关要素的跨区域流动，这类矛盾纠纷应当作为当地各类治理主体化解的重点。就此而言，京津冀区域协同治理，要求三地各类治理主体既要突破“一亩三分地”的思维定式，敢于善于

① 李国平主编：《2019京津冀协同发展报告》，科学出版社2019年第1版，第25页。

② 李国平主编：《2019京津冀协同发展报告》，科学出版社2019年第1版，第26、27页。

处理涉京津冀矛盾纠纷，又要固守好自己的“一亩三分地”，加强区域内各主体协同，为京津冀协同发展打造良好的社会环境。

三是社会风险防控协同。现代社会是高风险社会，京津冀协同发展面临着来自各方面的社会风险，既有京津冀各地区域内的，也有跨区域的，由于津冀两地距离北京很近，现代交通网络发达便利，各类社会风险容易向北京聚集，不仅影响京津冀协同发展的进度和质量，而且可能威胁到首都安定。以H省B市为例，“2018年搜集各类信息8000余条，分级稳控1.3万余名重点人员，有效化解了大货车司机、出租车司机和涉众群体等各类进京赴省集体访85起，而S市自2012年建立网格化治理机制以来共化解矛盾纠纷14余万起”。[①] 此外，随着网络的广泛普及，网络成为当今社会治理的最大变量，各类政治谣言、虚假信息以及网络违法犯罪等，对社会治理带来新的挑战，如何将“最大变量”变为“最大增量”，是对治理能力的重大考验。为此，习近平总书记审时度势、高屋建瓴，适时提出要“坚持总体国家安全观，走出一条中国特色国家安全道路”。“总体国家安全观勾画出维护国家安全的整体布局，提出以人民安全为宗旨，以政治安全为根本，以经济安全为基础，以军事、文化、社会安全为保障，以促进国际安全为依托，维护各领域国家安全，深化拓展了我们党国家安全事业的理论视野和实践领域。”[②] 京津冀协同发展既要坚持发展观、改革观，也要坚持总体安全观，将国家安全和区域安全放在首位，京津冀各级治理主体切实加强系统治理、综合治理、源头治理、依法治理与专项治理相融合，建立预测预警预防机制，创新和发展新时代的“枫桥经验”，推进政治、德治、法治、自治、智治“五治”，打造共建共治共享的社会治理格局。对于法院而言：一是从维护政治“护城河”的高度看待

① 该数据来源于笔者对H省加强和创新社会治理的调研。

② 钟国安：《以习近平总书记总体国家安全观为指引 谱写国家安全新篇章》，载《求是》2017年第8期。

社会风险，严厉打击危害国家主权、领土完整和安全的违法犯罪行为，及时制止和纠正错误的思想和言论，营造风清气正的政治环境。二是依法惩处杀人、抢劫、强奸等严重侵害人身安全的暴力犯罪和涉众型、新型经济金融犯罪，打造安全稳定的社会环境。三是坚持把非诉讼纠纷解决机制挺在前面，深化多元化纠纷解决机制的程序衔接，加强对人民调解、行政调解、行业调解等调解机制的指导，完善诉讼服务机制，强化诉讼指导和案件分流，推动当事人自愿选择和解、调解、行政裁决、行政复议、仲裁、诉讼等方式化解社会矛盾纠纷，维护社会和谐稳定。

四是跨域规则体系协同。建立京津冀三地统一适用的规则体系是京津冀协同发展的重要引领和根本保障，需要跨区域展开协同立法。自京津冀协同发展战略提出以来，三地人大及其常委会积极推进协同立法，出台了《关于加强京津冀人大立法工作协同的若干意见》《京津冀人大立法项目协同办法》《京津冀人大法制工作机构联系办法》等，初步形成了“对于需三地共同立法的事项，由京津冀人大立法工作联席会议通过后，分别提交各自的人大常委会主任会议研究，经主任会议批准后施行”的协同立法模式，“逐渐探索确立了京津冀人大立法工作联席会制度、立法协同例会工作机制、法制工作机构密切合作机制、立法规划协同对接机制、重大项目联合攻关立法机制、联合拟法机制、立法信息及时通报交流机制、公众参与立法协同机制、交叉备份审查机制、法规清理协同机制等具有鲜明的协同立法特征的机制，并形成了比较详细的协同立法程序”，“率先选择交通、生态环保、产业等重点领域协同立法”“实施了一批协同立法的重点项目”，① 尽可能地确保涉及京津冀有关领域的法律规范同步制定、同步实施、标准统一。从目前三地协同立法情况来看，主要集中在涉及京津冀的交通、环保、

---

① 参见梁平、律磊：《京津冀协同立法：立法技术、机制构建与模式创新》，载《河北大学学报（哲学社会科学版）》2019 年第 2 期。

产业、经济等宏观政策层面，且属于相对比较容易协同推进的领域，而与人们切身利益密切相关的领域以及涉及三地利益协调的层面尚未实现实质性突破，比如京津冀三地人身损害赔偿金的计算标准仍具有明显的属地性，将是发生矛盾纠纷后当事人的争议焦点。客观地讲，因京津冀三地存在明显的区域差异，特别是河北与北京相比，发展程度的差距更明显，短期内形成完全统一的规则体系既不现实也有失制度公平，但对于当事人而言，发生矛盾纠纷后必须以确定的规则作为依据和裁量标准，如果当事人诉诸司法，按照立案登记制的要求和“禁止拒绝裁判”原则，法院应当予以立案并作出裁决（或调解处理），如何适用规则是法院必须面对的问题，促进跨域规则体系协同适用是法院的应有职责。具体而言，法院在京津冀区域规则体系协同方面的着力点在于：一是在案件审理和社会矛盾纠纷化解过程中，充分运用法理阐释现有规则，使三地的规则跨域适用时尽可能地公平合理，既兼顾到当事人的合法权益，把“以人民为中心”的发展思想落到实处，确保京津冀协同发展的成果共享，又充分考量京津冀三地的区域差异，将各地的现实条件和未来发展作为制度协同的重要因素。二是对于法律规则不明确的新类型案件或重大、疑难、复杂案件的规则适用，加强三地的沟通协调，共同确定更精准、更切合实际的规则，作为类型案件的裁判依据。三是加强对审判经验的总结凝练，积极主动地从案件中提炼有利于促进京津冀协同发展的规则，通过法定程序向三地人大及其常委会提出议案，促进京津冀协同立法，使之上升为法律规范。

四、结语

京津冀协同发展战略已实施五年，体制机制性改革将成为未来区域协同的重心和“硬骨头”，需要京津冀三地“积极探索在更多领域内全面实现紧密配合、共同发展的合作模式，既保持现有行政区划架构和行政管理体制的稳定，又最大限度地维护和体现京津冀各个城市的自身利益；既维护三地政府对城市管理的自主权，又最大限度地协调城市发展过程中长远利益与眼前利益之间的关系；既巩固各自城市特色，又最大限度地调动京津冀城市群进行区域经济发展合作的积极性和主动性。”① 对于法院而言亦是如此，亟待在现有政治体制和司法体制下，逐步突破行政区划壁垒，建立有利于促进京津冀协同发展战略实施的区域司法协同机制，以司法应有的时代担当为京津冀协同发展提供优质服务和坚实保障。

第二节　司法服务保障京津冀协同发展的历史使命

为京津冀协同发展提供优质高效的司法服务和保障，是人民法院肩负的重大政治责任和光荣历史使命，是司法助力京津冀政治、经济、文化、社会、生态建设“五位一体”总体布局的重大担当，是京津冀三地各级法院立足审判执行职能履职履责的重要目标。人民法院是国家审判机关，是各类社会矛盾纠纷的“兜底者”和最终裁决者，应当紧紧围绕《规划纲要》和《河北雄安新区规划纲要》以及各级出台的配套文件要求，围绕北京非首都功能疏解这个核心，围绕京津冀各自的定位，以促进京津冀整体协同为根本目标，以优质的司法产品供给来服务和保障京津冀协同发展。这既是京津冀三地各级法院的分内之事，也是人民法院按照国家权力分工所肩负的政治责任，是新时代人民法院应有的司法担当，应当切实提高政治站位，从政治高度认识法

① 叶堂林、李国梁：《体制机制创新：京津冀协同发展的制度保障》，载《学习时报》2019年3月11日，第5版。

院审理裁决各类案件和化解社会矛盾纠纷的责任感和使命感。推动京津冀产业转移升级，加快推进市场要素一体化进程，构建环首都经济圈，是京津冀协同发展战略的重要目标，需要以一体化、法治化、有序化的市场环境作为支撑，三地法院应当坚持司法服务于经济发展的理念，加强对各类市场主体法律行为的调整，督促行政机关依法加强市场监管，在金融、保险等重点领域创新司法保障机制，有力维护各类市场主体之间平等的市场主体地位、诚实守信的市场氛围、公平的交易关系，为京津冀经济协同发展保驾护航。协调运行的制度政策，是区域协同发展的重要引擎。创新体制机制，打造一体化的制度和政策，既是京津冀协同发展的重要保障，又为法院裁决案件提供了必要的依据。然而，制度供给与社会需求无法完全达到高度的契合，因受制于法律规范自身的局限性（比如可能存在含义分歧而需要进行法律解释等）以及立法的相对滞后性等因素，立法空白、规范冲突等不可避免，但法院基于“禁止拒绝裁判”的法理，必须以适当的法律规则为依据作出裁决。京津冀三地跨域较大，制度规范纷杂，法院在审理裁决有关案件以及化解社会矛盾纠纷时，既要遵循法律统一适用的根本要求，又要兼顾地方性知识，在促进京津冀三地制度规范逐步一体化的同时，切实弥合法律规范与地方风俗习惯的张力，并以案说法推进法治宣传教育，促进京津冀区域法治协同。从社会治理的角度讲，无论是京津冀协同发展和雄安新区规划建设的起步期、深入推进期还是高质量发展期，各类社会矛盾纠纷只能尽可能地预防和减少而无法彻底消除，这些矛盾纠纷对社会安全稳定带来负面影响，及时化解矛盾和修复社会关系，打造和谐稳定又充满活力的京津冀社会环境，增强人民群众获得感、幸福感和安全感，是法院立足司法职能参与社会治理的基本任务。践行生态理念，坚持绿色发展，是京津冀协同发展的一条红线，京津冀生态保护和环境治理任务艰巨，京津冀三地法院应当依法严厉惩治破坏生态环境的违法犯罪行为，督促行政部门加强环境监管，推动各类社会主体切实提高环境保护意识，助推京津冀将经济发展与环境保护协同统筹。京津冀协同发展要立足于“五位一体”总体布局，这对于三地法院而言，既是历史的，又是当代的，更是未来的，体现了法院服务全局的司法担当，是三地各级法院必须承担的历史使命。

一、政治层面：强化新时代人民法院的司法担当

京津冀协同发展和雄安新区规划建设是以习近平总书记为核心的党中央作出的重大战略部署，对于统筹推进“五位一体”总体布局和协调推进“四个全面”战略布局，实现“两个一百年”奋斗目标和中华民族伟大复兴的中国梦，具有重大现实意义和深远历史意义。《规划纲要》明确指出：“推动京津冀协同发展的指导思想是，以有序疏解北京非首都功能、解决北京‘大城市病’为基本出发点，立足各自比较优势、立足现代产业分工要求、立足区域优势互补原则、立足合作共赢理念，以资源环境承载能力为基础、以京津冀城市群建设为载体、以优化区域分工和产业布局为重点、以资源要素空间统筹规划利用为主线、以构建长效体制机制为抓手，着力调整优化经济结构和空间结构，着力构建现代化交通网络体系，着力扩大环境容量生态空间，着力推进产业升级转移，着力推动公共服务共建共享，着力加快市场一体化进程，加快打造现代化新型都市圈，努力形成京津冀目标同向、措施一体、优势互补、互利共赢的协同发展新格局，打造中国经济发展新的支撑带。”[①] 同时，坚持三省（市）“一盘棋”的思想，按照功能互补、错位发展、相辅相成的要求，对三地进行了科学定位，即北京是全国政治中心、文化中心、国际交往中心、科技创新中心，天津

① 戴跃汉、郭斐然：《推动区域协调发展 开创全新增长极》，载《天津日报》2016年12月19日，第9版。

是全国先进制造研发基地、北方国际航运核心区、金融创新运营示范区、改革开放先行区，河北是全国现代商贸物流重要基地、产业转移升级试验区、新型城镇化与城乡统筹示范区、京津冀生态环境支撑区。

由此可见，对京津冀协同发展，既要从三地之间的结构优化层面进行理解，更要从全国高度深刻把握。就京津冀三地的区域协同而言，各地的空间容纳能力和承载能力存在巨大落差，进行三地之间各要素的结构性调整，特别是以“升级转移”（转移包括转出、转入）为主要方式进行产业布局的优化配置，是缓冲区域落差和增强区域间辐射带动力的重要举措，对于实现打造世界级城市群的宏伟目标具有深远影响。正如习近平总书记对雄安新区建设反复强调的“必须保持历史耐心和战略定力”，京津冀协同发展作为与“一带一路”建设、长江经济发展带并列的“三大国家战略”，更需要以深远的政治眼光和坚定的政治站位，坚持政治定力和战略定力，坚持全局视野和长远思维，立足于国家的全局性部署，持之以恒、久久为功地推进京津冀协同发展。

这种宏大的历史叙事必将、必然也必须直接落实到京津冀三地从党政机关到公民个人等各类主体身上，体现在《规划纲要》所提出的方方面面，由此可能引发的各类社会风险以及转化为现实矛盾纠纷，需要及时、公正、高效地予以预防和化解。人民法院作为国家审判机关，以审理刑事、民商事和行政案件以及推动民商事案件多元化解为中心，是各类各层级矛盾纠纷的最终裁决者，如何更好地立足司法职能，建立健全司法服务保障机制，拓展司法产品的优质供给，是新时代践行“让人民群众在每一个司法案件中感受到公平正义”价值目标的重大使命。对于京津冀三地的各级司法机关而言，既要立足于新时代的司法使命，又要以高度的政治担当投身于京津冀协同发展之中，为推动京津冀协同发展贡献司法力量。

2016 年 2 月 3 日最高人民法院印发的《关于为京津冀协同发展提供司法服务和保障的意见》明确指出：“为京津冀协同发展提供优质高

效的司法服务和保障，是人民法院肩负的重大政治责任和光荣历史使命。”这既是人民法院作为国家机关的属性之使然，又是人民法院专司包括刑事、民商事、行政等各类案件和社会矛盾纠纷的职责之所在。能否更好地以案件审理和矛盾纠纷化解为依托服务保障京津冀协同发展，不仅体现了京津冀三地法院的政治性，而且反映了三地法院是否真正地履职尽责。因此，京津冀三地各级法院应当从“讲政治”的高度凝神聚力、齐心协力，将服务和保障京津冀协同发展作为政法机关的为政之责、为政之要，认真做好涉京津冀及各区域案件的审判执行和社会矛盾纠纷多元化解工作，提升新时代司法服务保障区域协同发展的能力和水平。

二、经济层面：司法为京津冀经济协同保驾护航

《规划纲要》提出“以优化区域分工和产业布局为重点”“着力调整优化经济结构和空间结构”“着力推进产业升级转移”“着力加快市场一体化进程”“打造中国经济发展新的支撑带”等。某种意义上讲，经济发展水平决定着居民的消费能力，对人民群众的获得感、幸福感和安全感具有显著影响。对京津冀城市群经济与环境的耦合协调发展的分析结果指出：“京津冀城市群经济发展综合水平呈现出明显的以北京、天津为核心，河北的8个城市为次中心的特点，河北各城市的整体经济发展水平不高，承德的经济系统综合水平排名不变，处于最后一名，且不同城市之间的经济发展很不均衡，随着时间的推移，差距没有缩小反而扩大；此外，经济发展综合水平上升的城市主要位于北京、天津的西南方，下降的城市主要位于北京、天津的东北方，北京、天津对其周围的城市的经济辐射作用并不是很明显”，[①] 表明京津冀协

① 刘玉凤、高良谋：《京津冀城市群经济与环境的耦合协调发展及时空演化分析》，载《统计与决策》2019年第10期。

同发展的区域经济效应需要进一步增强，目前出现这种情况的主要原因是因为短短的五年间尚处于“打基础”阶段，主要任务是产业征迁和项目建设，从区域协同到整体经济效应的呈现需要相对较长的一段时期。同时应当看到，京津冀协同发展的一系列政策对三地的劳动力流动、工资、税收等宏观经济已产生了明显的影响，“京津冀协同发展政策虽然减缓了京津地区的发展速度，但它最大的功绩莫过于提升了京津冀地区整体的工资水平。而京津地区经济发展的放缓也将被河北省经济的快速发展所弥补。”① 这将映射到微观层面，不仅对企业和个人等不同主体产生一定影响，而且很多市场主体作为京津冀协同发展过程的直接参与者，涉及已有社会关系、利益格局和法律关系的调整，如何为这些市场主体提供司法服务，为京津冀经济发展保驾护航，是三地法院共同的任务。

司法对区域经济发展的保障作用集中体现在对微观市场主体所面临的法律纷争的及时解决，涉及刑事、民商事和行政案件，主要体现为：

一是打造安全稳定的经济发展环境。市场经济是法治经济，法治化的营商环境对于市场主体的投资具有明显影响，特别是一些大型龙头企业将地区营商环境状况作为投资决策的首要考虑因素。对H省的营商环境状况实证调查显示，被调查者总体持肯定态度，认为“较好”和“很好”的分别为43.9%和19.08%，而认为“一般”的占31.42%，表明仍有改进空间（见图1），而营商环境建设存在的首要问题是“当事人不履行合同、违约”（43.68%）（见图2）。特别是在京津冀协同发展和雄安新区规划建设中，受利益驱动，一些企业或个人任意违约带来的矛盾纠纷较多，主要集中为房地产、土地征迁、房屋租赁、买卖、预售、抵押、按揭、融资等经济形态和纠纷类型，甚至

① 魏丽莹：《京津冀协同发展政策的宏观经济效应考察》，载《统计与决策》2019年第4期。

一些事实上存在无效合同（比如小产权房），因征地拆迁补偿带来的利益权衡，主张合同无效、返还原物等纠纷多发，由此引发的法律关系错综复杂，且有些存在历史成因，加上类型化纠纷的示范效应，对京津冀协同发展及营商环境带来负面影响。

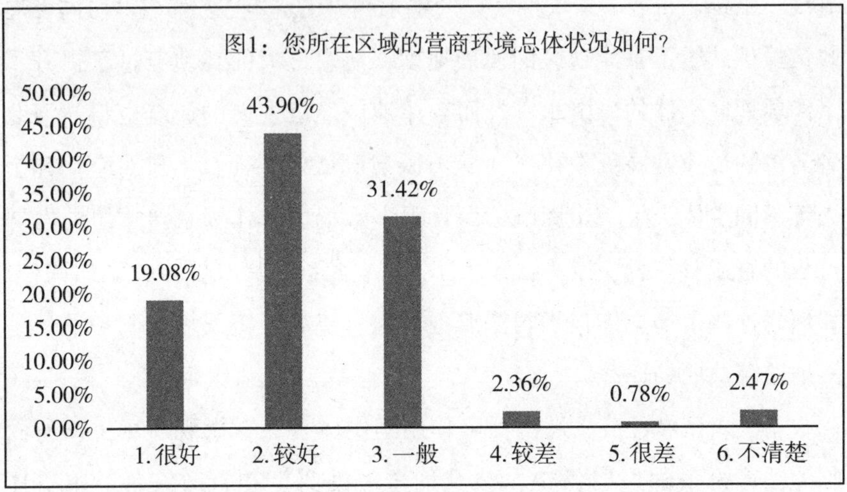

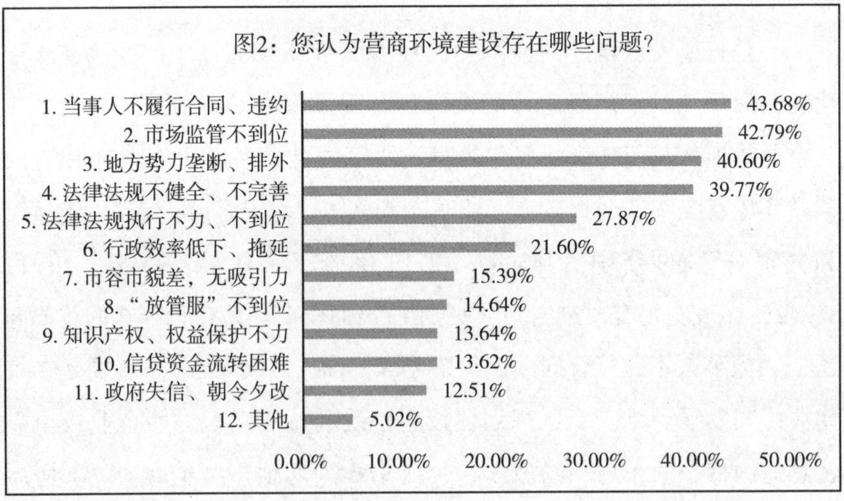

二是督促和支持政府加强市场监管、营造平等公平的经济环境。问卷调查数据显示，"市场监管不到位"（42.79%）、"地方势力排外、垄断"（40.6%）、"行政效率低下、拖延"（21.6%）、"放管服不到

位”（14.64%）以及“政府失信、朝令夕改”（12.51%）等是影响营商环境的重要因素（见图2），且与政府存在某种程度的关联。近年来，行政纠纷多发，对规范性文件提起附带审查的案件也时有发生，表明法治政府建设有待进一步加强。支持、推动和督促政府依法行政和依法履职，加强市场监管，平等对待市场经营主体特别是切实尊重民营企业的平等市场主体地位，运用历史眼光正确看待民营企业的发展特点和存在问题，人民法院应当依法审理有关案件，及时化解经营主体之间的矛盾纠纷，督促各类市场主体在法律框架下依法经营、公平竞争。

三是强化司法引导和制裁功能，有力维护金融市场稳定。“防范化解重大风险”是十九大报告首次提出的“三大攻坚战”之一且居于首位，而“金融是国家重要的核心竞争力，金融安全是国家安全的重要组成部分，金融制度是经济社会发展中重要的基础性制度”，[①] 既要加快构建全方位、多层次的金融服务体系，又要将防范化解重大金融风险特别是系统性风险作为重中之重。京津冀协同发展和雄安新区建设中，金融市场更加活跃，金融新业态不断创新，法院在审理涉金融案件时，应当具有高度的敏锐性，运用司法手段严厉打击信用卡诈骗、信用证诈骗、集资诈骗、非法吸收公众存款、高利转贷、逃汇、洗钱等破坏金融管理秩序和破坏金融交易秩序的犯罪行为，准确识别互联网金融创新等行为，依法审理金融民商事纠纷，坚决保障金融安全和金融秩序，实现“金融活，经济活；金融稳，经济稳。经济兴，金融兴；经济强，金融强。”[②]

此外，立足于《规划纲要》对北京、天津、河北三地的明确定位，北京作为“四大中心”的同时，自身经济发展以及对津冀两地的辐射

---

① 吴应宁：《习近平金融思想的核心要义》，载《党的文献》2018年第1期。

② 习近平：《深化金融供给侧结构性改革 增强金融服务实体经济能力》，载《人民日报》2019年2月24日，第1版。

带动作用将持续增强，而津冀两地在调结构、转方式、换动力、促改革的过程中，需要紧紧围绕经济领域的突出问题，激活各类经济主体，法院需要针对具体领域、具体行业、具体企业的具体纠纷，一方面依法审理和化解矛盾纠纷，尽快地促进其恢复生产经营秩序；另一方面，通过巡回审判、送法进企业等，以案说法，加大经济风险的宣传，引导各类经营主体积极主动地防范经济风险，在京津冀协同发展的宏大战略中共赢。

三、文化层面：着力推进京津冀区域法治协同

法治是治国理政的最优选择，具有文化性。“中国特色法治文化建设应当在文化自信、文化自主、文化自觉的基础上达到国情语境下的多元融合，其实践既依赖于国家、社会和个人的多元共治，又需要通过优质立法、依法行政、公正司法和广泛的法治宣传教育，最终使法治成为人们的生活常态和自觉行为，内化为习惯性的思维方式。”① 因此，法治并非仅仅具有“治理”的内涵，也并非仅仅在于对于社会关系的修复，或者说其着力点并非完全局限于被破坏或撕裂的社会关系领域，相反，文化意义上的“法治”更注重于包括法律制度在内的一些社会规则对人们行为的规范性，而且源自于人们内在的自觉，作用于生活的惯常，型塑为可被广泛认知的一种社会文化状态，既包括法律制度以及有关设施等具有物化性的文化形态，也包括人们的法治意识、法治思维、法治心理等具有主观意识性但可外化为行动的深层文化，还包括更广泛意义上衡量某一区域法治建设的总体状况评价等。人民法院以适用法律规范裁决案件为本职，是法治在实践中的最强表征，既是将“书本上的法”转化为“行动中的法”的坚实捍卫者，又

① 梁平：《语义与实践：中国特色法治文化及其建设进路探究》，载《法学杂志》2013年第3期。

可通过法律规则的适用进一步阐释法的价值和内涵，弥合静态的法律规范与动态的社会生活之间的裂缝，还可对地方风俗习惯等传统文化进行甄别，增强优秀传统文化对现代法律制度的涵养和支持力，对于区域法治文化的形成和型塑具有积极的推动作用。

具体而言，人民法院在服务保障京津冀协同发展中促进区域法治协同，是以案件和社会矛盾纠纷化解为中心，从前端的规范依据来源到终端的纠纷解决，向社会精准地展示法律规则的存在及其价值，通过这种权威性的辐射来增强各类社会主体对法治的认知和认同，引导和规范各类社会行为，进而形成潜移默化且广为接受的区域文化，主要着力点包括：

一是从制度层面促进京津冀法律规则的协同统一。按照立法程序形成的法律规范具有多层次性和多样性，除了国家法律法规外，更多的是京津冀三地按照立法权限形成的地方性法规和规章，以及非经立法程序所形成的各类规范性文件，效力范围各不相同，且不排除一些规范之间衔接不畅甚至发生冲突的现象。在京津冀区域法治一体的“版图”中，如何确保制度规范的协同运行，既是京津冀打破制度壁垒的关键，又是法院裁决具体案件的先决依据，而且根据“禁止拒绝裁判”的司法原则，法院对制度规范的“检视”具有不可推脱的责任，包括是否具有明确的法律规则、法律规则是否适用于该案件以及法律规则不明的状况下如何裁判等三个基本层面。就此而言，法官在具体案件裁决中援引和适用法律规则具有能动性，必须严格按照“三段论”的司法逻辑，搜索并论证适用于该案的具体法律规则且按照法律解释方法作出最符合原意的解释。如果出现规则不明或规则冲突的情况，应当按照法定程序寻求确定的解释，并推动三地法律规则的统一。

二是弥合正式制度与传统文化之间的张力。现代法治是正式制度与非正式制度共同作用下的规则之治，既强调国家法律规范的统一性和普适性，又尊重道德习惯、乡规民约、公民公约等非正式制度在社会治理中的不可替代性。从文化变迁的角度来讲，外在的显性文化具有建构性，诸如法律制度等可通过法定程序形成明确的文本，但人们的意识观念以及心理状态等隐性文化具有坚韧性和群体性，其变迁是一个相对比较漫长的过程，相应地，对显性文化的反作用也更加明显。京津冀三地的地域跨度较大，各省市内不同区域的风土人情也千差万别，在京津冀协同发展中应当高度重视“地方性知识”，法院在审理案件和化解社会矛盾纠纷时更应注重以促进区域法治协同为目标，挖掘和吸收当地“习惯法”中的有益成分，使正式规则之治在地方土壤里能够生根，并以此来改造地方文化，促进正式制度与非正式制度的深度融合。

三是以案说法，传递区域法治所蕴含的“看得见的正义”。“正义不仅应当实现，而且应当以人们看得见的方式实现”，这是对程序正义以及司法公开的表达，旨在纠正司法神秘主义下的“暗箱操作”带来的司法不公正现象。从另一个层面来讲，司法公开的价值不仅仅体现为对个案的公正裁判，而且客观上对于人们理解法律规则以及增进法律与社会之间的契合性具有重要作用。京津冀三地各级法院通过巡回审判、法庭“进社区、进企业、进校园”以及指导人民调解等，以身边的案件说法，将抽象的法律规则具体化、生动化，让人们更真切地感受到法律所蕴含的正义，并成为人们从法律视角审视同案或类案的“参照”，进而增强对法治文化的认同，外化为实践性的行为自觉。

四、社会层面：营造和谐有序的社会生态环境

秩序是法的基本价值，恢复社会关系和维护社会秩序是司法的基本功能。英国学者齐格蒙·鲍曼曾指出：“现代性的内在矛盾在于：秩序和混乱、清晰和含混，现代性的历史就是社会存在与文化之间紧张

的历史。”[①] 对“纠纷”与“秩序”的关系进行考察，人们已认识到，一方面，纠纷是不可避免的，“人类社会利益和资源的相对有限性与人的欲望及需求的无限性矛盾是纠纷产生的社会根源”；[②] 另一方面，纠纷是社会发展过程中内在矛盾的外部体现，对社会秩序造成了直接干扰的同时，也具有某种意义上的推动作用，比如促使人们更深刻地理解社会发展变化进而对制度规范和体制机制进行适时调整，以适应社会发展的需要。这体现了从“罪恶纠纷观”向“辩证纠纷观”的转变。但对于处于既定时空中的当事人而言，纠纷的影响主要是负面的，对于社会秩序的维系而言亦是如此，根本出路在于如何及时地化解纠纷，修复当事人之间的社会关系，以实现社会秩序的和谐稳定。当然，更深层意义上，则是对该社会结构下的社会关系进行宏观审视，进而建立适应新的社会条件下的制度规范体系。

京津冀协同发展需要以和谐稳定的社会秩序作为支持，这就要求各类治理主体应当及时地化解社会矛盾纠纷，而法院作为“兜底者”，妥善裁决和化解各类矛盾纠纷义不容辞。笔者对 H 省的问卷调查数据显示，当前基层主要社会矛盾比较突出的依次为“农村土地权属纠纷”（56.79%）、“养老保险、医疗保险问题”（48.75%）、“农村土地权属纠纷”（46.81%）、“教育公平问题”（38.8%）、“困难群体社会救助问题”（38.66%）、“社会治安问题”（27.62%）（见图 3），这既反映了该省基层社会矛盾的总体情况，同时也折射出京津冀协同发展和雄安新区规划建设过程中面临的主要矛盾。以雄安新区为例，2017 年 4 月 1 日，党中央、国务院决定设立雄安新区的消息发布伊始，即引起了比较强烈的社会反响。我国各界乃至国际层面高度关注新区建设，当时的关注焦点便是围绕“土地”展开，甚至网络上传播着人们成批地前往雄安考察土地，关于房地产开发以及当地民众对于征地拆迁补

---

① ［英］齐格蒙·鲍曼：《对秩序的追求》，载《南京大学学报》1999 年第 3 期。

② 江伟主编：《民事诉讼法专论》，中国人民大学出版社 2005 年第 1 版，第 2 页。

偿和安置的关注热度不减。随着雄安房地产政策的明朗化，“炒房”的欲望得到抑制，但雄安三县的土地征迁面临着更为艰巨的任务，尽管通过有效的管控措施最大限度确保了已有的土地和房屋维持现状不变，但因历史成因以及白洋淀区错综复杂的土地流转关系，土地确权特别是湖泊、苇地、宅基地的确权难度较大，目前总体上取得了较大进展，也未发生较大的矛盾纠纷，这主要归因于雄安各级党政干部耐心细致地开展工作，而该类矛盾纠纷仍是雄安新区建设以及京津冀三地共同面临的问题。此外，京津冀协同发展过程中产业转移、企业搬迁、人员流动等的跨区域性，使得三地公共服务不均衡的矛盾直接地反映出来，比如从北京外迁至河北的人员普遍关心户口、孩子上学、医疗保险、养老保险等问题，而河北本地的农村拆迁户则面临着拆迁补偿、就业以及如何融入城市的难题。对于可能发生的社会稳定风险以及具体的矛盾纠纷，一方面，需要将民生放在首位，进一步加大综合治理力度，深入做好相关群体的工作，协调并妥善解决民众的合理诉求；另一方面，需要司法机关加强矛盾纠纷的预防和化解，特别是基层人民法院及其派出法庭立足于当地实际，坚持服务导向，引导当事人通过多元调解机制，综合平衡各方利益，力争实现多方共赢。

图3：您认为当前最主要的社会基层矛盾有哪些？

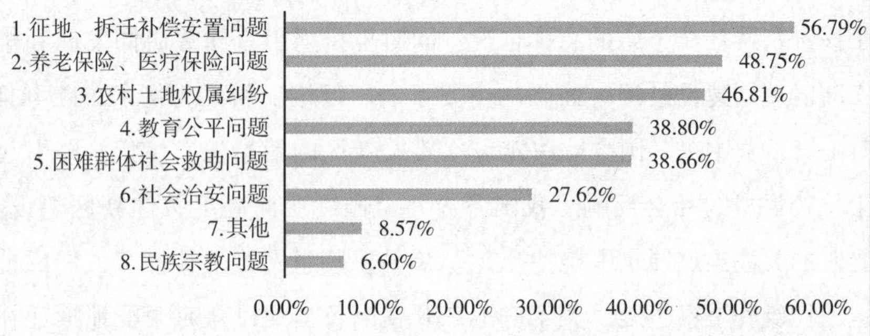

另一组调查数据显示，发生社会矛盾纠纷的主要原因，居于首位的是“当事人权利受到侵害”（62.73%）（见图4），可见法律意义上“权利”成为民众面对纠纷的主要话语。一方面，表明基层民众的法律意识普遍提高，越来越善于在法律框架内表达诉求并寻求救济；另一方面，“权利”诉求不完全等同于“利益”诉求，更多地反映了民众对传统观念中的“理”的追寻，当事人是否享有法律权利、是否存在明确的法律依据以及纠纷最终如何解决，已经很难通过传统的民间调解等完全脱离于司法的机制予以厘清，当事人更偏向于诉诸法院，而司法的介入，无论是指导调解、主持调解还是依法裁判，“查明事实、分清是非”是化解矛盾纠纷的关键，在此基础上，调解的功能主要在于对于当事人利益分配的“合意”安排。因此，新时代的社会矛盾纠纷多元化解，司法发挥着直接或间接的作用。

图4：您认为发生社会矛盾纠纷的主要原因是什么？

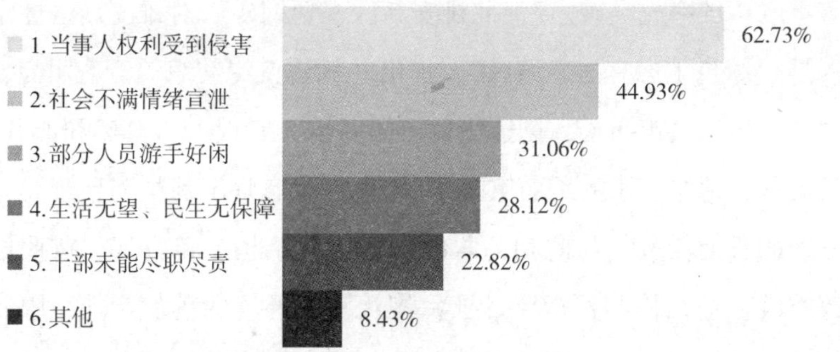

对于京津冀法院而言，为京津冀协同发展打造和谐稳定的社会环境，面临的主要任务和基本着力点包括：一是在化解婚姻家庭继承、土地承包经营、邻里关系等传统矛盾纠纷的同时，需要重点着眼于新时期出现的新情况新问题，比如出现的“假离婚”“假结婚”以及农村土地“三权分置”改革的土地流转等，司法及时跟进、加强研判，

更精准地识别传统纠纷的时代性特征，更准确地适用和阐释法律规则，更高效地予以化解。二是合同纠纷在京津冀协同发展中所占比例较大，需要以此类纠纷为抓手，根据当事人的合同目的、内容约定、履约行为等综合判断合同类型，准确判断合同有效、无效、效力待定或可撤销，按照合同性质区分诺成合同与实践合同，依法纠正任意撕毁合同的不诚信行为和以合同之名行不法之实的违法犯罪行为，通过司法手段助推营商环境建设和社会诚信建设。三是加强专业性案件审理和矛盾纠纷化解，依法解决知识产权、金融、破产、僵尸企业、海商海事、股权、保险等专业性较强的纠纷，为京津冀三地科技创新、产业升级等出现的新业态提供司法保障。

五、生态层面：助力京津冀区域环境协同治理

京津冀协同发展需要从交通一体化、生态环境保护、产业升级转型等重点领域率先突破。《河北雄安新区规划纲要》对雄安新区的定位之一是“绿色生态宜居新城区”，提出“构建蓝绿交织、清新明亮、水城共融的生态城市布局，创造优良人居环境，实现人与自然和谐共生，建设天蓝、地绿、水秀美丽家园。”因此，生态环境保护与治理是京津冀三地的长期任务，与此相关联的是切实调结构、转方式，按照国家发改委《产业结构调整指导目录》淘汰污染环境的落后产能，限制工艺技术落后的产业，加快产业升级。自京津冀协同发展深入推进以来，三地在能源结构改革、环保政策创新、联防联控协同治污、大气污染防治、污染源控制（工业污染源、移动污染源、水污染物等）、生态环境修复等方面取得了一定进展，但生态环境保护与治理的形势仍很严峻。《2019京津冀协同发展报告》指出：

“海河流域总体处于中度污染水平，与长江流域、黄河流域、珠江流域等全国其他主要流域相比，海河流域Ⅰ～Ⅲ类水质占比最低，劣

V类水质占比最高，污染程度位于全国十大流域之首。从2010～2016年海河流域各类水质占比变化情况来看，虽然劣V类水质占比减少了3.6个百分点，但Ⅰ～Ⅲ类水质占比均呈下降趋势，水质改善进展缓慢。”①

“从污染物浓度来看，京津冀地区PM2.5、PM10、SO_2和NO_2浓度较全国污染物浓度平均水平分别高出49%、51%、39%、52%。”②

“京津冀地区主要城市质量在全国范围内均处落后地位，全国重点监测的74个城市中，空气质量排名后10名的城市河北省占了7个；天津市和北京市分别排第60名和第56名，河北省除秦皇岛市和张家口市排名靠前，其他各市排名均落后于北京市和天津市，可见河北省大气污染问题较北京市和天津市更为严重。”③

京津冀区域环境污染的污染源涵盖了工业污染和生活垃圾污染，根本原因在于污染排放强度远远超出环境承载力。以能源结构为例，支撑京津冀特别是河北的重工业（钢铁、焦化、玻璃、水泥等）的能源以煤炭为主，而能源运输以公路为主，以及日常生产生活对散煤的需求量大，而京津冀处于冬季“弱风区”，导致PM2.5等颗粒物的浓度远高于其他区域。此外，水污染、土壤污染、自然资源破坏等现象也比较严重。京津冀环境污染的污染源主要有：一是很多工业企业尽管建立了比较完善的环境保护与评估机制，环保设施、人员和措施基本能够落实到位，但由于工业废气、废水的排放体量大，与该区域环境承载力不成比例；二是一些企业和个人违反法律法规，阳奉阴违、偷偷排放，特别是从事塑料业、制鞋业等轻工业的生产者众多、规模相对较小、分布分散，尽管单个生产者排放量不是很大，但积聚成片，造成了环境污染的成片效应；三是城市和农村生活垃圾未能及时、有

① 李国平主编：《2019京津冀协同发展报告》，科学出版社2019年第1版，第90页。
② 李国平主编：《2019京津冀协同发展报告》，科学出版社2019年第1版，第92页。
③ 李国平主编：《2019京津冀协同发展报告》，科学出版社2019年第1版，第92页。

效地处理，造成固体废弃物、水源和大气污染。从环境治理的角度来讲，造成京津冀地区环境质量提升成效不佳的原因，除了污染排放强度与环境承载力的因素外，与有关职能部门监管和惩治环境违法犯罪行为的力度有关，内在成因在于如何实现环境保护与经济增长、民生保障之间的有效平衡。

“绿水青山就是金山银山”，这是京津冀协同发展必须坚持的理念。京津冀环境保护与治理任务仍很艰巨，三地司法机关需要持续开展“利剑”行动，坚决打击环境污染违法犯罪活动，还京津冀一片蓝天、一湾绿水、一道青山。对于京津冀法院而言，需要进一步加强对刑事公诉、环境公益诉讼、私益诉讼的审理裁判力度，多措并举，坚决遏制环境污染可能扩大的势头，以司法之力助推环境治理好转。一是严格落实2018年6月16日中共中央、国务院印发的《关于全面加强生态环境保护坚决打好污染防治攻坚战的意见》以及7月10日全国人民代表大会常务委员会通过的《关于全面加强生态环境保护依法推动打好污染防治攻坚战的决议》等精神，严格执行《刑法》及其司法解释以及2019年2月20日最高人民法院、最高人民检察院、公安部、司法部、生态环境部印发的《关于办理环境污染刑事案件有关问题座谈会纪要》等，依法从严惩治破坏生态犯罪和环境监管失职犯罪，运用刑事手段打好污染防治攻坚战。二是完善环境公益诉讼的事实认定、证明责任和法律适用的规则，依法审理公益诉讼案件，以此解决环境保护私益诉讼面临的困境，督促有关主体切实履行环境保护社会责任。三是加强对涉及环境保护的民事和行政案件，以丰富的案例为载体，加强环境保护法制宣传教育，提升民众的环境保护意识。

六、结语

人民法院在社会矛盾纠纷化解中处于特殊地位。“被动性”是司法权力运行的重要特征之一，这就意味着司法的触角是有限的，法院不能违背司法的被动性特征而积极主动地“揽案件”，但另一方面，法院以裁决和化解各类矛盾纠纷为本职，这就要求法院自身的定位不能局限于个案自身，而应当从国家机构设置与权力分工运行、经济社会发展等更高层面审视法院的地位及其司法职责。对于京津冀协同发展而言，三地各级法院应当切实转变观念，提高站位，正确理解司法权力运行规律与服务保障京津冀协同发展的关系，以矛盾纠纷化解为中心，以个案裁判为本职，将“五位一体”总体布局的具体要求转化为法院服务保障区域协同发展的司法实践。

第三节 司法服务保障京津冀协同发展的时代机遇

京津冀协同发展战略的稳步推进，需要法院以司法之力提供优质高效服务和有力保障，法院亦责无旁贷，可谓任重道远，同时应当看到，党的十八大特别是十九大以来，国家层面一系列重大决策部署的实施、全面深入推进的司法体制机制改革以及法院信息化建设从 2.0 向 3.0 的升级，为京津冀三地各级法院提升司法服务保障能力提供了前所未有的难得机遇，这些重大变革向法院释放了巨大的改革创新“红利”，使京津冀法院有机会、有条件、有能力立足司法职能为京津冀协同发展贡献应有的力量。京津冀协同发展不是孤立的专项战略，以十九大报告为统领，以《规划纲要》为中心，国家层面出台了一系列配套文件和制度，既包括适用于全国各地的，也包括专门针对京津冀协同发展的，京津冀三地也出台了相应的实施意见或方案，这些不同层级的、多个领域的决策部署构成了京津冀协同发展的立体化架构，既要求三地各级党政部门统筹推进，又要求三地各级法院以各领域全方位改革创新为契机，加强三地司法协同，加大对社会矛盾纠纷总体评估、司法跟进和有效化解的力度，通过将司法服务贯穿于各个领域决策部署实施过程的“点——线——面”，织密扎牢立体化、协同化、一体化的司法服务保障网，以此来支撑、服务和保障京津冀协同发展。全面深化司法体制机制改革，切实破解了长期以来存在的司法行政化问题并为司法去地方化改革奠定了坚实基础，特别是以司法责任制为核心的四项基础性改革已经完成，形成了遵循司法规律的司法管理、司法运行和司法监督机制，真正地实现了“让审理者裁判、由裁判者负责”，为京津冀法院服务保障京津冀协同发展注入了新动能。当前正在实施的人民法院司法体制综合配套改革（即《关于深化人民法院司法体制综合配套改革的意见——人民法院第五个五年改革纲要（2019－2023)》)，不仅围绕人民法院坚持党的领导制度体系、服务和保障大局制度体系、以人民为中心的诉讼服务制度体系、开放动态透明便民的阳光司法制度体系、以司法责任制为核心的审判权力运行体系、人民法院组织体系和机构职能体系、顺应时代进步和科技发展的诉讼制度体系、切实解决执行难长效制度体系、人民法院人员分类管理和职业保障制度体系、现代化智慧法院应用体系等“十大体系”提出了65项改革措施，而且将“服务和保障大局”专门论述，并提出专业性案件集中管辖或专门管辖等体制性改革，切合京津冀区域知识产权、海事海商、环境保护等案件审理的需要，为京津冀法院探索建立跨区域的实质性司法协同机制提供了制度支持。司法改革和信息化是法院工作发展的“两翼”，自1996年最高人民法院主导下开启法院系统信息化建设以来，特别是最近几年来以司法公开、司法便民等为目的、以互联互通为特征，京津冀法院着力打造“阳光司法”，并向科技要生产力，按照最高人民法院的要求建立了司法公开“四大平台”，实行司法流程的信息化运行和监控，推动从立案、庭审、执行到裁判文书公开等司法活动的全方位公开化、可视化，有力地促进了司法公正、提升了司法效能、增强了司法公信、树立了司法权威。在此过程中，京津冀三地法院顺应信息化 3.0 的发展潮流，自主研发了诸如河北“智审 1.0”、北京“信息球”等智能化运行软件，着力打造新时代的“智慧法院”“科技法庭”，这些措施为京津冀司法协同提供了有利条件。因此，京津冀三地各级法院应当充分认识并抢抓这些难得的时代机遇，坚持协同理念，通过区域协同机制构建和司法协同运行，进一步增强共同服务保障京津冀协同发展的能力。

一、国家决策实施催生司法协同需求

京津冀协同发展战略是一项重大国家战略，尽管主要涉及的行政区域是北京、天津和河北，但并非是区域性战略，更非专项性战略，而是与新时代国家层面的一系列决策部署密切相连、相互支持且需要一揽子推进的战略。因此，包括十九大报告对新时代的总体部署以及城乡融合发展、国土空间规划、“三大攻坚战”、乡村振兴战略、“扫黑除恶”专项行动、乡村治理、公共法律服务体系建设等一系列重要决策部署，为京津冀协同发展提供了全方位的制度支持，推进京津冀协同发展也需要全面统筹并贯彻落实这些决策部署，这为法院更好地服务和保障京津冀协同发展确定了目标、指明了方向并拓展了空间。

2017 年 10 月 18 日，习近平总书记在中国共产党第十九次全国代表大会上作的报告《决胜全面建成小康社会 夺取新时代中国特色社会主义伟大胜利》，全面总结、充分肯定了十八大以来在经济建设、全面深化改革、民主法治建设、思想文化建设、人民生活改善、生态文明建设、全面从严治党等方面取得的重大进展和显著成效，同时明确指出仍然存在着发展不平衡不充分的一些突出问题，实体经济、发展质量效益、创新能力、生态环境保护、脱贫攻坚、城乡区域发展以及就业、教育、医疗、居住、养老等民生领域仍面临着不少难题，“社会矛盾和问题交织叠加，全面依法治国任务仍然繁重，国家治理体系和治理能力有待加强”，并围绕建设社会主义现代化强国的“两步走”新目标作出了战略安排，是京津冀协同发展的上位部署。

据不完全统计，自2017年以来，国家层面已出台了《北京城市总体规划（2016年－2035年）》《关于支持河北雄安新区全面深化改革和扩大开放的指导意见》《关于深入推进审批服务便民化的指导意见》《关于建立更加有效的区域协调发展新机制的意见》《关于建立国土空间规划体系并监督实施的若干意见》《关于加快推进公共法律服务体系建设的意见》《关于推进城市安全发展的意见》《关于建立健全城乡融合发展体制机制和政策体系的意见》《关于实施乡村振兴战略的意见》《乡村振兴战略规划（2018－2022年）》《数字乡村发展战略纲要》《关于打赢脱贫攻坚战三年行动的指导意见》《关于完善促进消费体制机制进一步激发居民消费潜力的若干意见》《关于创新体制机制推进农业绿色发展的意见》《关于促进小农户和现代农业发展有机衔接的意见》《关于加强和改进乡村治理的指导意见》《关于建立健全村务监督委员会的指导意见》《关于完善国有金融资本管理的指导意见》《关于加强金融服务民营企业的若干意见》《关于加强知识产权审判领域改革创新若干问题的意见》《关于全面加强生态环境保护 坚决打好污染防治攻坚战的意见》《关于统筹推进自然资源资产产权制度改革的指导意见》《关于在湖泊实施湖长制的指导意见》《农村人居环境整治三年行动方案》《生态环境损害赔偿制度改革方案》等相关文件，这些政策在京津冀区域的落实，对于微观主体包括行政机关以及企业、社会组织和个人等民事主体而言，最终可能转化为法律问题，从纠纷及其化解的角度来说，法院需要立足于现有法律规定，并结合这些文件的改革精神，运用司法智慧提供具体的解决方案。

从总体范畴来讲，司法属于法治的一个重要环节，是全面推进依法治国和加强国家治理体系和治理能力的重要方面，尽管十九大报告未对“司法”进行集中论述，但2014年10月23日十八届四中全会审议通过的《中共中央关于全面推进依法治国若干重大问题的决定》已对“司法”进行了顶层设计，而十九大报告所提出的各个方面都离不开法治保障，都可能需要法院以优质服务提供助力。京津冀三地严格贯彻落实十九大报告精神并着力推进京津冀协同发展战略的实施，三地各级法院更需要深刻领会相关文件精神，自觉提高政治站位，牢牢把握改革发展方向，在审理执行各类案件和化解社会矛盾纠纷时，坚持以事实为依据、以法律为准绳，最大限度地实现法律效果和社会效果的统一。

必须指出，党的十八大以来特别是十九大报告确定了中国特色社会主义进入新时代的历史方位，当前正处于“两个一百年”奋斗目标的历史交汇期，深入推动京津冀协同发展迎来了难得的历史机遇，也为京津冀三地各级法院增强司法服务和保障职能提供了难得的时代契机。围绕国家战略主动服务大局，立足司法职能保障区域发展，三地法院应当顺应时代要求，将跨省级区划的司法协同治理作为宏伟目标，加大司法体制机制的创新力度，构筑一体化的区域司法治理模式。

特别是京津冀协同发展和雄安新区建设的起步阶段，各要素的跨区域流动不仅仅是自发的市场行为，而且很大程度上取决于国家规划，必然打破已经确定并具有较长时效的法律关系（比如已签订的各类合同），改变了原有规划下当事人的合理预期甚至带来了较大的损失。这既要求各级党政部门增强风险意识，在促进要素流动的过程中充分考量当事人的合理诉求，尽可能地妥善解决，避免演化成矛盾纠纷，也要求三地各级法院对风险点进行全面排查和综合评估，立足于职能，通过案例指导、法治宣传等做好前期疏导，同时做好当事人诉诸司法以寻求化解的准备。当然，更为关键、更为重要的是，当事人诉诸司法程序后，法院应当把好程序关、事实关、证据关和法律关，准确把握争议焦点，运用证据查清案件事实，统一裁判尺度，正确适用法律，通过化解一个个具体案件来修复当事人的关系进而维护社会秩序。这是京津冀三地法院建立司法协同模式参与社会治理的正确逻辑。对于长期以来主要受理行政区划内案件的法院而言，无疑是“新事物”，但京津冀三地法院需要积极主动地“迎难而上”，开动脑筋破解司法体制机制性障碍，形成合力，以司法之力服务保障各级党政机关统筹落实国家重要决策部署和推进京津冀协同发展战略的实施。此外，雄安新区作为疏解非首都功能的集中承载地，不同于深圳特区、浦东新区建设，未来的一系列创新举措必然带来新的法律问题，也需要法院适应新形势新要求，积极地应对新情况新问题，以深厚的法律功底和高超的司法艺术为当事人提供专业的司法服务。

二、全面司法改革增强服务保障能力

京津冀协同发展以及国家重要决策部署实施需要三地各级法院提供优质高效的司法服务和保障，这要求法院切实提升服务保障能力和水平。长期以来，司法行政化、地方化被认为是制约司法公正的“两大顽疾”，饱受社会各界的诟病，影响到司法权威和社会公信力。善于向改革要生产力、勇于靠改革破解制约司法能力的难题，是建立健全中国特色社会主义司法制度的重要突破口和动力之源。自 1999 年最高人民法院印发《人民法院五年改革纲要》（习惯称为“一五改革纲要”）以来，已经完成了四个五年改革，2019 年 2 月 27 日，最高人民法院印发了《关于深化人民法院司法体制综合配套改革的意见——人民法院第五个五年改革纲要（2019—2023）》（即“五五改革纲要”），明确提出改革的指导思想是：“以习近平新时代中国特色社会主义思想为指导，紧扣我国社会主要矛盾变化，紧紧围绕统筹推进‘五位一体’总体布局和协调推进‘四个全面’战略布局，坚持以人民为中心的发展思想，坚持稳中求进工作总基调，统筹推进党中央部署的各项司法体制改革任务，在更高站位、更深层次、更宽领域、以更大力度深化新时代人民法院司法体制综合配套改革，全面落实司法责任制，加快形成系统完备、科学规范、运行有效的制度体系，推动公正高效权威的中国特色社会主义司法制度更加成熟更加定型，全面提升司法能力、司法效能和司法公信，推动营造更加良好的社会主义法治环境，创造更高水平的社会主义司法文明，履行好维护国家政治安全、确保社会大局稳定、促进社会公平正义、保障人民安居乐业的职责任务，努力让人民群众在每一个司法案件中感受到公平正义。"这段表述高度概括、十分精准地论述了新时代司法改革的总体导向。

"五五改革纲要"经中央批准，以"司法体制综合配套改革"为主题，表明司法改革的核心或主体已经基本完成，中国特色社会主义司法制度的"四梁八柱"已经稳固确立，接下来的主要任务是围绕司法权力运行的体制性问题进一步推动配套改革，尽管看上去似乎属于从核心改革走向"外围"突破，但对于打造适应新时代人民司法需求的司法制度具有重大意义。持续推进的司法体制机制性改革，从深层次逐步破解了实践中的司法所面临的难题，使司法权力运行更加符合司法规律，使人民法院更好地承担时代使命有了更稳固的体制保障和更强劲的制度支持。对于京津冀法院而言，既面临着服务保障京津冀协同发展的重大历史使命，又可谓"生正逢时"，能够充分运用司法改革的最新成果，特别是"党的十八大以来，政法战线坚持正确改革方向，敢于啃硬骨头、涉险滩、闯难关，做成了想了很多年、讲了很多年但没有做成的改革"，[①] 为人民法院更好地行使司法权释放了"生产力"，使京津冀法院更有能力服务保障京津冀协同发展和雄安新区建设。

以"五五改革纲要"为统领，全面深化司法体制机制性改革对于

---

① 高一飞、陈恋：《人民法院司法改革40年的回顾与思考》，载《中国应用法学》2019年第1期。

增强京津冀法院的司法服务和保障能力是全方位的，主要体现在以下方面：

一是法院的功能定位及其司法使命更加符合新时代中国特色社会主义建设的司法需求，更加切合司法与经济社会发展的辩证关系，更加突出司法的公平正义价值和服务保障功能。这为京津冀法院提供了根本遵循。司法改革必须坚持党对人民法院工作的绝对领导，保证了正确的改革方向，与京津冀协同发展战略、雄安新区规划建设以及前文列举的中央重要决策部署等都是源自党中央的顶层设计，最大限度地保证了司法改革的具体任务、内容和措施与其他领域发展规划的协调性。司法改革以人民群众最关切的公共安全、权益保障、公平正义问题为着眼点，进一步织密扎牢民生的司法保障网，切中了当前京津冀协同发展面临的主要问题。对 H 省的问卷调查数据显示，“当事人权利受到侵害”（62.73%）、“社会不满情绪发泄”（44.93%）以及“生活无望、民生无保障”（28.12%）等，是发生社会矛盾纠纷的主要原因（见图 4），是影响社会安全稳定的重要因素，因此，加强民生建设、加大民生司法保障力度是内源性维稳的根本之所在。司法改革明确将“坚持服务保障大局”作为基本原则，提出“为推动经济高质量发展提供优质司法服务，为优化营商环境、推动形成更高层次改革开放新格局营造良好法治环境，为保持经济持续健康发展和社会大局问题提供有力司法保障”，这“三个为”与京津冀协同发展和雄安新区规划建设高度契合，是京津冀三地各级法院的行动指南。

二是司法服务和保障大局的制度体系建设与京津冀协同发展、雄安新区规划建设的基本任务高度吻合，为相关领域的司法协同创新提供了依据。京津冀协同发展既面临着城市治理的法律关系创新和调整，将不断激活各类要素，释放发展活力，又面临着城乡融合发展过程中从传统农村向现代城市的转型，还面临着新旧体制转型变轨过程中各类社会矛盾交织叠加的治理风险。具体包括：以“三大攻坚战”为重点，涉及金融审判风险监测预警、农业供给侧结构性改革与农村土地“三权分置”法律关系变革、环境资源案件依法审理与生态治理修复；以促进投融资和激活市场主体经济动力为目标，需要以司法之力推动法治化的营商环境建设，重点加强合同履行审查，坚决杜绝任意毁约或故意签订无效合同等违背诚信原则的行为，加大对合法的市场经营主体保护力度，妥善处置“僵尸”企业和企业破产案件以及相关的债权债务、人员安置等问题，准确界定市场主体的民商事行为与犯罪的界限，坚持将经济纠纷的民事化处理，避免脱离具体的历史情景，任意扩大刑事责任的追溯范围，特别是加强对民营企业等主体的平等保护，坚持以知识产权的司法保护为主导，推动知识产权诉讼机制改革，建立司法与行政确权的顺畅衔接机制等。京津冀区域面临的上述问题更加突出、更加紧迫，“五五改革纲要”对此进行了明确回应，对京津冀三地各级法院切实解放思想、开拓思维，不断创新司法协同机制指明了方向。

三是司法改革的具体措施和重要成果为京津冀法院服务保障京津冀协同发展提供了直接动力和充分条件。首先，深入推进法官员额制、主审法官审判团队制和司法责任改革，优化法院内部司法权力运行体制机制，建立主审法官、法官助理和书记员合理搭配的审判团队，实行扁平化管理，取消以往的裁判文书逐级签批制，改由合议庭直接签发，并以司法责任制、法官依法履职保障机制、领导干部干预插手过问案件记录和责任追究等作为保障，最大限度地落实“让审理者裁判、由裁判者负责”，使京津冀法官能够摆脱来自法院内外部的干扰，特别是在审理涉京津冀案件时，摒弃地方保护的狭隘思维，秉承法治理念，遵循法律规定，真正以案件为核心，正当地行使自由裁量权，确保司法公正，打造精品案件，将法律正义传递给案件当事人，将通过审理跨区域案件确立的法律规则及其要义推广到京津冀，确保京津冀类案同判。其次，司法责任制，完善司法人员分类管理，健全司法人员职业保障制度，推进省以下地方法院、检察院人财物省级统一管理等司法体制改革的四项基础性制度性措施取得了实质性突破，奠定了新时代司法改革和司法权力运行的“四梁八柱”，“五五改革纲要”以司法责任制为“牛鼻子”，通过司法体制综合配套改革，进一步推动审判权力运行体制的深刻变革，以改革释放潜力、盘活资源、激发活力，京津冀法院的某些方面改革已走在了全国前列，能够更公正高效地处理涉京津冀或各个区域内的案件，为京津冀协同发展保驾护航。最后，专门针对京津冀法院的司法体制改革已经提上日程，比如京津冀法院联席会议提出探索建立跨区划知识产权案件集中在北京、涉外海事商事案件集中在天津、跨区划环境资源案件集中在河北管辖，同时探索具有区域联动性或较大社会影响案件的专门管辖机制，使案件管辖与行政区划适度分离，既有利于尽可能地排除地方干扰，又便于最大限度地促进裁判规则的统一适用。这些具体措施主要是党的十八大以来实施的，与京津冀协同发展战略同时同向，有力地增强并将持续提升京津冀法院服务保障“京津冀协同发展”这一大局的能力。

三、信息化建设助力司法一体化协同

司法改革和法院信息化建设被称为法院工作发展的“车之两轮、鸟之两翼”。20世纪末，随着信息技术的逐步普及，运用计算机推进工作现代化逐渐成为趋势。在此浪潮下，法院系统开启了信息化建设之路。“1996年是我国法院系统信息化建设元年，在最高人民法院组织召开的‘全国法院通信及计算机工作会议’上，最高人民法院确定了北京、上海等八家高级人民法院作为计算机网络系统建设的试点单位，同时对全国法院信息化建设作了总体部署。”① 1996年6月17日，最高

① 郭烁：《法院信息化建设二十二年：实践、问题与展望》，载《浙江工商大学学报》2019年第1期。

人民法院印发了《全国法院计算机工作“九五”计划纲要及2010年远景目标设想》，要求“通过广泛采用以计算机为基础的先进技术和电子信息技术设备，大力加强技术开发，经过全员培训，普遍掌握计算机应用技术，使人民法院的审判业务和管理工作逐步实现计算机化，全面提高办公自动化水平”，具体包括各级法院普遍装备计算机、大力加强计算机网络建设、普遍建成计算机综合管理信息系统和各类办公自动化软件系统、加强应用技术人才队伍建设和计算机普及培训等。这一时期的重点在于普及推广计算机应用，实行办公自动化，改变传统办公模式下耗费人力、重复作业、效率低下等问题，1998年最高人民法院技术局举办了两次全国性计算机录入机能比赛。

此后的一段时期，随着各类软件的改造升级，法院的计算机应用水平不断提升，以互联互通为主要特征的法院信息化2.0悄无声息地推进，并与司法流程信息化塑造、司法公开等紧密结合。2013年11月21日，最高人民法院印发了《关于推进司法公开三大平台建设的若干意见》，提出“依托现代信息技术，打造阳光司法工程，全面推进审判流程公开、裁判文书公开、执行信息公开三大平台建设，增进公众对司法的了解、信赖和监督”“使司法公开三大平台成为展示现代法治文明的重要窗口、保障当事人诉讼权利的重要手段、履行人民法院社会责任的重要途径”，随后又建成了庭审公开平台，通过“四大平台”实现案件重要节点的信息化、可视化、公开化，以此建立开放、动态、透明、便民的阳光司法机制。2016年4月12日，《中国法院信息化第三方评估报告》指出：“中国法院基本建成了以互联互通为主要特征的人民法院信息化2.0版，实现了对审判执行、司法人事和司法政务三类数据的集中管理。”①

从法院信息化建设提出以来，京津冀三地高级人民法院紧紧瞄准

① 刘婧：《人民法院信息化水平进入2.0时代》，载《人民法院报》2016年4月13日，第1版。

计算机运用的制高点，着力推进法院信息化水平，特别是近几年来在着力推进司法公开“阳光司法”，打造“内网＋外网”“两微一端”等立体化的法院信息化模式。以H省S市中级法院2015年8月以“指尖上的法庭”审理的微博直播案为例，整个微博庭审直播持续了两个多小时，S市中院直播微博阅读量达到2万次，直播视频点击量约3.5万次，新浪微博总阅读量达到68.4万次，S市中院微博粉丝直线增长1068个，网友、粉丝互动数量达400多次。可见法院信息化对于提升司法能力、增进司法效能、增强司法公信等方面具有显性的积极作用并蕴藏着巨大的能量。目前，法院信息化3.0以智慧法院建设为中心，已确立了主体框架，全国法院及人民法庭接入专网实行“一张网”办公办案，网上立案等信息化诉讼服务得到普及，类案推送等人工智能辅助系统得到应用，网络查控等执行方式发生根本变革，法院信息化从2.0向3.0不断推进，以大数据、智能化、联网化为特征的智慧法院逐步推进，以信息系统实质化应用建立的“科技法庭”展现出无法比拟的优势，通过视频系统实现了庭审直播、证据展示、庭审记录、录音录像等功能的集成，法官和当事人可面对视频完成庭审，为各方当事人及司法活动带来了极大便利。

京津冀法院在建设信息化3.0版的过程中，以智能庭审为目标，自主研发应用软件，在某些方面取得了显著进展。比如，河北高院以方便当事人为目的，2014年开通了一体化诉讼服务平台，实行“四大公开”，推行立案、缴费、送达、阅卷、开庭、调解、证据提交、查询、咨询、申诉等均可网上办理，实现了“司法围绕当事人”的转型；以实现司法活动便捷化，研发了便携式数字法庭，配备了完整的数字化设备，用于庭审及外出执法勘查。2015年，“庭审智能化巡查系统”正式上线，对庭审现场实行自动巡查，切实纠正法官的不规范行为，推动司法运行规范化，以及研发的审判风险管理系统，将立案到执行的全过程分为若干个重要节点和风险点，确保司法过程标准化。2016

年，“智审 1.0”系统正式运行，具有自动生成电子卷宗、关联相关案件、辅助生成裁判文书、智能推送法律法规、实时展示类案裁判数据等功能，使信息化从办公应用向智能辅助裁判的方向迈进。北京高院 2011 年提出构建“信息球”立体运行模式，“实现了案件进程实时监控、审判数据智能比对、司法统计动态评估、问题隐患自动提示、涉案信息共享互通、各项管理精确制导的精细化、智能化、多元化管理目标”，“为解决当前北京法院案多人少与司法能力相对滞后的矛盾提供了有力抓手，为促进公正司法、加强内部管理、提高决策水平、统一法律适用创造了‘空间’和‘红利’。”① 天津高院 2015 年出台了《天津法院信息化建设 3.0 版项目方案》和《天津法院信息化建设和应用达标标准》，目前已“初步建成网上办公办案、数据集中管控、大数据服务、诉讼服务与公开、安全和运维管理五大平台，初步构建起天津法院信息化 3.0 版，并在全市法院积极应用实践中取得显著成效，进一步推动了信息技术与司法审判的深度融合，促进了审判体系和审判能力现代化。”②

从京津冀法院信息化建设现状来看，尽管存在着某些尚待改进之处，与构想中的“智慧法院”建设还存在一定差距，但信息化在缓解“案多人少”矛盾、规范司法运行和提升司法效能等方面堪称“几何级增长”的带动作用已得到初步体现，这对于京津冀三地法院更好地服务保障京津冀协同发展具有强大的推动作用。具体体现为：一方面，京津冀三地各级法院充分利用信息化成果和“红利”，有助于公正便捷高效地化解辖区内的各类矛盾纠纷，打造平安稳定有序的京津冀社会环境；另一方面，信息化的显著特点是跨域性，网络不受时空限制，京津冀法院目前在网上立案、执行协作等领域逐步实现了一体化，未

① 郭京霞、赵岩、叶欣：《神奇“信息球”服务显魔力——北京法院信息化审管新模式提升审判质效》，载《人民法院报》2013 年 5 月 8 日，第 1 版。

② 张晓敏、李凤津：《推动信息技术与司法审判深度融合 天津加快推进智慧法院建设》，载《人民法院报》2017 年 12 月 19 日，第 1 版。

来将有助于通过信息化建设实现三地法院司法协同领域的新突破并朝着实质性一体化方向发展。

四、结语

京津冀协同发展以及各层次各领域决策部署的实施，要求京津冀三地各级法院加强司法协作，构建一体化的司法协同运行模式，实现司法服务保障京津冀协同发展的“同城效应”。目前，借力全面深化司法体制机制改革和法院信息化建设，京津冀法院的审判执行环境显著改善，服务保障大局的能力明显提升，改革创新的方向和思路愈加清晰，逐步建立并在不断深化与区域协同发展相适应的审判资源配置和司法供给模式，这些都是三地法院服务保障京津冀协同发展的有利条件。“法律的生命不在逻辑，而在经验”，这是美国法学家霍姆斯在其著作《普通法》中提出的著名论断。司法具有实践性，服务保障京津冀协同发展是京津冀法院共同面对的重大使命，三地法院应立足于实践需求，有限度地拓展司法职能，推进区域司法协同治理，助力区域经济社会协同发展。

第四节　司法服务保障京津冀协同发展的基本维度

京津冀法院承载着服务保障京津冀协同发展的光荣历史使命，而党的十八大以来的各项改革对增强司法服务保障能力提供了难得的机遇，对于京津冀而言，从哪些方面以及如何服务保障京津冀协同发展，这既是各地法院立足于大局必须认真思考的共性问题，又是京津冀三地法院面对的时新话题。某种意义上讲，法院的定位、职能以及功能限度等理论问题仍是核心，结合新时代司法发展理论以及实践需要予以理论厘清，就确定了京津冀法院为区域协同发展提供服务和保障的基本维度，主要包括审判执行、社会矛盾化解和普法宣传教育。审判执行是法院的本职工作，理论上讲不应存在分歧，但囿于对“法治”的理解误区，诉讼中心主义曾一度盛行，甚至认为法院调解是“反法治”行为，是“历史的倒退”，而随着“诉讼爆炸”时代的来临，一些观点又偏向纠纷解决，甚至将司法作为“维稳”的重要手段，以发展的眼光来看，显然这两种观点均有些极端化。实证数据表明，京津冀协同发展的深入推进，需要三地各级法院切实履行审判执行职责，不断增强审执效能，坚守宪法赋予的“阵地”，切实推进法律统一适用，以司法之力维护法律尊严和权威。这与矛盾纠纷多元化解并不冲突，甚至可以说，只有法院真正地做好了审判执行工作，才能够更好地参与社会综合治理。但另一方面，从案件体量来看，民商事纠纷不仅基数巨大而且具有常态性，“案多人少”矛盾日益加剧，已让法院不堪重负，坚持把非诉讼纠纷解决机制挺在前面，既是缓和人案矛盾的需要，也符合矛盾纠纷的演变机理以及当事人的一般选择逻辑。京津冀三地法院应结合立案登记制改革，进一步优化诉讼服务中心的“一站式”服务，加强诉调对接和非诉讼纠纷解决的引导和指导，构建多层级递进的立体化社会矛盾纠纷预防和化解体系。尽管社会矛盾纠纷当事人涵盖各类社会主体，但归根结底是“人”的问题，预防社会矛盾纠纷的根本也在于加快“人”的现代化，使人们的思想观念等跟得上京津冀协同发展带来的社会变革和法律制度调整步伐，因此，加强普法宣传教育是推进“人”的现代化的重要途径。法院的独特优势在于拥有丰富的案例，堪称社会运行的“晴雨表”，京津冀法院应当用好用活案例资源，通过刑事审判案例增强法律震慑力，通过对民商事矛盾纠纷化解引导和规范人们的行为，通过对案例所折射的共性问题进行梳理来发挥司法的公共政策形成功能。这三个方面，均是以审判执行为中心，是司法功能的有限度拓展，以此构筑成司法服务保障京津冀协同发展的立体化结构。

一、立足司法职能增强审执效能

审判执行是法院的本职工作，中国特色社会主义进入新时代，要求各级法院应当顺应社会主要矛盾变化，“牢牢坚持司法为民、公正司法，牢固树立新的发展理念，按照‘防控风险、服务发展，破解难题、补齐短板’的要求，充分发挥司法职能作用，着力解决在司法体制机制、方式方法、思想观念、队伍素质等方面存在的诸多不适应问题，全面推进审判体系和审判能力现代化”，“审判体系就是四级法院的立案、审判、执行、司法政务以及案件管辖、审级监督、职能定位等一系列制度机制和工作安排，是一套相互协调、相辅相成的工作体系。审判能力则是运用程序法和实体法审判执行案件、惩处违法犯罪、化解社会矛盾、维护公平正义、推进法治建设等各方面的能力水平。实现审判体系和审判能力现代化，就是要通过强化社会主义法治理念、规范审判权运行机制、完善审判管理制度、深化司法改革、提升信息化水平等措施，着力解决影响司法公正、制约司法能力的深层次问题，使人民法院各项工作更好地适应国家治理体系和治理能力现代化的要求，更好地适应人民群众多元司法需求，更好地适应全面推进依法治国的要求”。①

京津冀法院服务保障京津冀协同发展的根本立足点就是要以审判体系和审判能力现代化为支撑，依法公正高效地审理和执行各类案件，运用法律手段打击严重违法犯罪行为，切实保障当事人的合法权益，向社会传递法律正义，促进和保障京津冀协同发展过程中的一切行为

---

① 周强：《以习近平总书记系列重要讲话精神为指导 全面推进审判体系和审判能力现代化》，载《法律适用》2016 年第 7 期。

均纳入法律框架内，使法律规则成为社会各类主体必须遵循的准绳。因此，京津冀协同发展既需要以前瞻性思维不断推进改革创新，也需要以法律规范为核心的各类制度规范作为依据，做到“重大改革必须于法有据”，这种变革既体现为对京津冀协同立法的迫切需求，更体现为对具体案件如何裁判的司法需求，特别是面对重大、复杂、疑难案件时，京津冀三地法院需要以高度的敏锐性和责任感，自觉地运用法理将京津冀协同发展的法律变革与现有法律制度规范进行对比分析，进而确定是否存在法律适用的分歧乃至盲点，是否需要确定新的裁判规则，以及如何通过法定程序（比如应通过立法还是司法解释等）为具体案件裁判寻求适当的规则，并将之作为审理执行类似案件的依据。

从功能主义的角度来讲，“在现代社会中，法院作为‘社会纠纷裁判中心’，是专司纠纷裁判功能的组织机构”。[①] 这是基于宪法对法院定位以及职责的基本表述。然而，不同时期面临的社会矛盾不同，对法院功能的认识在不断深化，由此产生了法院的主要任务究竟是“规则之治”还是“纠纷解决”的理论分歧。前者认为法院应当以向社会传递法律规则为中心，案件诉诸法院后，法官应当按照诉讼程序进行审理并依法作出裁判，让人们真切地感受到“此案适用什么样的法律规则”以及“抽象的法律规则在具体案件中如何适用”，从而通过司法裁判案件的中介作用，将作为立法成果的法律规则转化为人们生活实践中的具体应用。基于此种立场，严格意义的司法应当拒绝任何形式的调解以及其他可能脱离法律规则控制的纠纷解决行为。后者则认为，现实的社会矛盾纠纷既是法院受理的对象，也是法院存在的价值和意义之所在。无论从国家机构设立还是社会运行的角度来讲，人们最终关注的是将纠纷妥善地予以化解，而至于通过审判、调解还是其

① 丁以升、孙丽娟：《论我国法院纠纷裁判功能的理性建构》，载《法商研究》2005 年第 2 期。

他方式，这并非重点。这两种观点分歧的核心在于如何认识法律规则在具体纠纷中的地位和作用，特别是由法院所构筑的司法场域中，程序设计应否赋予当事人变通适用法律甚至通过合意机制绕过法律而通过私权交易化解纠纷。这种分歧至今仍存在，也是京津冀法院面对的现实问题。立足于国家治理的宏观视角，京津冀法院应当以服务保障京津冀协同发展这个大局为中心拓展职能，但职能拓展是有限度的，既要遵循法院的性质和定位，又要遵循司法规律，特别是要牢牢抓住案件审判执行这个根本职能，通过不断增强审判执行效能来彰显司法协同的力量，以坚守岗位做好“本业”为基础进而拓展和衍生功能。

京津冀三地高级人民法院工作报告显示，京津冀三地案件数量基数较大且不断增长，不仅加剧了“案多人少”矛盾，而且对审判执行的质效提出了更高要求：

2018 年，北京市全市法院新收案件 895224 件，比上年增长 16.3%，结案 893570 件，增长 15.4%；其中，市高级法院新收案件 17838 件，比上年下降 0.5%，结案 17833 件，增长 2.8%。全市法官人均结案 357.1 件，居全国首位。其中：审结刑事案件 21928 件，比上年下降 6.2%；审结杀人、抢劫、绑架等案件 4919 件，对 1307 人判处 5 年有期徒刑以上刑罚；审结民商事案件 560415 件、知识产权案件 57086 件、行政案件 22894 件，比上年分别增长 14.2%、55.1%、5.8%；审结金融借款、民间借贷、信用卡、证券、保险等案件 121052 件；审结环境污染责任纠纷 81 件；审理涉山区农村搬迁、农村房屋建设、承包地“三权分置”等案件 2370 件，审结买卖、租赁等合同纠纷 247915 件；审结专利案件 1341 件、商标案件 14061 件、著作权案件 38378 件；审结医患纠纷、人身伤害、产品责任等案件 8043 件、劳动争议案件 29715 件、婚姻家庭继承案件 57111 件。全年新收执行案件 216393 件，执结 217483 件，公布失信被执行人信息 7.3 万起，限制

38.6万人次购买飞机票，限制4.3万人次购买动车、高铁票，限制2.2万人参加小客车指标摇号。①

2013－2017年，天津市全市法院五年来共受理案件141.7万件，审执结140万件，诉讼标的总额4785.7亿元，分别比前五年上升61%、57.6%和326.8%。市高院受理案件21688件，审执结20805件，同比分别上升31.1%和21.9%。其中：审结涉枪涉爆、危险驾驶、重大责任事故等危害公共安全犯罪案件14431件；审结故意杀人、抢劫等严重暴力犯罪，盗窃、抢夺等多发性侵财犯罪以及黑恶势力犯罪、毒品犯罪案件25621件；审结非法集资、电信网络诈骗、传销等涉众型犯罪案件4127件，挽回经济损失7.3亿元；审结知识产权案件6241件，同比增长168.8%；审结涉及群众“衣食住行、业教保医”案件37.7万件，同比上升136.8%；特别是审结涉北京非首都功能疏解、京津冀协同发展案件12.2万件。五年共执结案件36.5万件，结案标的额2644.7亿元，其中冻结银行、支付宝、微信账户资金201.7亿元，查询房产、车辆等78.6万次，公布失信被执行人70760例等。②

2018年，河北全省法院新收各类案件109.08万件，结案105.91万件，同比分别上升9.17%和3.66%，其中：审结故意杀人、抢劫等严重暴力犯罪以及涉枪、涉爆、涉毒犯罪案件2242件；审结涉及民间借贷、金融借款、证券期货等案件10.55万件，惩治非法集资、“校园贷”“套路贷”等危害金融安全犯罪1297件；审结劳动争议、房地产、征地拆迁、医疗纠纷等案件3.70万件，审结权属、侵权纠纷案件1.74万件，审结承包地“三权分置”、土地征收等案件5319件，审结家事

① 参见北京市高级人民法院代理院长寇昉2019年1月18日在北京市第十五届人民代表大会第二次会议上作的《北京市高级人民法院工作报告》，http：//www.bjrd.gov.cn/zdgz/zyfb/bg/201902/t20190211_191070.html，最后访问时间2020年1月9日。

② 参见天津市高级人民法院院长高憬宏2018年1月26日在天津市第十七届人民代表大会第一次会议作的《天津市高级人民法院工作报告》，http：//www.tjrd.gov.cn/tjsrmdbdh/system/2018/03/05/030010074.shtml，最后访问时间2020年1月9日。

案件10.42万件；审结企业或公司为主体的产权类相关案件23.99万件；审结破坏环境资源犯罪案件921件；特别是审结涉北京非首都功能疏解、京津冀协同发展案件4.58万件。全省共执结案件28.18万件，同比上升4.18%，执行到位金额448.55亿元，同比增长31.02%，其中运用“总对总”对接的网络执行查控机制共冻结银行款项61.76亿元，查询不动产1.09万处、车辆124.82万辆、股票3.04亿股等。①

这些数据充分表明，审判执行始终是京津冀三地各级法院的重心。一方面，自立案登记制改革以来，越来越多的案件涌向法院，包括目前出现呈扩大化苗头的虚假诉讼、恶意诉讼等占用司法资源的案件在内，只要符合起诉条件，法院不得拒绝受理案件，导致诉诸司法的案件数量逐年增长；另一方面，尽管民商事案件法院受理登记后，可以引导当事人调解，甚至诸如河北高院创新的“登字号”立案方式，法官征得当事人同意后可以“冀登”字号予以登记，然后引导当事人通过非诉方式化解纠纷，尽管如此，法院通过判决和裁定方式结案的案件数仍高居不下。此外，从三地法院新收案件数与审结案件数的对比关系来看，均存在着当年未结案的情况，这一方面属于客观情况，比如临近年底时受理的案件，很难在当年审结；另一方面，也因案件自身的复杂程度以及法院“案多人少”的现实困境所致。因此，京津冀法院能否守住“阵地”，将必须通过行使司法权解决的案件（包括刑事、行政案件以及无法通过非诉程序化解的民商事案件）公正高效地消化掉，是新形势下三地法院立足司法职能服务保障京津冀协同发展的根本之所在。唯此，才能在依法履职的前提下更好地拓展司法职能，才有精力推进非诉纠纷解决机制、参与社会治理以及开展普法宣传教

① 参见河北省高级人民法院院长卫彦明2019年1月15日在河北省第十三届人民代表大会第二次会议上作的《河北省高级人民法院工作报告》，http://www.hbrd.gov.cn/system/2019/02/02/019430974.shtml，最后访问时间2020年1月9日。

育等，将司法的触角从法庭内拓展至社会、从个案裁判扩展至规则普及，通过强化审判执行效能达到“审理一案、教育一片”的效果。

二、推进非诉机制多元化解纠纷

按照案件所适用的实体法和程序法等，将各类案件可分为刑事案件、民商事案件和行政案件。就各类案件的体量而言，民商事案件的数量远远高于刑事和行政案件，如果从更广义上以“社会矛盾纠纷”来衡量，民商事类的体量更加庞大。前文对京津冀三地高级人民法院工作报告中有关数据的援引即可看出，除了刑事犯罪和行政案件外，其他涉及各个领域的案件均属于民商事案件。因此，某种意义上来讲，司法审判执行的着力点主要分为两个层面：一是依法打击各类犯罪行为，特别是暴力型、涉众型犯罪，尽管刑事案件的绝对数量相对而言不是很大，但对人民群众的人身财产安全以及社会秩序的危害性最大，直接影响到人民群众的安全感和幸福感，同时，按照罪刑法定原则和刑法谦抑性要求，依法审理刑事案件也是对犯罪嫌疑人的人权的高度重视，是惩罚罪犯与保护人民、保障国家安全和社会公共安全与保障人权的高度统一。京津冀区域的政治性更为凸显，是境内外各类势力制造事端和从事严重犯罪行为的焦点，三地法院共同负有拱卫首都安全和保障京津冀区域社会安定的责任，需要将依法严厉惩治刑事犯罪摆在非常重要的位置，特别是重要时间节点更需加大对蓄意破坏的各类犯罪行为的依法审判力度，切实履行维护国家政权安全之责任和义务。二是遵循私法自治的基本理念，充分尊重当事人处分权，建立健全社会矛盾纠纷多元化解机制，妥善处理私益主体之间的权利义务关系，有效化解各类民商事矛盾纠纷，依法保障当事人的合法权益，依法维护市场经济秩序和社会公共秩序，着力营造和谐稳定有序的社会发展环境。民商事矛盾纠纷尽管属于私法领域，一般而言是私法主体之间的利益冲突，与刑事犯罪相比，其社会危害性相对较小，但一方面，这类案件与当事人日常的生产生活密切相关，甚至一些案件对整个家庭产生严重的影响，若不能及时有效地化解，可能会演化成公共安全事件乃至刑事案件；另一方面，私法主体是社会的“细胞”，是经济社会发展的基础，民商事矛盾纠纷发生的频率更高，数量庞大，是衡量社会安定状况的“晴雨表”，是体现社会治理能力的“度量衡”，司法的作用力主要体现为化解这些“惯常性”的民商事矛盾纠纷，协调和修复私法主体间的关系，通过“灭火”与“防火”并重来维护社会总体安定。当然，法院依法审理行政案件，在依法监督和支持行政机关依法行政和切实维护行政相对人合法权益方面的作用亦不容忽视。总体而言，新时代人民法院强化“司法服务”功能以服务保障大局，集中地体现为妥善化解民商事矛盾纠纷，为经济社会发展保驾护航。

贯彻落实《规划纲要》及其配套制度以及各层级各领域的决策部署，应当坚持“五位一体”总体布局和“四个全面”战略布局，坚持“创新、协调、绿色、开放、共享”的发展理念，推动经济社会的高质量发展。在此过程中，各类民商事矛盾纠纷在一定时期内将保持高位态势，特别是根据《规划纲要》对北京、天津、河北的重新定位，经济结构调整、产业转移升级、创新发展与知识产权保护以及金融市场愈加活跃等，导致传统社会矛盾纠纷多发且出现新情况，同时，新领域新业态的新型矛盾纠纷不断出现，京津冀法院亟需加大矛盾纠纷化解方式和机制的创新力度，坚持把非诉讼纠纷解决机制挺在前面，以满足客观形势发展的需要。这不仅是缓解“案多人少”矛盾和提高司法效能的重要举措，而且是基于民商事矛盾纠纷的属性和特点，强化司法服务和保障功能的应然要求。

坚持把非诉讼纠纷解决机制挺在前面，是习近平总书记站在国家治理体系和治理能力现代化的高度作出的重要论断，是纠纷多元化解理念的具体化，是经实践充分证明行之有效的“枫桥经验”的时代创新，是以“三位一体”大调解为主体的“廊坊经验”的进一步发展，体现了新时代对民商事矛盾纠纷化解的新认识。长期以来，人们对司法与法治关系的认识陷入狭隘、僵化的误区，将法治等同于诉讼中心主义，由此导致的结果是，“以诉讼为主的纠纷解决机制在实践中因过度使用而逐渐暴露出诸多的弊端，法院案多人少，疲于应对，加上诉讼本身具有的周期长、程序复杂、成本高、对抗性强等特点，使得诉讼机制的功能性特点在一定程度上演变成了功能性缺陷”,[①] 引起民众对法院的不满，曾一度出现了民众“信访不信法”以寻求救济和宣泄情绪的现象，甚至一些当事人不愿诉诸司法程序而以极端方式进行“抗争”。这就要求法院正确认识民众面对民商事纠纷时的实质性诉求以及“审判”对于解决民商事纠纷的意义，进而理性地认识审判与调解的关系。对诉讼调解实践的研究表明，“调解与审判具有不同的程序构造机理，但在契约社会里，纠纷的解决需要从纠纷的形成与处理过程的个案性入手，建立一种有利于促进当事人合作的程序”,[②] 与审判相对应的各类非诉讼纠纷解决机制正是基于当事人合意的程序合作机制，“为当事人提供多种可供选择的解决途径，以便当事人立足于双方共同的心理需求，通过‘意志合作’解决纠纷。”[③]

京津冀法院进一步加强诉讼与非诉讼机制的衔接，深化非诉讼纠纷解决机制在化解民商事矛盾纠纷中的作用，应当以诉讼服务中心建设为依托，优化一站式服务，建立民商事矛盾纠纷的“中枢站”，理顺人民调解、行政调解、行业调解、行政裁决、行政复议、仲裁等各类

---

① 倪寿明：《推动诉讼与非诉机制各就其位》，载《人民法院报》2019年6月3日，第2版。

② 陈焘：《诉讼调解的多维审视——基于司法实践的实证考察》，华北电力大学2014年硕士论文，第94页。

③ 梁平：《论多元纠纷解决机制的沟通之维——基于当事人心理需求角度的审视》，载《河北法学》2009年第10期。

机制与司法程序的关系，使法院成为各类社会性矛盾纠纷解决资源和力量的统筹者，使司法成为非诉讼纠纷解决机制的坚强后盾和最终保障，在京津冀社会治理中彰显司法理性、弘扬法治能量。就此而言，京津冀法院落实“把非诉讼纠纷解决机制挺在前面”，是司法功能向社会的有限度延伸，是法院参与社会治理的合理方式。尤其是对于基层人民法院及派出法庭而言，受理绝大多数民商事案件的一审，在四级法院体系中处于“金字塔”的塔基位置，最接近城乡民众，对基层社会环境最为熟悉，同时又是彰显法治的最强力量，以司法之视角完善诉源治理机制，在基层社会治理与矛盾纠纷化解中具有不可替代的作用。

2019 年 3 月，中央政法委、最高人民法院、最高人民检察院联合印发了《关于进一步优化司法资源配置全面提升司法效能的意见》，京津冀法院在民商事矛盾纠纷的诉源治理方面要切实发挥好“风向标”“总开关”“监控器”“安全阀”的作用，通过对案件发展态势的数据分析来确定社会治理的关键领域关键行业和风险点，通过对案件引导分流和指导服务来促进非诉讼纠纷解决机制有效参与矛盾纠纷化解，通过对矛盾纠纷化解过程和结果的实时监控来确定各类机制在社会治理中的实际功效，通过对矛盾纠纷的合力解决来守护社会秩序安定有序。2019 年 7 月 31 日，最高人民法院印发了《关于建设一站式多元解纷机制 一站式诉讼服务中心的意见》，围绕“全面建设集约高效、多元解纷、便民利民、智慧精准、开放互动、交融共享的现代化诉讼服务体系”，进一步提出“主动融入党委和政府领导的诉源治理机制建设”“完善诉前多元解纷联动衔接机制”“建设类型化专业化调解平台”“完善‘分调裁审’机制”“健全立体化诉讼服务渠道”“完善集约化诉讼服务机制”“完善内外联动的诉讼服务协作机制”等具体措施，为法院如何立足于本职拓展司法功能确立了方向。京津冀法院应当以机制建设为重点，推动各类社会治理资源集聚到社会风险预测预警预防和实时监控上来，推动各类社会矛盾纠纷化解机制统合到以司法为“中枢”的多元体系中来，进一步打造政治、法治、德治、自治、智治“五治”融合的社会治理体系，推动构建“党委领导、政府负责、民主协商、社会协同、公众参与、法治保障、科技支撑”的社会治理格局。

秉承此种理念和思路，河北高院自 2013 年以来，以“一乡（镇）一法庭”建设为纽带，以改变基层政权体系中司法缺位现象为突破口，对司法主导下推进非诉讼纠纷解决机制建设和司法参与基层社会治理进行了有效探索，“以法庭‘进驻’乡镇的方式搭建了正式资源下沉并与基层社会融合的平台，通过扩展法庭职能为基层治理提供了强有力的法治保障”，“在不增加投入的基础上重构法庭职责，使司法下沉基层，与基层党政联动，共同推进基层社会的法治化治理，创出了一条以法庭为中心的基层矛盾化解和社会治理的新路子”，[①] 对于京津冀三地特别是基层法院更好地化解民商事矛盾纠纷，夯实区域治理根基，为京津冀协同发展打造良好的基层社会环境具有启示意义。

事实上，京津冀三地法院结合本地特点，以服务保障京津冀协同发展为宗旨，探索建立了具有特色的非诉讼纠纷解决机制。比如，北京法院“构建起立案阶段‘多元调解 + 速裁’诉讼前端分流化解大批普通纠纷，多数员额法官后端审理疑难复杂案件的审判工作新格局”“今年（注：2017 年）1 月至 11 月，北京法院调解成功和速裁结案 145852 件，是去年全年的 6.9 倍。其中，多元调解成功案件量 63812 件，是去年全年的 3.4 倍”。[②] 天津高院 2019 年 3 月出台了《天津法院深入推进诉讼服务机制现代化建设的规划方案》，通过特邀调解、律师调解等，进一步将社会调解力量吸纳到多元纠纷解决体系中来，积极

---

① 梁平：《正式资源下沉基层的网格化治理——以河北“一乡一庭”建设为例》，载《法学杂志》2017 年第 5 期。

② 郭京霞、赵岩、张华：《北京法院多元调解成功结案超 6 万》，载《人民法院报》2017 年 12 月 31 日，第 1 版。

推进京津冀跨域立案，为三地群众跨域异地诉讼提供便利。

京津冀法院深入推进非诉讼纠纷解决机制，加强对各类调解机制的引导、指导和司法确认，以司法之力保障非诉讼机制在法治轨道上运行，提升这些机制的公信力和约束力，使民众愿意将纠纷交给诉讼外的各类主体和机制解决。目前已形成的比较成熟的做法是：一是以诉讼服务中心为“窗口”，加强与非诉讼纠纷解决机制的对接，为当事人提供“一站式”的纠纷解决引导和司法服务。这是立案登记制改革带来的最大便利，既避免各部门之间相互推诿，又避免当事人“告状无门”，使法院成为矛盾纠纷的“入口”和“集散地”，诉讼服务大厅的工作人员向当事人告知诉讼风险，引导当事人选择诉外合适的解决方式，或者征得当事人同意后，将纠纷直接移交给派驻法院的各个调解室，尽可能地通过“入口”疏解大量的矛盾纠纷。二是法院加强对人民调解等的业务指导，使各类调解机制的运行走出以往被认为“和稀泥”的困境或误区，在不违背法律法规强制性规定的前提下，更注重说理性，同时尽可能地兼顾当地实际情况以及尊重当事人的处分权，让调解有理有据，让当事人心服口服，以此提高各类调解的公信力和效果。三是依法对调解协议进行司法确认，赋予其强制执行力，使调解协议具有与法院调解或裁判同等的法律效力，避免调解程序“空转”。

除此之外，京津冀三地法院主动融入社会综合治理中，进一步完善矛盾纠纷流转机制，与其他社会治理主体形成合力。目前，京津冀三地党委政法委着力推进省、市、县、乡四级综治中心建设，有的地方将综治中心延伸至村，形成五级综治体系，各部门入驻综治中心，建立“一站式”的社会综合治理格局。法院作为社会综治责任单位，依托综治中心，与各部门进行对接，便于更好地利用社会资源推进矛盾纠纷的预测预警预防和多元化解。以H省为例，全省建立各类人民调解组织5.8万个，人民调解员33.8万名，在医疗卫生、道路交通等16个纠纷多发易发行业和领域建立健全行业性、专业性人民调解组织995个，成立《非常帮助》人民调解室120家，实现了人民调解组织网格化、全覆盖，为通过非诉讼机制化解矛盾纠纷的坚实保障。自2018年以来，全省共调解案件43.12万件，排查预防各类矛盾纠纷49.8万件,[①] 最大限度地把各类矛盾隐患和风险问题吸附在当地、化解在基层、解决在萌芽状态，有效地避免了社会矛盾纠纷演化为诉讼案件，有力地维护了社会和谐稳定。2018年，河北法院“坚持和发扬‘枫桥经验’，推广邯郸‘一委一庭三中心’[②]、邢台‘一纵三横’[③] 诉调对接等乡镇法庭工作经验，各级法院诉调对接中心相继成立，公证机构、法律援助律师、专业调委会等纷纷入驻法院，形成多元共治新格局，诉前化解纠纷6.61万件，张家口、邢台、唐山、邯郸、沧州五市法院新收民事案件同比下降”。[④] 北京法院“建立‘分流、调解、速裁’一体化机制，上线‘分调裁’平台，加强诉调对接中心建设，探索开展律师调解试点，实现与人民调解、行业调解、专业调解的紧密对接，着力打造具有首都特色的‘枫桥经验’升级版，2018年多元调解与速裁结案254274件，比上年增长44.5%，占一审民商事结案量的46.7%”。[⑤] 由此可见，非诉讼纠纷解决机制在预防和化解社会矛盾纠纷方面具有独特优势和巨大潜力，面对京津冀协同发展战略推进中出现的

---

① 该数据来源于笔者对H省加强和创新社会治理的调研。

② 邯郸“一委一庭三中心”是指群众工作委员会、一乡镇一法庭以及群众工作中心、社会治安综合治理中心、矛盾纠纷排查调解中心，建立“一委三中心”和“一乡（镇）一法庭”对接机制，打造“一委一庭三中心”平台，做到了“一委三中心”工作人员和“一乡（镇）一法庭”司法辅助人员合署办公，共同研究问题和调处矛盾纠纷。

③ 邢台‘一纵三横’诉调对接是指纵向各级法院和村居都设立专职管理人员和调解人员，横向中院、基层法院、人民法庭分别与同级综治单位诉调对接的“一纵三横”调解网络。

④ 参见河北省高级人民法院院长卫彦明2019年1月15日在河北省第十三届人民代表大会第二次会议上作的《河北省高级人民法院工作报告》，http：//www.hbrd.gov.cn/system/2019/02/02/019430974.shtml，最后访问时间2020年1月9日。

⑤ 参见北京市高级人民法院代理院长寇昉2019年1月18日在北京市第十五届人民代表大会第二次会议上作的《北京市高级人民法院工作报告》，http：//www.bjrd.gov.cn/zdgz/zyfb/bg/201902/t20190211_191070.html，最后访问时间2020年1月9日。

各类矛盾纠纷，京津冀三地法院需要进一步创新机制，加强诉调对接，着力打造人民调解为“第一梯队”，行政调解、行政裁决、行政复议、仲裁等为“第二梯队”、法院调解和裁判为“第三梯队”和“最后保障”的社会矛盾纠纷化解体系，推动社会治理向基层下移，夯实基层法院及派出法庭推进非诉讼纠纷解决机制的基础，最大限度地将矛盾纠纷化解在基层，实现“小事不出村、大事不出镇、矛盾不上交”的治理目标，形成根基稳、反应快、劲头足的京津冀协同发展环境。

三、运用案例优势开展普法宣传教育

有学者曾对自鸦片战争以来到“五四运动”这一时期中国近代化演进过程的历史考察，认为“我们最初只将现代化理解为经济、科技与国防的现代化，着眼于引进外资、技术、设备以达到产值翻番”，但“提高人的文化素质，更新人的时代观念，实现人的现代化，这就是我们打破历史轮回，实现现代化的根本”，即“现代化的根本在于人的现代化”。[①]“国内外现代化学界一般认为，‘人’的现代化主要包括价值观、人生观、世界观、思想、精神、理念、知识、素质、能力、思维、心态等现代化。当前我国现代化进程中存在的问题大多与‘人’的现代化水平不高有关。”[②] 习近平总书记在党的十九大报告中提出“决胜全面建成小康社会，开启全面建设社会主义现代化国家新征程”的宏伟目标，并指出“从全面建成小康社会到基本实现现代化，再到全面建成社会主义现代化强国，是新时代中国特色社会主义发展的战略安排”。京津冀协同发展是社会主义现代化建设的重要组成部分，经济、科技等“硬实力”的现代化是京津冀协同发展的重心，但从长远来看，

---

① 莫世祥：《现代化的根本在于人的现代化》，载《广州研究》1988年第11期。

② 何星亮：《为什么要加快“人”的现代化建设》，载《人民论坛》2019年第3期(上)。

"人的现代化"最为根本也更为迫切，最关键的是要正确认识局部利益与全局利益、短期利益与长远利益、个人利益与公共利益等的关系，首先从思想层面深刻地认识到相对先进地区的持续发展与相对落后地区的巨大贡献密不可分，进而切实破除"一亩三分地"的狭隘思维，加强区域之间的相互带动和持续补力。在此过程中必然会引起利益调整，甚至会影响一些个体的切身利益，如何以全局思维和长远眼光，从"京津冀协同发展"的高度正确看待宏观政策调整以及微观利益变动，这在很大程度上决定着京津冀协同发展的动力是否充足以及阻力是否存在及其大小，也决定着与之相伴的社会风险大小、危害程度以及转化为现实矛盾纠纷的可能性。

此外，京津冀协同发展进程中的农村拆迁和城市建设，从农民向市民的角色转换，面临着意识观念和行为习惯等深度融合的现实问题，某种意义上成为现代化过程中传统型矛盾纠纷的另一种表达。以实地调研中了解到的农村拆迁户集中安置为例，当地拟建立大型现代小区，但如果农村拆迁户与城市居民一同居住，农村村民长期养成的生活习惯可能与城市小区生活存在一定反差，势必因生活琐事引发小区纠纷，有村干部形象地比作"楼上钢琴声婉约悠长，楼下呼啦啦麻将声一片"，加之一些村民习惯于乡村的庭院生活而不愿"上楼"（即住小区楼房），存在着对城市小区生活的适应问题。如果分区居住，虽然能够尽可能地避免混住时发生的邻里矛盾，但群体化差异将会进一步加大，可能滋生群体性风险。这种不协调，反映了城乡融合发展急切需要加快"人的现代化"进程。但人的现代化是一个比较漫长的过程，而京津冀协同发展带来的结构性调整和系统性转型对"人"的冲击不可避免，不仅存在着诸如此类城乡融合的矛盾，而且因切实利益发生的纠纷对社会秩序更具有现实冲击力，加上体制机制性失衡带来的社会性矛盾，是京津冀协同发展过程中着重需要考虑的问题。比如农村拆迁户失去土地后的养老、医疗以及再就业，因环境治理需要对一些生产经营者停产限产导致生活来源受限以及相应的跨区域生态补偿等，这些直接或间接的矛盾纠纷交织叠加，对京津冀社会治理带来了很大压力，由此引发的矛盾纠纷风险对司法带来了严峻挑战。对H省“发生社会矛盾纠纷的主要原因”的问卷调查数据表明，“当事人权利受到侵害”（62.73%）、“社会不满情绪宣泄”（44.93%）、“部分人员游手好闲”（31.06%）、“生活无望、民生无保障”（28.12%）、“干部未能尽职尽责”（22.82%）等交织在一起（见图4），成为社会不稳定因素。

从根本上讲，这些问题并非无法预防或解决，其症结在于人们的思想意识、行为习惯与现代法律制度存在着一定差距以及法律制度供给与社会现实之间的某种程度“脱节”。从社会治理和矛盾纠纷预防化解的角度来看，一方面，需要加强法律制度供给和普法宣传教育，切实提高社会运行的现代化、法治化水平；另一方面，需要以案例为载体和依托，加大矛盾纠纷化解的规范、引导和警示效应，让人们更真切地理解法律规范在日常生活中发挥作用的机理，增强法律的社会控制功能。此外，“法院在审理具体案件中，由于立法滞后于社会生活，各种新兴社会纠纷进入到法院后缺乏相应法律规定，法院对之做出的裁判，是对当事人的权利义务划分，至少在辖区内因遵循上级法院判例而实际具有判例法的效力，起制定公共政策之实”，[①] 按照法定程序拓展司法的社会公共政策功能，对于确定京津冀协同发展进程中新型矛盾纠纷的处理规则具有重要现实意义。“人民法院是社会治理的参与者、推动者、保障者，肩负着依法协调社会关系、有效化解社会矛盾、规范和指引社会行为、实现社会公平正义、推进社会法治进步等神圣使命”，“人民法院参与社会治理，最大的优势在于案例”，[②] 法院开展

① 姚莉：《法院在国家治理现代化中的功能定位》，载《法制与社会发展》2014年第5期。

② 吴明军：《社会治理中的法院新作为》，载《人民法院报》2019年5月15日，第2版。

普法宣传教育最大的优势也在于案例。生动具体、有理有据的案例对民众行为方式选择具有更为直接的影响，某种程度上甚至胜过无休止的说教以及一厚摞规章制度。如前文所述，自立案登记制改革以来，法院成为各类矛盾纠纷的“集散地”，形形色色的案例涌向法院，用好用活这些案例，以案说法开展普法宣传教育，群众更容易接受，更能起到入耳入心的良好效果。

对于京津冀三地法院而言，立足于京津冀协同发展战略，需要坚持协同治理思维，运用丰富的案例资源，加强京津冀社会运行态势的宏观研判，创新融入民众生活的矛盾纠纷化解方式，提升矛盾纠纷化解对于增强人们法治意识和促进“人”的现代化的溢出效应，更深层次地将司法功能延伸到社会矛盾预防上来，实现司法的社会运行端口前移，将着力点从“救火”“灭火”转向“防火”。这不仅不违背司法权力运行规律，而且是法院发挥自身独特优势参与社会治理的重要方式，是散发司法能量和弘扬法治精神的重要途径。具体而言，需要从以下方面切入：

一是强化刑事案例警示功能，加大刑事制裁力度，依法严厉打击严重危害国家安全和经济社会安全、损害公民人身财产权利、破坏生态资源等犯罪行为，向社会公众明确传递国家法律法规威严和人民法院依法适用法律打击犯罪行为的决心和恒心，提高犯罪成本，督促违法犯罪者摒弃一切侥幸心理，自觉遵守法律，严格约束行为。2019 年 3 月 2 日，最高人民法院发布十大生态环境保护典型案例（2017 - 2018），H 省 B 市 L 县法院一审、B 市中院终审的董某等 19 人污染环境案入选，7 月 30 日又被纳入联合国环境规划署数据库。该案因向城市下水管网偷排的废碱液与废盐酸结合产生硫化氢气体致人中毒死亡，造成如此严重的后果，对于一些地方看似“司空见惯”的偷排废碱液行为具有严肃的冲击性，该案的审判“体现了对于屡禁不止的非法处置危险废物犯罪严惩重罚的司法导向”，“对于斩断危险废物非法经营地下产业链条、震慑潜在的污染者具有典型意义”，起到了“严厉惩治污染环境、破坏生态等犯罪行为，加大环境犯罪成本，发挥环境资源刑事审判的警示功能”。[①] 从实际调研情况来看，人们一般对于故意杀人、强奸、抢劫、盗窃等严重暴力犯罪的认识比较清晰，而诸如上述案例等暴力性不很明显甚至大多数犯罪无暴力性特征，或者发生明显的危害后果需要一定条件或一段时间等，对于此类犯罪行为的认知比较模糊，无法清晰地确定违法与犯罪的界限，加上执法不严等因素，导致此类现象司空见惯，一些人怀着“法不责众”和盲目从众心理，“不自觉”地走上了犯罪道路。对于此类“屡禁不止”的社会顽疾，司法必须明确地“亮剑”，通过刑事裁判的威慑效应扼杀不良风气，将人们的行为引向严格遵纪守法的轨道上来。京津冀协同发展需要安定的社会环境，三地法院应当充分发挥刑事审判职能，坚决依法打击京津冀区域的各类犯罪行为，打造风清气正、遵纪守法的区域环境。

二是凸显民商事案例引导和规范功能，创新司法方式，着力推进贴近民众生活的多元化纠纷解决机制，发挥民商事矛盾纠纷化解过程及结果对民众日常行为的示范作用。民商事矛盾纠纷最贴近民众，从基层法院及其派出法庭受理的一审案件来看，80%左右的案件属于常见的“简单案件”，相对而言，事实比较清楚，法律适用也不存在较大难度，京津冀三地尽管存在着发展程度的差异，但绝大多数矛盾纠纷仍属于民众生活或企业生产经营过程中的常见纠纷，三地法院应以此为重心，通过引导非诉讼机制或运用司法机制有理有据地化解纠纷，帮助民众明确是非标准。一方面，加大巡回调解、巡回审判等力度，对于典型案件，采取就地审理、就地化解的方式，引导当事人及民众

① 最高人民法院网：《2019年7月30日10：30，最高人民法院环境资源审判庭成立五周年新闻发布会》，https：//www. chinacourt. org/chat/fulltext/listId/51760/template/courtfbh-common/subjectid/MzAwNMhON4ABAA. shtml，最后访问时间2019年8月2日。

从法律角度分析案情，把握矛盾纠纷的焦点以及所蕴含的法理，运用广大群众能够听得懂的语言解析案件、阐释法律，使典型案例成为承载法律价值的有效载体。另一方面，创新案例传播方式，让民众能够更便捷地接近案例，挖掘司法案例对提升区域法治水平的潜能。河北电视台农民频道精心打造的黄金时间栏目《非常帮助》，以身边案例说事，以看得见的方式开展调解，广受民众欢迎，并催生了《非常帮助》人民调解室120家。这种做法表明，人们最关注的是发生在自己身边、与自己距离最近的案例，其动因或许是多方面的，比如自己遇到类似问题或纯粹出于好奇等，但“该类矛盾纠纷是如何化解的”，将会给民众留下深刻的印象，并潜意识地将之作为自己行为的参考。再如，河北省新乐法院与县广播电视台联合打造的《法案透视》栏目，“以新乐法院审理的真实案例为切入点，通过直击庭审现场、法官说法、律师点评等形式，用老百姓听得懂的语言，说老百姓身边的事情”，“与纸质‘平面化’法制宣传及非常态化送法下乡相比，该栏目浓郁的乡土气息、直观的视觉冲击力及常态化播出，让群众更加喜闻乐见，拉近了群众与法院的距离，做到真正意义上的以案说法，栏目成为提升民众法律素养的有效方式”，“成为新乐市50万人民群众学习法律的最佳蓝本和了解、监督法院最直接的窗口，被百姓誉为身边的‘法律顾问’，实现了司法宣传与司法公开的有机结合”，[①] 而且在新乐法院官网开辟了“法案透视”专栏，运用网络突破了电视收看的时空限制，形成了常态化的“以案说法”形式。实践中，也有一些法院利用农村集市日等，公开审理案件或化解矛盾纠纷，扩大案件的法律教育效应。从以案例为载体增强普法宣传教育效果的角度来讲，传播案例的形式具有多样性，其难点不仅在于案件应当具有典型性、接近民众，更在于对案件所蕴含的法理以及法律规则的充分阐释，

---

① 河北法院网：《新乐法院〈法案透视〉栏目举行隆重开播仪式》，http://old.hebeicourt.gov.cn/public/detail.php?id=8882，最后访问时间2019年8月2日。

这既是对法官专业素养和程序驾驭能力的考验，也是增强案例效果的关键。

三是挖掘案例的规则发展与宏观态势分析价值，加强对案例中法律要义的归纳分析，促进京津冀区域法律统一适用，同时，加大对案件总体动态的研判分析，为各类社会主体防范法律风险提供指南，为推进京津冀区域协同治理提供依据。一方面，我国已经建成了中国特色社会主义法律体系，但社会生活领域的法律制度仍存在着有待完善之处。对H省的问卷调查数据显示，当前法治建设面临的主要问题，除了“缺乏培训，民众不懂法”（51.75%）、“法律执行不到位、有法不依”（31.84%）和“当事人恶意规避法律”（11.95%）外，法律规范自身存在着不同程度的问题，包括“法律不完善，找不到法律依据”（35.14%）、“属于原则性规则，适用性不强”（31.31%）、“法律与社会脱节”（30.09%）、“法律与风俗习惯冲突”（19.38%）、“法律条文晦涩难懂”（18.89%）、“法条重复，‘干货’不多”（17.08%）、“法律条文存在理解歧义”（16.42%）等（见图5），这些现象在京津冀跨区域法律适用时也不同程度存在，甚至某些方面更加突出。京津冀法院在审理相关案件过程中，出现法律适用存在分歧或法律依据不明确等情况时，应当加强沟通协调，经过充分论证，确定合理的法律规则，对于具有典型意义的案例，可发布指导性或参考性案例，作为审理类似案件的参考，作为各类主体共同遵守的行为规范。可以预见，随着京津冀协同发展的深入推进，制度变革带来的法律规范供给不足现象在某种程度上可能会加剧，包括立法机关适时制定规范性文件在内，法院所受理的新型典型案例将是论证其必要性和可行性的实践基础和依据来源。另一方面，法院需要从社会治理责任单位的角度，对审判运行态势进行精准分析，对区域内社会风险作出研判，对于普遍性、经常性的风险点，向有关单位发出司法建议或简报，通报情况，提醒其采取有效措施加强防范；同时，通过合理途径向社会发布，对社会公众发布预警，督促有关主体自觉地规范行为，避免发生矛盾纠纷。

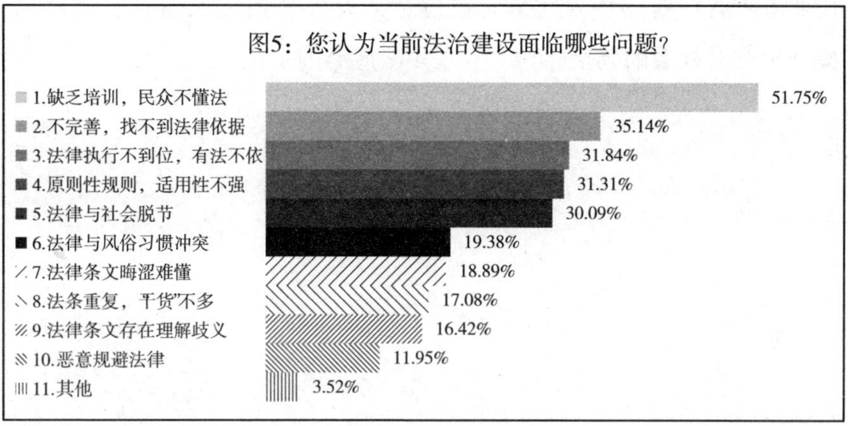

因此，对于京津冀法院而言，审理案件和化解矛盾纠纷的意义不应局限于个案，应当积极主动地利用好案例资源，特别是针对“非首都功能疏解方面，因工作任务重、要求高、时间紧，容易引发相应的法律风险：一是行政诉讼风险点多，二是滋生腐败案件风险多，三是劳务与商事合同纠纷增加”① 等问题，通过审判阐明和强化规则，增强各类主体的风险意识和规则意识，通过司法案例进一步稳定各类主体的行为预期，从源头上防范社会矛盾风险。

四、结语

司法是彰显法治价值和促进法治化治理的“存在”，在服务保障经济社会发展大局中处于独特的地位，具有独特的作用。居中裁判是司法区别于其他纠纷解决方式的显著特征，“建立以审判为中心的司法制度，需要从司法工具主义走向司法自治，从‘政策实施型司法’转向

① 贾小雷、周悦丽、牟效波：《京津冀区域法治建设的问题及思考》，载《北京日报》2016年10月31日，第18版。

'纠纷解决型司法'",[①] 京津冀三地法院围绕京津冀协同发展这一大局，应当着力于"纠纷解决"，既要充分发挥审判执行职能，又要推动民商事矛盾纠纷的多元化解，通过个案处理来增强人们的法治意识，提升法律对社会的调控能力，实现司法应有的价值。

① 钱大军、李桂久：《以审判为中心的司法观及其实践要求——一个功能视角的考察》，载《求是学刊》2019 年第 3 期。

第二章　京津冀协同发展司法服务保障的实证考察

京津冀协同发展战略提出以来，最高人民法院以及京津冀三地高院等出台了相关制度规范，一些法院签订了合作协议，为三地司法协同提供了规范指导。同时，三地法院通过举办研讨会、论坛、工作会议、培训等方式展开了多层面的合作，加强涉京津冀协同发展案件的审理，以及与相关部门密切配合，积极参与社会治理，为京津冀协同发展提供和谐稳定的区域环境，初步建立了跨省级行政区划的司法协同治理机制。跨区域司法协同治理强调以“事”即社会矛盾纠纷为中心，通过司法实现对社会风险的防控，蕴含着中央事权的司法属性和法律统一适用的司法原则，与“技术治理”具有高度的契合性，面对当前存在的协同困境，亟待牢固树立人本理念和系统治理思维，坚持目标导向和问题导向，寻求京津冀司法协同技术治理的新突破。

第一节　京津冀协同发展司法服务保障的规范分析

司法服务保障京津冀协同发展需要以科学、健全的制度规范体系作为依据和支撑。自京津冀协同发展战略提出以来，三地法院陆续出台了相关文件或签署了司法协作协议，2016 年 2 月 3 日最高人民法院印发了《关于为京津冀协同发展提供司法服务和保障的意见》，为三地各级法院进一步指明了方向。截至目前，制度规范的基本框架已经形成，以综合类指导文件和专项文件为依托，建立了多层级多领域的制度规范体系，诸如司法协作等取得了较大进展，同时也面临着操作性不强、同质化严重、协同领域较窄、重大改革进展缓慢等问题，亟待进一步加强制度规范的系统性、精细化研究，逐步增强制度规范的指导性和执行力，为三地法院加快构建司法协同治理格局，以及更好地服务和保障京津冀协同发展提供制度依据。

一、司法服务保障制度规范的文本梳理

自《规划纲要》发布以来，最高人民法院及京津冀三地各级法院陆续出台制度规范，为更好地服务和保障京津冀协同发展提供制度支持，以此推进京津冀三地各层级建立一体化的司法协作和运行机制，在依法履行审判执行职能的同时，加大司法参与京津冀区域社会治理的力度，坚定不移地维护京津冀区域社会稳定，助力经济发展和生态文明建设，发挥司法在京津冀协同发展战略实施中的应有效能。

据不完全统计，自 2015 年以来，最高人民法院、京津冀三地高级人民法院以及相关中级人民法院、基层人民法院等，单独或联合出台文件 40 余部：[①]

1. 最高人民法院发布 2 部，即《关于为京津冀协同发展提供司法服务和保障的意见》和《关于加强京津冀三地法院人员培训和法官交流工作的意见》。

---

① 见本书第 77 页“表：京津冀协同发展司法服务保障的制度规范（部分）”。

2. 京津冀三地高级人民法院各自单独发布10部，即《北京市高级人民法院关于为落实京津冀协同发展战略提供司法保障的意见》《北京市高级人民法院关于为“疏解整治促提升”专项行动提供司法保障的意见》《北京市高级人民法院关于充分发挥审判职能 为优化首都营商环境提供司法保障的实施意见》《河北省高级人民法院关于为京津冀协同发展提供司法保障和服务的指导意见》《天津市高级人民法院关于为京津冀协同发展提供司法服务和保障的实施意见》《天津市高级人民法院关于落实“三个着力”重要要求 为天津“一基地三区”建设提供司法保障的具体意见》《天津市高级人民法院关于为供给侧结构性改革提供司法服务和保障的意见》《河北省高级人民法院关于2016－2017年度京津冀法院联席会议工作计划分工方案》《河北省高级人民法院破产案件审理规程（试行）》《河北省高级人民法院执行案件移送破产审查规程（试行）》等。

3. 京津冀三地高级人民法院或京津冀晋吉五地高级人民法院共发布12部。其中，京津冀三地高院发布10部，即《关于京津冀协同发展服务保障雄安新区建设合作框架协议》《北京、天津、河北法院执行工作联动协作协议书》《北京、天津、河北法院执行事项委托及异地执行协助操作细则》《京津冀法院跨域立案工作办法》《京津冀三地法院跨域立案服务一体化工作办法》《京津冀跨域立案工作手册》《北京、天津、河北法院共享社会鉴定资源协议书》《北京、天津、河北法院环境资源审判协作框架协议》《京津冀法院环境资源审判服务保障北京冬奥会筹办相关问题的纪要》《京津冀法院环境资源审判服务保障雄安新区生态文明建设的实施意见》；京津冀晋吉五地高院发布2部，即《京、津、冀、晋、吉法院关于首先查封法院与优先债权执行法院处分查封财产的协作意见》《京津冀晋吉法院完善执行联动协作机制备忘录》。

4. 各地中级人民法院或基层人民法院发布相关综合指导文件多部，

此处列举6部，即《沧州市中级人民法院关于为推进京津冀协同发展战略实施提供司法保障和服务的若干意见》《秦皇岛市中级人民法院关于为京津冀协同发展和十三五规划实施提供司法保障和服务的若干意见》《石家庄市中级人民法院关于为推进京津冀协同发展提供司法保障和服务的实施意见》《北京市第一中级人民法院发挥审判职能强化司法保障优化首都营商环境的具体实施意见》《天津市第二中级人民法院为创新驱动发展战略提供司法保障的若干意见》《北戴河新区人民法院为京津冀协同发展和新区十三五规划实施提供司法保障和服务若干意见》。

5. 京津冀三地有关法院签署协议或联合出台实施细则等多部，此处列举11部，即《北京市延庆区法院与河北省张家口市中院、崇礼区法院关于加强京津冀协同司法框架协议》《北京市第三中级人民法院、天津市第一中级人民法院、廊坊市中级人民法院协同发展司法保障工作联络机制》《北京市第三中级人民法院、天津市第一中级人民法院、廊坊市中级人民法院京津冀协同发展司法服务保障机制框架协议》《北京、天津、河北（廊坊）19家毗邻法院执行事项委托及异地执行协助运行及操作细则》《京津冀中基层法院司法合作协议》《京冀基层法院执行联动协议》《平谷、蓟县、三河、兴隆三省（市）四地法院沟通协作框架协议》、《平谷、蓟县、三河、兴隆三省（市）四地法院执行工作联动协作实施细则》《深化平谷、蓟州、三河、兴隆、遵化三省（市）五地法院执行工作联动协作实施细则》《三省（市）六地法院司法协作协议》《通州、武清、廊坊毗邻法院司法协作框架协议》等。

表：京津冀协同发展司法服务保障的制度规范（部分）

时间	发布机构	文件名称	主要内容	备注
2016年2月3日	最高人民法院	《关于为京津冀协同发展提供司法服务和保障的意见》	1. 依法履行人民法院审判职能：（1）依法惩罚京津冀地区破坏社会稳定、经济发展、金融安全、生态保护的各种犯罪；（2）依法审理涉及疏解北京非首都功能的民商事案件；（3）依法审理涉及公共服务、扶贫脱贫的民生案件；（4）依法保障京津冀地区金融创新、金融安全；（5）进一步加大京津冀知识产权司法保护的力度；（6）依法审理矿产资源、污染环境等环境资源类民商事案件和行政案件；（7）依法审理海事案件和海洋环境污染等案件；（8）依法审理京津冀协同发展中的行政案件；（9）依法执行涉及京津冀协同发展中的重点项目和重点工程案件。 2. 建立健全京津冀法院工作联络机制：（1）建立京津冀三地法院联席会议机制；（2）加强京津冀三地法院在信息化软件开发、平台建设和大数据应用等方面的合作；（3）进一步推动并不断完善京津冀法院执行联动协作；（4）积极探索特定类型案件集中管辖或专门管辖（知识产权案件、海事海商案件、生态环境保护案件）；（5）建立健全京津冀三地法院人员培训和法官任职交流机制；（6）建立京津冀三地法院常态化调研协调机制。	综合指导文件
2017年2月9日	最高人民法院	《关于加强京津冀三地法院人员培训和法官交流工作的意见》	建立京津冀三地法院干警培训合作共享机制、法官挂职交流锻炼的正常机制等。①	队伍建设
2015年11月	北京高院	《北京市高级人民法院关于为落实京津冀协同发展战略提供司法保障的意见》	（1）建立涉京津冀协同发展案件发现、识别和统一指导管理机制，对涉及京津冀协同发展的案件实行专门管理。（2）建立涉京津冀协同发展案件信息共享、问题研判、执法尺度统一的机制。建立京津冀三地法院立案、裁判标准统一机制。（3）建立京津冀三地法院协调沟通机制，继续深化京津冀三地法院执行联动和审判工作协作，加强人员交流和信息化建设等方面协调配合。（4）借助多元化纠纷解决机制，进一步推动完善诉前调解、人民调解、诉讼调解、行政调解、行业调解联动工作体系，发挥各种纠纷解决方式的优势，支持、引导当事人通过调解、协调等非诉的方式解决纠纷。②	综合指导文件

① 参见刘峥、向华：《最高人民法院发布意见积极推进京津冀三地法院人员培训和法官交流工作》，https：//www. chinacourt. org/article/detail/2017/02/id/2541312. shtml，最后访问时间2019年7月20日。

② 参见郭京霞、赵岩、张新平：《北京高院出台司法保障意见 切实推动京津冀协同发展》，载《人民法院报》2015年11月28日，第1版；参见李松、黄洁：《“推动京津冀协同发展司法作用不可或缺”》，载《法制日报》2015年11月27日，第2版。

续 表

时间	发布机构	文件名称	主要内容	备注
2017年5月15日	北京高院	《北京市高级人民法院关于为"疏解整治促提升"专项行动提供司法保障的意见》	加强涉疏解整治刑事案件审判；依法妥善处理涉疏解整治的房屋（场地）租赁纠纷，劳动争议，重点工程建设案件，企业破产类案件，涉及现代服务业发展的民商事案件，涉征收拆迁、拆除违法建设的行政案件，拆除违法建设引发的行政赔偿案件，涉及军队和武警部队全面停止有偿服务的案件等，加强知识产权司法保护，加大依法执行力度；大力推进矛盾纠纷多元化解，探索为疏解到外地的北京市民、企业提供司法服务的工作机制，加强对涉疏解整治案件的审判管理，加强审判执行规范化、专业化建设，健全上下级法院协调机制，健全与相关部门的沟通协调机制，健全京津冀区域司法协作机制等。	综合指导文件
2019年5月20日	北京高院	《北京市高级人民法院关于充分发挥审判职能 为优化首都营商环境提供司法保障的实施意见》	健全随机分案为主、指定分案为辅的案件分配机制；深入推进案件繁简分流和多元化解；推进办案规范化建设和信息化应用；加强司法审判大数据分析和应用；公正高效审理涉公司类商事案件和各类商事合同案件；全力攻坚执行难；依法妥善处理好各类知识产权案件；加强涉外商事案件审判工作，加强与仲裁、涉外商事调解组织的衔接；加强网上立案；推进电子卷宗随案同步生成；建立审判辅助事务的集约化、智能化、多元化管理机制；全面推进诉讼服务中心建设；以"北京法院诉讼服务微信公众号"为载体，重点推广和应用微信服务平台，打造全程式的12368热线服务模式；逐步实现商事纠纷案件审判流程信息主动推送；加强破产审判专业化建设等。	综合指导文件
2015年11月	河北高院	《河北省高级人民法院关于为京津冀协同发展提供司法保障和服务的指导意见》	依法保障和服务创新发展、转型发展、开放发展、绿色发展、共享发展：（1）最大限度提供跨区域诉讼服务；（2）探索建立与行政区划适当分离的环境资源案件管辖制度；（3）深化与京津法院的业务合作机制建设，切实履行好三地法院已签署的执行联动协议，加强与京津在文书送达、调查取证等方面的沟通、协调与协作；（4）加强远程视频接访工作，推动建立覆盖三地法院的信访数据库；（5）加强信息化建设的沟通协作，推动三地法院审判、执行信息及法律适用规范性文件等资源的共享；（6）进一步强化调研交流，及时研究司法需求和司法政策。①	综合指导文件

① 丁力辛：《河北高院出台意见保障京津冀协同发展》，载《人民法院报》2015年11月24日，第1版。

续 表

时间	发布机构	文件名称	主要内容	备注
2017年6月15日	天津高院	《天津市高级人民法院关于为京津冀协同发展提供司法服务和保障的实施意见》	1. 严格公正司法：（1）充分发挥刑事司法打击犯罪功能；（2）妥善审理京津冀协同发展中的民商事案件；（3）依法审理京津冀协同发展中的行政案件；（4）加强自贸区法庭建设，公正审理涉中国（天津）自由贸易试验区案件；（5）围绕金融创新运营示范区建设，公正稳妥审理各类金融案件；（6）加强知识产权司法保护；（7）推进环境资源审判组织建设；（8）依法审理环境资源类案件；（9）充分发挥跨省市海事海商司法管辖优势，积极行使司法管辖权，积极应对海事海商新型疑难复杂案件；（10）加大涉京津冀协同发展案件执行力度。 2. 建立健全工作机制：（1）建立天津法院联席会议机制；（2）加强审判专业化建设；（3）不断提升司法标准化建设水平；（4）大力推进精品战略；（4）积极运用矛盾纠纷多元化解机制；（6）完善与政府相关部门的沟通机制；（7）加强对司法服务保障工作的宣传。 3. 积极参与三地法院合作：（1）推进实现网上立案；（2）建立案件识别管理机制；（3）加强司法协作；（4）落实和完善工作沟通机制；（5）积极参与搭建人才交流平台；（6）推动常态化调研协调机制建设；（7）积极参与和推进信息化共建共享。	综合指导文件
2017年5月6日	天津高院	《关于落实“三个着力”重要要求为天津“一基地三区”建设提供司法保障的具体意见》	（1）严厉打击各类犯罪行为，严惩电信网络领域新型犯罪，推进量刑规范化，加强刑事案件认罪认罚从宽制度试点；（2）推进社会治安综合治理创新，完善与审判工作对接的社会稳定预警机制，贯彻执行“七五”普法规划；（3）贯彻落实创新驱动发展战略和知识产权强市战略，依法审理发明、实用新型、外观设计专利案件，强化产权司法保护；（4）加强海事审判，加强对京津冀协同发展背景下贸易、投资、航运纠纷和海洋权益纠纷等领域的审判理论研究，充分发挥秦皇岛、曹妃甸派出法庭及黄骅港巡回审判法庭和京冀巡回审判点跨地域管辖的独特优势，实现“便利群众诉讼，便利人民法院审判”的“两便”原则；（5）妥善审理新型金融案件，依法支持金融创新，防范金融风险，确保金融安全；（6）服务供给侧结构性改革，坚持公有制与非公有企业平等保护原则，妥善审理企业破产、合并等案件，促进农业供给侧结构性改革，妥善审理涉农案件，加强自贸实验区法庭建设，公正审理涉中国（天津）自由贸易试验区案件；（7）服务城市建设发展，依法审理行政案件、京津冀协同发展和雄安新区建设有关案件以及新型城镇化建设、美丽乡村建设、环境保护等案件；（8）推进“一改两化”，全面深化司法体制改革，着力推进案件繁简分流，加强法院信息化和司法标准化建设，健全完善信息化应用平台；（9）按照“五个过硬”要求，实施干部教育培训“九六五工程”，坚持以文化育人，狠抓队伍建设。	综合指导文件

续 表

时间	发布机构	文件名称	主要内容	备注
2017年8月14日	天津高院	《关于为供给侧结构性改革提供司法服务和保障的意见》	进一步加强京津冀司法协作联动，不断完善专业化审判工作机制，大力推进多元化纠纷解决机制改革和案件繁简分流工作。①	综合指导文件
2016年7月15日	河北高院	《关于2016－2017年度京津冀法院联席会议工作计划分工方案》	（1）建立司法协同调研机制，积极筹备北京高院承办的首届京津冀司法论坛；（2）建立网上统一立案机制，尽快提出具体可行意见，实现三地网上直接立案，推进诉讼服务一体化；（3）建立案件识别管理机制，尽快明确涉京津冀协同发展案件认定标准，对相关案件进行专门跟踪管理（4）建立委托送达和委托调查取证机制；（5）建立跨区域重大疑难案件会商机制，研究解决协同发展中的重大司法事项、司法需求、司法政策和重大疑难法律适用问题，促进司法裁判尺度的统一；（6）建立京津冀社会纠纷多元化解机制；（7）建立典型案例统一发布机制；（8）完善京津冀法院执行联动机制；（9）建立京津冀专门案件跨区域集中管辖机制，河北将探索集中管辖跨区域环境资源案件的审理；（10）建立统一培训和异地交流机制，探索通过异地挂职、任职交流以及选调等方式，从京津引进高素质人才，弥补河北人才短板，共享协同发展成果。②	综合指导文件
2019年6月5日	京津冀三地高院	《关于京津冀协同发展服务保障雄安新区建设合作框架协议》	1. 立案：（1）积极推动网上跨域立案；（2）对涉雄安新区规划建设案件试行集中管辖；（3）积极推进三地在线调解。2. 审判：（1）大力推进协同发展精品案件战略；（2）建立三地法院案件会商机制；（3）加强法律统一适用的研判和协调。3. 执行：（1）探索设立涉雄安新区案件执行协调小组；（2）积极落实执行工作联动协作协议；（3）完善异地执行通报和保障制度。4. 信息化建设：（1）全面实现数据共享交换；（2）拓展业务协同应用范围。5. 队伍建设：（1）健全法官挂职交流常态化机制；（2）健全人员培训和工作交流的常态化协商机制；（3）建立学术协同研究制度。	综合指导文件
2015年3月	京津冀三地高院	《北京、天津、河北法院执行工作联动协作协议书》	明确了三地法院协作执行的事项，包括执行法院均可委托被执行人财产所在地或被执行人住所地法院开展调查（查询），（轮候）查封（冻结），续封（冻），解封（冻），扣划存款，登记型财产过户等法律文书的送达，拘留、接控等强制措施。对于在三地辖区内已查明的被执行人的财产处分中的财产审计、评估、拍卖、过户、支付执行款项等执行事项，需依法专项委托被执行人财产所在地法院协助执行。简化赴京津冀辖区内异地执行手续，不再需要高院开具介绍信，只要携带齐全本院介绍信、工作证、执行公务证和相关生效法律文书，协助配合法院应当优先提供交通、警力等支持。三地法院逐步推进执行远程指挥系统一体化和网络查控系统一体化建设。③	执行协作

① 参见张晓敏：《天津司法服务保障供给侧结构性改革》，载《人民法院报》2017年8月15日，第1版。

② 参见常站巍：《省法院召开党组会议迅速传达贯彻京津冀法院联席会议第一次会议精神》，http://www.hebeicourt.gov.cn/public/detail.php?id=26687，最后访问时间2019年7月20日。

③ 参见张国、李川：《法院执行工作联动协作 京津冀将实现办案“同城效应”》，载《中国青年报》2015年3月12日，第3版。

续　表

时间	发布机构	文件名称	主要内容	备注
2016年7月8日	京津冀晋吉五地高院	《北京、天津、河北法院执行事项委托及异地执行协助操作细则》《京、津、冀、晋、吉法院关于首先查封法院与优先债权执行法院处分查封财产的协作意见》	建立五省（市）法院之间执行协调视频会商系统，明确五省（市）法院处分查封财产产生争议时协调处理的具体实施细则。深层次推进京津冀三地法院执行联动协作，完善三地法院执行事项委托及异地执行协助机制。	执行协作
2018年11月22日	京津冀晋吉五地高院	《京津冀晋吉法院完善执行联动协作机制备忘录》	打通“点对点”执行查控的省域壁垒，建立通过五地法院执行指挥中心与当地公安、车管、金融、工商、不动产等单位的网络执行查控系统，联手快速查找、控制被执行人及其财产进行对接；实现关联案件检索、执行争议协调、跨区域执行协助、异地委托执行、执行数据交换等一体化协作；定期通报典型执行案例，举办业务培训班、案例研讨会，统一执法尺度和标准。①	执行协作
2017年4月20日	京津冀三地高院	《京津冀法院跨域立案工作办法》	主要规定了跨域立案适用范围（京津冀三地法院管辖的一审民商事案件、执行实施类和民事申请再审案件）、立案申请（当事人在自助立案平台登录跨域立案系统后，选择管辖法院、案件类型及具体案由，提交起诉状或申请书、主体身份信息证明、授权委托书、代理人身份证明、与诉请相关的证据或者证明材料等）、审核、处理与案件移交等基本流程。②	跨域立案
2019年7月2日	京津冀三地高院	《京津冀三地法院跨域立案服务一体化工作办法》、《京津冀跨域立案工作手册》	建立就近受理申请、管辖权属不变、数据网上流转的联动办理机制。经管辖法院审查，符合立案条件的当场登记立案，《受理通知书》《交费通知书》《诉讼风险告知书》等法律文书可以通过电子送达系统即刻送达当事人，协作法院将代收的起诉（申请）材料、《送达地址确认书》《诉前调解申请书》等一并通过法院专递方式寄送给管辖法院，实现当事人异地享受同等优质高效便捷的立案服务。③	跨域立案
2017年9月8日	京津冀三地高院	《北京、天津、河北法院共享社会鉴定资源协议书》	三地法院确立统一的社会鉴定资源备案标准，建立统一的社会鉴定机构评价体系；建立常态化信息共享机制，及时共享本地社会鉴定资源资质、人员变动及奖惩信息；完善对外委托信息管理平台，实现网上备案、网上委托，使三地社会鉴定机构能够跨平台接受法院委托。④	司法鉴定

① 参见史风琴：《京津冀晋吉五地共建执行联动“朋友圈”》，载《人民法院报》2017年12月8日，第1版。

② 参见丁力辛：《京津冀法院推进立案一体化》，载《人民法院报》2017年4月23日，第1版。

③ 参见河北法院网：《“推进京津冀跨域立案全覆盖座谈会”召开 讨论通过三地法院跨域立案服务一体化工作办法》，http://www.hebeicourt.gov.cn/public/detail.php?id=31435，最后访问时间2019年7月20日；参见高铭：《京津冀法院跨域立案实现全覆盖 家门口起诉新模式增强群众司法获得感》，http://www.rmfz.org.cn/contents/2/225442.html，最后访问时间2019年7月20日。

④ 参见周宵鹏、吴艳霞：《京津冀高院共享社会鉴定资源》，载《法制日报》2017年9月15日，第3版。

续 表

时间	发布机构	文件名称	主要内容	备注
2016年6月12日	京津冀高院	《会议纪要》	建立信息工作交流协作五项机制：建立京津冀法院信息工作交流机制；建立京津冀法院信息共享机制；建立京津冀法院重大事项、重大举措交流通报机制；建立京津冀法院教育培训交流协作制度。	信息化
2016年9月22日	京津冀三地高院	《北京、天津、河北法院环境资源审判协作框架协议》	定期召开协作会议，建立常态化交流研讨机制，创建“京津冀环境资源审判信息期刊”，建立重大案件跨区域协调会商机制等。①	环境资源审判
2017年8月4日	京津冀三地高院	《京津冀法院环境资源审判服务保障北京冬奥会筹办相关问题的纪要》《京津冀法院环境资源审判服务保障雄安新区生态文明建设的实施意见》	在张家口市法院开展环境保护刑事案件集中管辖的试点工作，2017年5月1日起正式实施。②	环境资源审判
2019年7月26日	河北高院	《破产案件审理规程（试行）》《执行案件移送破产审查规程（试行）》	《破产案件审理规程（试行）》共十四章，138条。对破产案件的管辖、不同企业主体的破产能力、破产案件申请（各类申请主体需提交的材料）、管理人（按照破产案件分类确定分级管理人，倡导联合管理人，规范管理人的指定选定和评审）、债务人财产（财产界定与分类、解除保全措施、破产撤销权、取回权等）、破产费用和共益债务（建立企业破产费用保障基金、明确经营借款清偿顺位）、债权申报（审查程序、审查方法、实质审查原则、审查期限、异议债权处理、提起债权确认之诉的期限等）、债权人会议（表决权的确定与表决方式，债权人会议决议的撤销与重新作出程序，重大财产处分行为的表决、报告制度与人民法院有效监督）、重整（探索庭外重组与庭内重整的衔接，规定了庭外重组制度、预重整制度、重整识别机制、申请强制股权变更登记等，细化债务人自行管理模式适用条件、债转股适用条件、出资人权益调整、强制批准重整计划的条件等重要问题）、破产清算与和解、简易程序、衍生诉讼案件、府院联动和信息化建设等。③	破产
2015年12月30日	沧州中院	《关于为推进京津冀协同发展战略实施提供司法保障和服务的若干意见》	最大限度提供跨区域诉讼服务，建立涉京津案件专门工作机制，建立与京津法院交流协作机制等。	综合指导文件

① 参见赵春艳：《京津冀三地法院签署环境资源审判协作框架协议》，载《民主与法制时报》2016年9月27日，第1版。

② 参见蔡洪坡：《京津冀法院首次召开环境资源审判协作会》，http：//yzdsb. hebnews. cn/pc/paper/c/201708/05/c11967. html，最后访问时间2019年12月6日。

③ 参见古孟冬：《第二届京津冀破产审判研讨会在邯郸召开》，载《河北法制报》2019年7月29日，第1版。

续　表

时间	发布机构	文件名称	主要内容	备注
2016年2月15日	秦皇岛中院	《关于为京津冀协同发展和十三五规划实施提供司法保障和服务的若干意见》	(1) 妥善审理涉及四大传统产业（金属冶炼和压延，装备制造，玻璃、水泥建材行业，粮油食品加工和葡萄酒）优胜劣、企业实现再生（重整、和解）与“僵尸企业”依法有序退出市场、旅游（景区设立专门的巡回法庭）、市场流转与入秦企业落户和生产经营、拆除违章违法建筑、涉农、民生等矛盾纠纷。(2) 围绕文明做美，通过商事审判，树立诚信；通过民事审判，倡导社会公德、职业道德和家庭美德；通过行政审判，助力法治政府建设，弘扬社会主义核心价值观。(3) 积极参与、推进、探索社会矛盾纠纷多元化解机制，并通过机制改革，分类处理，推进平安秦皇岛建设。①	综合指导文件
2016年3月16日	石家庄中院	《关于为推进京津冀协同发展提供司法保障和服务的实施意见》	加强协调协作，建立和完善协同司法的新机制，探索建立案件会商机制、建立统一法律适用机制、全面落实执行协助机制等。②	综合指导文件
2018年11月15日	北京一中院	《发挥审判职能强化司法保障优化首都营商环境的具体实施意见》	深化落实服务保障优化首都营商环境的9个方面：通过加大产权保护力度，平等保护各类市场主体合法权益，努力营造首都平等包容的商业环境；通过完善破产审判工作机制，助力深化供给侧结构性改革，努力营造首都优胜劣汰的市场竞争环境；通过发挥行政案件管辖优势，依托行政审判职能推动法治政府建设，努力营造首都高效透明的政务环境；通过依法严厉打击各类犯罪，健全完善社会矛盾化解机制，努力营造首都和谐稳定的社会环境；通过切实加强审判管理，积极延伸审判职能，努力营造首都优质高效的法治环境；通过坚决如期打赢“基本解决执行难”攻坚战，全面提升执行工作质效水平，努力营造首都安全可预期的诚实信用环境；通过优化完善司法服务，切实提高诉讼服务的能力和水平，努力营造首都法院便民快捷的司法服务环境；通过深化司法公开，增进社会对司法工作的理解与认同，努力营造首都法院阳光开放的内外监督环境；通过加强智慧法院建设，贯彻落实三服务原则，努力营造首都法院创新驱动的技术保障环境。③	综合指导文件
2016年8月23日	天津市二中院	《为创新驱动发展战略提供司法保障的若干意见》	成立知识产权审判庭，推行“三合一”审判模式；成立清算与破产审判庭，依法出清“僵尸企业”；平衡保护商业秘密和员工自主创业；加强涉科技企业执行工作；加强涉及商事登记、市场监管执法的行政许可、行政处罚、信息公开等行政案件审理；加强对金融创新的司法保障等。④	综合指导文件

① 参见王艳荣：《秦皇岛市中院出台两个“意见”保障经济社会发展》，http://hebei.hebnews.cn/2016-02/22/content_5349449.htm，最后访问时间2019年7月20日。

② 参见高薇：《石家庄中院出台意见为京津冀协同发展提供司法保障和服务》，http://hebei.hebnews.cn/2016-02/29/content_5364262.htm，最后访问时间2019年7月20日。

③ 参见高铭：《北京一中院发布9大举措49条措施 强化司法保障优化营商环境》，http://www.rmfz.org.cn/contents/116/169197.html?from=groupmessage&isappinstalled=0，最后访问时间2019年7月20日。

④ 参见金梦：《市二中院召开“服务和保障创新驱动发展”新闻发布会》，http://www.tjcaw.gov.cn/sdjs/fztj/tjcaw-ifyavvsh6016343.shtml，最后访问时间2019年7月20日。

续 表

时间	发布机构	文件名称	主要内容	备注
2016年3月30日	北戴河新区法院	《为京津冀协同发展和新区十三五规划实施提供司法保障和服务若干意见》	建立健全司法机制，为环境保护、生命健康产业创新示范区建设、改革开放和国际化、特色城镇化建设和社会民生等五个领域提供司法服务和保障。①	综合指导文件
2016年4月19日	延庆法院、张家口中院、崇礼区法院	《北京市延庆区法院与河北省张家口市中院、崇礼区法院关于加强京津冀协同司法框架协议》	成立沟通协作领导工作组，构建会商机制；建立人才交流机制；建立重大赛事司法联动机制；建立绿色发展共建机制等。	综合指导文件
2017年8月4日	北京三中院、天津一中院、廊坊中院	《协同发展司法保障工作联络机制》	确立审判委托送达和委托调查取证、执行联动协作、重大事项和疑难案件通报会商、社会纠纷联动化解、审判人才合作培养、联合调研和案例交流、三地法院专题论坛等10项机制。②	司法协作
2018年5月4日	北京一中院、天津一中院、唐山中院	《京津冀协同发展司法服务保障机制框架协议》	建立跨域立案、送达取证、审判协作、执行联动、矛盾纠纷化解等10项具体协作机制。③	司法协作
2015年12月25日	北京、天津、河北（廊坊）19家毗邻法院	《北京、天津、河北（廊坊）19家毗邻法院执行事项委托及异地执行协助运行及操作细则》	成立京津冀三地毗邻法院执行协作领导小组，实行信息共享，逐步打造融事项联络、案件通报、案件材料交换、异地调研等为一体的共享平台和工作机制，以信息化方式建立交流渠道。三地法院互有义务全面落实委托调查和财产控制事项，包括对被执行人可能在三个地区内财产线索的统查、特定信息的调查和对已掌握财产线索进行核查，对被执行人财产进行查封、扣押、冻结等，以及对所在地、居住地在京津冀异地的被执行人或案外人采取拘传、搜查、拘留、罚款等强制措施予以协助。④	执行协作
2017年7月7日	京津冀15家法院	《京津冀中基层法院司法合作协议》	建立异地立案、送达、审判、执行全流程合作机制，开放三地司法合作平台，建立健全包括跨区域案件识别、统一指导管理机制，委托送达机制，跨区域重大、敏感案件协调、会商机制，异地财产保全协助机制，执行联动协作机制，业务人才交流培养机制等。⑤	司法协作

① 参见河北省人民政府：《新区人民法院召开〈民商事审判权力运行管理办法〉、〈京津冀协同发展和新区十三五规划实施提供司法保障和服务若干意见〉新闻发布会》，http：//www. hebei. gov. cn/hebei/11937442/10756595/10756623/13394070/index. html，最后访问时间2019年7月20日。

② 参见郝军生、解丽达：《廊京津三地中级法院签署〈协同发展司法保障工作联络机制〉》，载《河北日报》2017年8月9日，第9版。

③ 参见黄洁、张雪泓：《京津冀三地法院签署框架协议 十项协作机制助力区域协同发展》，http：//www. legaldaily. com. cn/index/content/2018 - 05/04/content_ 7537178. htm？node =20908，最后访问时间2020年1月8日。

④ 参见杨柳、史自强：《京津冀十九家法院联动 执行办案迈向“同城化”》，载《人民日报》2016年1月4日，第1版。

⑤ 参见熊琳、鲁畅：《京津冀15家中基层法院在异地立案等领域开展司法合作》，https：//www. chinacourt. org/article/detail/2017/07/id/2916589. shtml，最后访问时间2019年7月20日。

续 表

时间	发布机构	文件名称	主要内容	备注
2017年8月10日	京冀20家法院	《京冀基层法院执行联动协议》	推动畅通日常沟通联络、线上线下办理委托手续、地区性银行与不动产等被执行人财产信息的委托调查、执行法律文书的委托送达、执行信息互通共享、执行警务协助、完善执行争议解决方案等机制。①	执行协作
2015年9月13日	平谷、蓟县（现为天津市蓟州区）、三河、兴隆法院	《平谷、蓟县、三河、兴隆三省（市）四地法院沟通协作框架协议》、《平谷、蓟县、三河、兴隆三省（市）四地法院执行工作联动协作实施细则》	四地法院各审判业务部门之间签订具体实施细则，推动司法协助范围涵盖立案、审理和执行全过程，实现区域内法院之间互相委托办理司法鉴定、勘验、调查取证、财产保全、证据保全、执行等事务。成立沟通协作领导组，定期召开协调工作会议，开展重大案件跨区域协调会商，定期拟定会议纪要发布执行，加强信息技术和先进管理经验学习交流，运用信息手段跨加强区域协调等。②	司法协作
2017年4月25日	平谷、蓟州、三河、兴隆、遵化法院	《深化平谷、蓟州、三河、兴隆、遵化三省（市）五地法院执行工作联动协作实施细则》	规范委托执行、异地执行协助的程序，建立常态化信息互通机制，坚持线上线下相结合，推动被执行人身份信息、财产信息、关联案件信息等异地执行数据的交互共享，加强执行案件的财产查询、冻结、划拨、查封、扣押、扣留、审计、评估、拍卖、过户、支付执行款，被执行人查找、拘传、搜查、扣留、罚款等跨区域协作。③	执行协作
2017年10月12日	平谷、蓟州、三河、遵化、兴隆、玉田法院	《三省（市）六地法院司法协作协议》	深化委托合作、会商通报、执行联动、协同调研、信息共享、多元化解、干警交流、合作宣传等8个方面综合具体系统的定期协作机制。④	司法协作
2017年5月4日	廊坊中院、通州法院、武清法院	《通州、武清、廊坊毗邻法院司法协作框架协议》	针对审判委托送达和委托调查取证、执行联动协作、重大事项和疑难案件会商通报、通武廊社会纠纷多元化调解等工作机制，确定了具体协作方式以及服务京津冀协同发展的有关举措。⑤	司法协作

① 参见郑东梅、郭敏娜：《京冀两地20家法院共同签署执行联动协议》，http：//bjgy. chinacourt. gov. cn/article/detail/2017/08/id/2957463. shtml，最后访问时间2019年7月20日。

② 参见郭京霞、赵岩、郑飞飞：《京津冀三地四法院协议加强司法协作》，载《人民法院报》2015年9月15日，第1版。

③ 参见程颖、陈剑敏：《京津冀三省（市）五地法院开展跨区执行联动 合力破解异地执行难题》，载《法庭内外》2017年第5期。

④ 参见张驰、吴玉萍：《京津冀六家法院签署司法协作协议》，载《法制日报》2017年10月13日，第3版。

⑤ 参见天津法院网：《通州、武清、廊坊三地法院服务京津冀协同发展研讨会在武清区法院召开》，http：//tjfy. chinacourt. gov. cn/article/detail/2017/05/id/2852062. shtml，最后访问时间2019年7月20日。

二、司法服务保障制度规范的结构分析

从表①中可以看出，各级法院围绕京津冀协同发展，形成了相对比较完整的制度规范体系，找准了司法服务保障京津冀协同发展的结合点、切入点和着力点，为三地各级法院立足审判执行工作，加强区域协同联动，提升司法治理质效，奠定了比较坚实的制度基础。就制度规范自身而言，包括最高人民法院《关于为京津冀协同发展提供司法服务和保障的意见》在内，均不涉及法律适用等属于最高人民法院司法解释权限的事项，因而，这些规范均属于规范性文件，其中一些属于双边或多边的协议，主要是关于司法运行的工作机制等事项，但对于京津冀协同司法的意义重大，广义上属于司法制度的范畴，亦即建立京津冀一体化的区域司法制度。从效力层次、制度规范形式、协同领域或司法机制以及具体内容等方面进行分析，这些制度规范具有以下特点：

一是建立了自上而下多层级的司法服务保障制度规范体系。最高人民法院出台的意见等规范性文件，对于京津冀三地各级法院均适用，在该制度规范体系中具有最高效力和宏观指导性。由于这些制度规范均属于司法制度层面的“工作制度或机制”，不涉及实体法，某些方面与程序法存在关联，比如探索知识产权、环境保护、海事海商等专业性案件的集中管辖或专门管辖制度，建立跨区域立案、网上立案机制与管辖制度的协调等，需要与诉讼法等基本法律制度相衔接，同时应当充分尊重基层首创精神，鼓励地方各级法院立足于司法实践，结合实际，探索更有利于司法权力运行的机制，对于此类事项，应当按照中央统一部署稳步推进；除此之外，就制度规范的效力位阶而言，一

① 见本书第77页“表：京津冀协同发展司法服务保障的制度规范（部分）”。

般不存在上位法与下位法的协调问题，最高人民法院的宏观性、综合性文件为京津冀三地各级法院创新司法协同机制指明了方向，三地法院可根据司法体制机制改革和信息化建设的进展以及审判执行工作需要，制定更精细的实施细则，建立更细致的工作机制。京津冀三地高院是京津冀三个省级区划内最高的司法机关，在推进区域司法协同治理中处于“枢纽”地位，既要统筹推进省级区域内的司法治理，为京津冀协同发展提供良好的环境，又要协同推进三地各级法院的司法协同治理，建立一体化的司法运行机制，为此，三地高院分别结合《规划纲要》对京津冀的定位以及本辖区内司法的重点领域，出台了为京津冀协同发展提供司法服务和保障的意见，具有更强的地域性和针对性。此外，一些中级法院和基层法院也制定了综合性指导文件或通过签订协议加强司法合作，进一步深化了司法与当地其他部门以及不同区域司法的协同治理，增强了司法实践的操作性。

二是制度规范的形式比较单一，表明区域协同的制度化有待进一步加强。从列举的制度规范来看，基本上分为两种形式：一是“意见”“实施细则”等，这类规范性文件的适用范围基本上限定于该法院所在辖区内，比如，最高人民法院的“意见”对京津冀三地各级法院均适用，而京津冀三地高院的“意见”则只适用于所在省（市）的三级法院，一些中级法院或基层法院的“意见”同样只适用该辖区。反过来，通过这些规范性文件的名称，即可确定适用的空间范围。二是“协议”，跨京津冀区域的各级法院之间的司法协作主要通过签订协议来实现，比如京津冀三地高院签订的“协议”、形成的“会议纪要”“备忘录”等，都是对协商成果的确认。此外，京津冀晋吉五地高院也共同发布了“意见”或“备忘录”，加强五省市在相关领域的司法协作。此即表明，司法协同治理的空间外延具有开放性，一些领域或具体事项本身具有跨地域性，但由于行政区划的限制，导致出现地域分割，通过签订协议的方式加强合作，是打破行政区划壁垒、加快司法一体化进程的重要举措，但从长远来看，更需要从制度上予以保障。对于京津冀协同发展而言，需要将地方各级法院通过“协议”进行探索的成熟经验和做法上升为制度，形成京津冀三地各级法院之间常态化的运行机制，跨省级区划的法院之间需要司法协作时，按照既有的机制对接，降低沟通协调成本，实现制度化的司法协同治理。

三是司法服务保障的内容比较广泛。表[①]中文件的“主要内容”，一些直接来源于文件文本，比如最高人民法院《关于为京津冀协同发展提供司法服务和保障的意见》《北京市高级人民法院关于为“疏解整治促提升”专项行动提供司法保障的意见》《北京市高级人民法院关于充分发挥审判职能 为优化首都营商环境提供司法保障的实施意见》《天津高院关于为京津冀协同发展提供司法服务和保障的实施意见》《关于落实“三个着力”重要要求，为天津“一基地三区”建设提供司法保障的具体意见》《关于京津冀协同发展服务保障雄安新区建设合作框架协议》等，比较全面地展示了司法服务保障京津冀以及当地经济社会发展的重要举措，而源于新闻报道的文件，其主要内容在某些方面具有同质性。总体而言，“意见”“实施细则”等属于综合指导性文件，内容体系比较庞杂，而“协议”等则更多地侧重于某一领域，比如执行协作等。这些制度规范的主要内容大体上分为两个层面：一是强化法院的审判执行功能，包括依法审理和妥善解决辖区内以及跨区划的刑事、行政案件和民商事矛盾纠纷；二是建立健全司法工作机制，包括进一步深化司法体制机制改革，建立辖区内司法权力的科学运行机制，以及加强京津冀法院的跨区域协作，打造涵盖立案、审判、执行、信息化、人才队伍建设、司法调研、合作交流等多领域的司法协同机制。

由此可见，在最高人民法院的指导下，京津冀三地法院具有强烈

---

① 见本书第77页“表：京津冀协同发展司法服务保障的制度规范（部分）”。

的大局意识，积极主动地融入京津冀协同发展国家战略，迅速反应，超前谋划，初步建立了服务保障京津冀协同发展的制度规范体系，并根据形势发展需要，适时出台或完善相关制度，进一步加强京津冀司法协作，不断增强区域司法协同治理能力。比如，为更好地促进雄安新区建设，2019 年 6 月 5 日在河北固安召开的第三届京津冀司法论坛上，三地高院签订了《关于京津冀协同发展服务保障雄安新区建设合作框架协议》，7 月 2 日三地高院形成了《京津冀三地法院跨域立案服务一体化工作办法》《京津冀跨域立案工作手册》等文件，将区域司法协同逐步推进，使深层次、全方位、一体化的京津冀司法协同治理构想逐渐转化为现实，为民众和社会释放出越来越多的“红利”，进一步增强了服务保障京津冀协同发展和雄安新区规划建设的司法力量。

三、司法服务保障制度规范的发展空间

尽管司法服务保障京津冀协同发展的制度框架已经建立，某些方面已经落地或取得了重大突破，但就目前发展阶段而言，受制于各种因素，与《规划纲要》和《河北雄安新区规划纲要》描绘的宏伟蓝图相比，现有的制度规范还有进一步发展的空间。

一是制度规范总体上仍较为原则，需要进一步细化。从表[①]中对搜集到 40 余部文件的“主要内容”进行梳理可以看出，各层级文件总体上停留于提出构想或蓝图的层面，至于“怎样去做”，除了诸如执行协作等比较成熟的领域以及一些法院制定的比较细致的“操作细则”“审理规程”外，绝大多数文件未确定明确的方案。客观地讲，这些文件的容量有限，不可能对所有事项做出非常具体的规定，而且京津冀协同发展战略的提出仅有 5 年，跨区域司法协同的很多机制属于新事物。

① 见本书第 77 页“表：京津冀协同发展司法服务保障的制度规范（部分）”。

前文已提及，诸如“一带一路”建设、长江经济发展带等国家战略实施以及深圳特区、浦东新区建设等，总体上未涉及跨省级区域规划的全方位协同，包括司法协同，均无相对成熟的经验可供借鉴，而理论研究起步也比较晚，对“区域法治”的研究以南京师范大学的学者为主，未能形成广泛关注的学术热点，关于司法协同治理的研究尚不深入，司法如何为京津冀协同发展提供服务和保障属于“摸着石头过河”，已经提出的构想的实现，需要在实践中不断推进，甚至一些构想依赖于比较成熟的社会条件，转化为现实的时间可能会更为漫长。这就需要进一步开拓思维，鼓励基层法院的实践探索，进一步细化每项制度的落实条件和具体流程，提高制度规范的可执行性。

二是制度规范的同质化问题较为明显，如何贯彻落实需要加强制度创新。各类文件的“主要内容”看上去让人眼花缭乱，但所规定的事项，除了各地的特殊情况外，总体上未超出最高人民法院《关于为京津冀协同发展提供司法服务和保障的意见》的范畴，特别是该“意见”出台后形成的文件，同质化现象比较严重。除了所涉及的领域趋同外，各层级的文件仍然只是“提出了命题”，至于从哪些方面予以突破，尚待进一步深入研究，进而提出具有创新性的具体细则。以民商事矛盾纠纷的多元化解为例，最高人民法院早在2009年7月24日就印发了《关于建立健全诉讼与非诉讼相衔接的矛盾纠纷解决机制的若干意见》，2016年6月28日又印发了《关于人民法院进一步深化多元化纠纷解决机制改革的意见》，2019年7月31日再次印发了《关于建设一站式多元解纷机制 一站式诉讼服务中心的意见》，要求切实把非诉讼纠纷解决机制挺在前面，但司法与诉讼外各类纠纷解决机制的衔接仍然不是很顺畅，主要原因在于：一方面，由于发展不平衡不充分的矛盾仍然存在，全国各地同质化越来越低，不仅京津冀区域，就以河北省为例，一些地方的相邻区域，当地的社会条件也存在较大差异，“普适性”的制度规范在一些地方就变成了“不适应”，亟待深入挖掘各项制度赖以存在的具体社会条件，进而因地制宜建立与社会条件相适应的具体制度。另一方面，思想观念仍是制约区域协同的根本因素，一些部门或人员的认识不到位，对协同治理的热情不高，导致制度无法落实，需要针对如何解决“人”的思想问题以及参与协同治理的动力问题，从制度层面研究予以解决。

二是制度规范所涉及的领域相对较窄，有待深化和拓展。目前除了综合指导文件外，专项性文件主要涉及执行协作、司法合作、跨域立案、司法鉴定、法院信息化以及环境资源案件、破产案件的联动审理等，这些领域制定了相对比较细致的协同规则，而其他领域的司法协同治理有待进一步深化，比如跨区域的环境治理、非首都功能转移过程中一些企业停产停工的补偿等，仅仅靠阶段性的管控措施无法达到稳定、可持续发展的目标，发生矛盾纠纷后如何处理，既需要三地党政部门协商制定更加公平、合理的方案，也需要三地司法机关协同有关部门提前做好预案，分类确定化解矛盾纠纷的原则和规则。此外，诸如三地法院联席会议、信息化平台的共建共享、人员培训和法官任职交流机制、常态化调研协同机制等，这些工作机制是京津冀司法协同的重要纽带，但除了最高人民法院协调下的京津冀法院联席会议外，其他机制的常态化运行尚需探索更加科学可行的细则。更深层意义上，京津冀司法协同治理不仅在于体制机制协同，更重要的是案件审理的实质性协同，包括统一法律适用标准等，由于地区差异等因素，案件审理的实体问题趋于统一还未深入，如果仅仅以“地区差异”为由，显然不是具有说服力的长远之举，而是需要对实体问题进行细致梳理，哪些情况确实具有地区属性，是否具有充分的依据，而哪些则与地域性无关，不应当人为地划分出京津冀适用法律方面的区别对待，这依靠宏观政策和抽象的法律法规是无法解决的，而是需要从案件出发，凝练各类法律适用的具体情形，进而按照法定程序制定相应的解释性、指导性文件或共同发布指导性、参考性案例。

三是制度规范提出的重大改革推进缓慢，需要配套制度予以促进。表[①]中显示，服务保障京津冀协同发展的文件主要是2015－2017年制定的，2018年和2019年出台文件相对较少，出现这种情况的主要原因之一在于，经过2015－2017年京津冀三地各级法院密集出台文件，已搭建了司法协同治理的基本架构，接下来的重心在于逐步推动落实。从实际运行情况来看，司法协作方面的进展相对较大，在《规划纲要》正式出台以前，京津冀三地高院就签署了《北京、天津、河北法院执行工作联动协作协议书》，而位于三省市东北角交界处的北京平谷、天津蓟县（现为天津市蓟州区）、河北三河和兴隆这三省（市）四地法院2015年9月14日签署了《沟通协作框架协议》和《执行工作联动协作实施细则》，2017年4月25日河北遵化法院加入，共同制定了《深化平谷、蓟县、三河、兴隆、遵化三省（市）五地法院执行工作联动协作实施细则》，2017年10月12日河北玉田法院加入，共同签署了《三省（市）六地法院司法协作协议》，京津冀相邻地区司法协作的"朋友圈"逐步扩大，表明相邻地区间的人员流动等受行政区划的限制相对较少，但同为"邻居"，发生矛盾纠纷后又因京津冀三地存在着实体规则和程序机制方面的差异，既显失公平，又不利于矛盾纠纷的及时化解，因而，加强司法协作联动的需求更为强烈，也是目前推进比较顺利、比较成功的典范。但其他方面的重大改革进展相对缓慢，一方面，与距离北京的空间距离有关，比如邯郸、邢台等距离相对较远，承载非首都功能疏解的项目相对较少，涉京津冀案件也不很常见，比如邢台市中级人民法院2019年工作报告中未提及"涉京津冀案件"，审判执行和矛盾纠纷化解基本上立足于本区域，当然，依法维护当地社会安定本身就是对京津冀协同发展的重要贡献，但因需求之使然，推动京津冀司法协同治理改革的意愿和动力自然不很强烈。另一方面，

① 见本书第77页"表：京津冀协同发展司法服务保障的制度规范（部分）"。

在迫切需要体制机制创新和改革的领域和地区，司法协同治理的推进，需要自上而下“一揽子”谋划和实施，比如案件的协同审理、跨区划法院的设立、涉雄安新区规划建设案件的集中管辖等，触及体制性改革，需要从理论、实践、体制、机制等层面加强研究，加快建立配套制度使之落地。

四、结语

制度具有引导、规范、协调、整合、激励等多重功能，司法服务保障京津冀协同发展的制度规范以“意见”“细则”“协议”等形式呈现，确立了司法体制机制区域协同的方向，巩固了具有可操作性的成熟做法，具有重要的现实意义。同时，制度建设只是必要的“第一步”，司法能否为京津冀协同发展提供优质高效服务和坚实有力保障，有待制度规范的切实执行，这是司法实践的重心，需要坚持“制度规范——司法实践”的辩证逻辑，通过双向互促，不断提升制度规范的质量，进而推进深层次、多领域、全方位的京津冀区域司法协同治理。

第二节　京津冀协同发展司法服务保障的实践进展

自京津冀协同发展战略提出以来，三地法院坚持司法一体化思路，加强互动交流，多次召开不同层面的座谈会、研讨会、论坛等，协商签订协作协议，共享审执经验，开展理论探讨和学术交流，建立司法协作机制，增进互动合作，拓展区域司法协同的“朋友圈”。与此同时，一方面，京津冀三地各级法院坚守审判执行“阵地”，以全面深化司法体制改革和加强法院信息化建设为契机，不断提升司法能力，依法审理辖区内各类案件以及涉京津冀协同发展案件，增强审判执行的司法效能；另一方面，建立健全参与社会治理机制，以扫黑除恶专项斗争为契机，坚决依法严厉打击影响人民群众安全感和幸福感的各类违法犯罪行为，并结合地方实际，创新发展“枫桥经验”，着力推进非诉讼纠纷解决机制，构建具有特色的基层社会治理网络体系，妥善化解民商事社会矛盾纠纷，切实维护京津冀区域社会和谐稳定。

一、司法互动：稳步推进区域交流

为推进京津冀协同发展，三地法院积极主动地加强互动、凝聚共识，深化区域交流。据不完全统计，自2015年以来，开展多种形式互动交流40余次，主要体现在以下层面：

一是京津冀法院司法互动形式相对比较丰富。根据互动交流的主要内容和事项，将司法互动形式粗略分为签约、座谈、论坛、工作会议、讲座、研讨、培训、年会以及其他等，经搜索，这些事项总体上涵盖了京津冀法院司法互动的主要方式，涵盖了百度、搜狗等搜索引擎所找到的主要新闻报道。对2015年以来的40余次互动情况进行统计，举行座谈会13次，举行签约仪式5次，而本章第一节的表中所列举的跨区域法院签署的协议或共同出台的文件，其中一部分是在这18次会议上形成的。举办各类论坛共12次，包括自2016年以来由京津冀高院轮流承办的“京津冀司法论坛”（共举办了三届），形成了常态化的司法交流机制，是落实京津冀法院联席会议的重要举措，2019年6月5日召开的第三届京津冀司法论坛，周强院长亲自出席并发表重要讲话；各级法院也举办了不同类型的论坛，就相关问题展开了交流；而高校组织的学术论坛覆盖面更广，包括司法实务部门和国内专家学者共同参加，其中，华北电力大学法政系承办的“京津冀协同发展司法服务和保障论坛”与主题的契合度最高，分为主旨报告和“经验借鉴”“建言雄安”“协同发展”等专题报告，也是可检索到的唯一以此主题举办的学术论坛，而河北大学政法学院承办的“京津冀协同发展与区域法治创新论坛”已有两届，涉及司法合作相关内容。组织研讨会4次，开展培训和讲座各1次，专业性较强，诸如京津冀破产审判研讨会已举办两届，将打造成为持续性的专业研讨会，环境资源保护审判培训和《民法总则》专题视频讲座分别针对不同专业领域，而后者的覆盖面较广，9500余名法官干警参加了培训。举行工作会议6次，广义上，上述座谈会、签约仪式等也属于工作会议，此处仅指涉及事项不很明确或综合性较强的会议，其中一些会议上也形成了协议、《会议纪要》等成果。总体而言，通过上述区域间互动，深化了理论认识，建立了相关机制，诸如京津冀司法论坛等成为层级最高、覆盖面最高的互动交流载体。

二是京津冀司法互动的领域相对比较广泛。大体上涉及执行协作、综合类、司法协作、工作机制建设、立案、论坛交流、队伍建设、信息工作、法校合作以及环境资源、破产、司法鉴定等领域或事项。其中，执行协作9次，居于首位，与本章第一节的表中所列内容相呼应，表明京津冀执行协作取得了较大进展。综合类和司法协作分别为8次和2次，“综合类”的指向不很明确，大多是“京津冀协同发展司法服务保障”座谈会或研讨会，而“司法协作”涉及立案、审判、执行、队伍建设、工作机制建设等全方位的区域协作，具有综合性。论坛交流包括上文提及的京津冀司法论坛（共三届）、高校承办的学术论坛（共3次）以及京津冀中基层法院司法合作论坛共7次，主要侧重于理论问题或工作经验的交流。队伍建设主要包括业务培训（《民法总则》专题视频讲座）和法官异地挂职等，此外，一些法院开展了相互参观学习交流等，比较常见，未予列明。值得一提的是，涉及环境司法（4次）、破产审判（2次）以及立案（3次）的区域交流，拓展了司法互动的范围，特别是2019年8月2日“京津冀法院跨域立案全覆盖”启动仪式举行，标志着一体化的司法协同治理取得了实质性突破。

三是京津冀司法互动协作工作不断推进。对京津冀司法互动情况按年度进行统计，2015 年共 8 次，2016 年共 6 次，2017 年共 16 次，2018 年共 8 次，2019 年截至 8 月初共 6 次，而 2015－2017 年间密集出台了各类“意见”或协议等文件，总体上可称为制度规范建设时期，自 2017 年以来，不同形式的理论研讨和经验交流逐步开展，掀起了相互学习借鉴的小浪潮。此外，一些已建立的工作机制逐步地深入推进，初步形成了常态化的模式。以平谷、蓟县（现为天津市蓟州区）、三河、兴隆等三省（市）四县为例，2015 年 8 月举行执行联动协作座谈会，9 月 13 日签署《沟通协作框架协议》和《执行工作联动协议实施细则》，2017 年 4 月 25 日遵化法院加入，签署《三省（市）五地法院执行工作联动协议实施细则》，10 月 12 日玉田法院加入，签署《三省（市）六地法院司法协作协议》，不仅协作主体不断扩大，而且从专项的执行协作扩大到司法协作，2019 年 5 月 21 日召开了深化京津冀三省（市）六地法院跨区域执行协作机制建设研讨会，命名为“六剑齐聚论执行”，不仅强化了区域司法互动协作的决心，而且对执行联动协作机制的系统化设计展开了深入探讨，表明京津冀区域司法协同治理并非停留于制度建设层面，而是在不断地探索和推进。此外，法院与高校之间推进合作共建，亦是提升京津冀区域司法能力的一大亮点。以跨行政区划管辖的天津海事法院为例，自 2018 年 12 月 14 日与大连海事大学合作共建以来，2019 年又分别“与天津大学、南开大学和天津财经大学三所高校的法学院签署合作共建协议”，“将加强与三所高校在课题攻关、人才培养、理论研讨、学术交流等方面的深度合作”[①]，实现司法实践与理论研究的相互支持和有机融合。

---

① 郭保婕、宋文杰、王莹：《天津海事法院与高校开展“合作共建”》，载《天津政法报》2019 年 7 月 11 日，第 3 版。

二、审判执行：持续增强司法效能

京津冀三地各级法院依法履行审判执行职能，创新司法机制，加大审执力度，不断为服务保障京津冀协同发展提供动能。由于2018年审判执行情况在本书第一章第四节已提及，此处仅以京津冀三地高级人民法院2018年工作报告对2013－2017年以来的数据为例：

《北京市高级人民法院工作报告（2018年）》："五年来，全市法院共受理案件141.7万件，审执结140万件，诉讼标的总额4785.7亿元，分别比前五年上升61%、57.6%和326.8%"，"2017年全市法官人均办案216.3件，较2013年增加132.7件，生效案件服判息诉率达99.1%"，"受理执行案件689366件，执结669205件"，"及时实现当事人合法权益，促进社会诚信"。

《天津市高级人民法院工作报告（2018年）》："全市法院五年共计新收案件2908816件，结案2824431件"，"2017年，全市法院新收案件769817件，结案774618件，比2012年分别上升86.3%、89.1%"，"2017年一审服判息诉率达到90.7%，比2012年提高4.3个百分点"，"执结案件36.5万件，结案标的额2644.7亿元，实际执行到位率、法定期限内结案率等八项指标位居全国前列，涉民生案件执行工作经验被最高人民法院向全国推广"。

《河北省高级人民法院工作报告（2018年）》："五年来，全省法院共新收各类案件372.38万件，审执结372.87万件，比上一个五年分别上升53.22%和51.94%"，自司法责任制改革落地以来，"一二审裁判生效后当事人服判的案件较改革前三年上升4.24个百分点"，"五年来全省法院共受理执行案件82.03万件，执结79.43万件，同比分别上升82.53%和77.85%，执行到位金额1882.73亿元，同比上升62.66%，'基本解决执行难'取得阶段性成果。"

京津冀三地高级人民法院对2013－2017五年来全省（市）审判执行情况进行了全面总结，上述总体数据充分表明京津冀法院在服务保障大局、依法打击违法犯罪行为，加大人权司法保障、维护当事人合法权益以及促进社会公平正义与和谐稳定方面的决心和能力，是三地法院交出的满意“答卷”。除了刑事、民商事和行政审判外，三地法院结合经济社会发展形势，围绕重点领域重点环节，加大司法服务保障力度。比如，知识产权司法保护方面，北京市“实行知识产权案件跨区集中管辖，审结知识产权案件125390件，约占全国知识产权案件的1/5”；天津市“加强知识产权审判庭建设，全面推进‘三合一’审判，制定侵害发明专利权、商标专用权、信息网络传播权等案件审判指南，审结案件6241件，同比增长168.8%”；河北省“强化司法裁判对创新驱动发展格局的导向作用，共审结知识产权案件4131件”。尽管天津和河北的知识产权案件数量相对较少，但随着京津冀协同发展和雄安新区规划建设的深入推进，创新驱动发展将成为规模，知识产权司法保护的需求日益旺盛，目前京津冀法院已做好了充分准备并具有司法服务保障能力。监督支持政府依法行政方面，北京法院“审结行政案件69738件，其中，以国家部委为被告的案件9110件”，“通过及时发送司法建议、每年发布行政审判白皮书等方式，助推法治政府建设，2280名行政机关负责人出庭应诉，向行政机关发送司法建议339件”；天津法院“严格执行新行政诉讼法，审结案件27782件，同比上升52.8%”，“全市行政机关负责人出庭应诉案件1781件，‘告官亦见官’成为常态。连续5年发布行政审判白皮书，公布典型案例70个”；河北高院“与省政府共同建立行政执法与审判联席会议制度，每年发布行政审判白皮书，深化行政案件异地集中管辖试点工作，共审结一审行政案件3.37万件，同比上升99.47%。行政机关负责人出庭应诉渐成常态，共出庭3976人次”。①

① 以上数据均源自北京市、天津市、河北省三地高级人民法院2018年工作报告。

为切实增强司法效能，京津冀三地各级法院以全面深化司法体制改革为抓手，加强法院信息化建设，以此“两翼”作为助力，实现对解决制约司法能力的体制性机制性障碍的新突破。三地法院全面推进法官员额制、审判团队建设和司法责任制改革，北京法院“99%以上的裁判文书由独任法官、合议庭直接签发”，“2017年院庭长结案227179件，同比上升63.7%，占结案总量的29.3%”；天津法院“内设机构数量由361个减至234个，精简比例为35.2%，组建新型办案团队719个”，“2017年全市院庭长办理案件15.4万件，占结案总数43.5%”；河北法院“将89%的司法资源投入到审判一线”，“全省基层法院内设机构同比减少56.8%”，“年结案数由49.2万件上升至102.54万件，法官人均结案由56件增至170件，旧存案件由历史最高的15.93万件降至目前的7.1万件，实现了全省法院收结案良性循环”。三地法院着力推动信息化建设从2.0向3.0升级，北京法院“推进法官智能办案辅助系统、在线调解、电子送达、网络拍卖、语音转文字、电子卷宗随案同步生成等信息系统的开发和应用”，“2017年网上立案86011件，探索微信立案”；天津法院“依托大数据、云计算和人工智能等技术，研发流程签批、案款管理、公文流转等89个系统，全面实现网上办公办案；引入法信、智审、语音转写等智能辅助办案系统，为法官提供信息检索、类案推送、文书纠错等服务”；河北高院“建成数字法庭2069个、业务应用系统75个”，实现智慧法院网络全面覆盖，强力推进自主创新“六大系统”的全院全员全程应用，“全省法院库存档案95%实现数字化”，其中“智审系统”的应用“减少法官案头工作量30%以上”。[①]

京津冀三地各级法院在加强辖区内审判执行的同时，注重对涉京津冀案件的审执和区域协作。比如“2015年以来，北京法院与津、冀两地法院已开始着手实行相关司法联动合作。截至目前（注：2015年

① 以上数据均源自北京市、天津市、河北省三地高级人民法院2018年工作报告。

11月)，在执行委托调查（查询）工作中，依托各自的办案系统，北京法院接受天津法院委托查询案件400余件，接受河北法院委托查询案件60余件，北京法院委托河北、天津法院查询案件100余件”，[①]北京平谷法院“2015年至2017年该院涉京津冀跨区域执行案件结案数由364件增长至580余件，结案率由73%增长至87%，执行标的到位率由67%增长至85%”，[②]天津法院2013－2017年“审结涉北京非首都功能疏解、京津冀协同发展案件12.2万件”，[③]河北法院2018年审结涉京津冀案件4.58万件，[④]“自2018年4月至今年7月，张家口中院为京、津两地法院协作立案13件，受理立案28件”，[⑤]表明京津冀三地各级法院的司法协作逐步推进。

此外，为进一步增强典型案例的指引、规范和警示功能，最高人民法院以及京津冀法院陆续发布了典型案例，通过案例加强法律统一适用和普法宣传教育。比如，最高人民法院2017年4月18日发布10个参考性案例，涉及民生、供给侧结构改革、多元化解、执行协作、环境保护、海洋生态、知识产权、法律效果与社会效果相统一、平等保护中外主体权益等，并分别列明了“案件意义”“基本案情”“法律指引”等，让民众一目了然。最高人民法院2018年10月发布《人民法院司法改革案例选编（四）》，平谷法院《精准施策 突破省际执行联动协作难点》入选第四批司法改革指导案例；天津高院2019年6月14日“向社会公开发

① 郭京霞、赵岩、张新平：《北京高院出台司法保障意见 切实推动京津冀协同发展》，载《人民法院报》2015年11月28日，第1版。

② 田璇：《省际执行联动协作的难题 北京平谷法院这样解决》，http://jszx.court.gov.cn/main/ExecuteNewsletter/133029.jhtml，最后访问时间2019年8月8日。

③ 参见天津市高级人民法院院长高憬宏2018年1月26日在天津市第十七届人民代表大会第一次会议作的《天津市高级人民法院工作报告》，http://www.tjrd.gov.cn/tjsrmdbdh/system/2018/03/05/030010074.shtml，最后访问时间2020年1月9日。

④ 参见河北省高级人民法院院长卫彦明2019年1月15日在河北省第十三届人民代表大会第二次会议上作的《河北省高级人民法院工作报告》，http://www.hbrd.gov.cn/system/2019/02/02/019430974.shtml，最后访问时间2020年1月9日。

⑤ 梁燕、王群永、潘守成：《张家口中院“三举措”服务京津冀跨域立案》，载《河北法制报》2019年7月27日，第1版。

布天津法院服务保障京津冀协同发展、服务保障民营企业发展的二十个典型案例”，其中涉京津冀案例“涉及惩治污染环境犯罪、跨域立案、跨域调解、保障民生、金融创新、产业结构调整、专利权保护、著作权保护、海上运输、跨域执行”等；[①] 2019 年 5 月 21 日召开的深化京津冀三省（市）六地法院跨区域执行协作机制建设研讨会发布了促进执行和解、探索搜查机制等十大京津冀执行联动协作典型案例等。此外，一些法院也积极总结审判执行经验，在小范围内发布了参考性案例。这些案例既是三地法院助力京津冀协同发展的阶段性成果，也是加快区域司法协同治理的见证，对三地法院合力推进京津冀协同发展具有指引价值。

三、社会治理：不断深化治理机制

法院是社会综合治理的责任单位，按照“党委领导、政府负责、民主协商、社会协同、公众参与、法治保障、科技支撑”的现代社会治理体制，在党委政法委的直接领导下，与其他主体共同推进平安建设，但法院参与社会治理是有限度的，主要是依法严厉打击危害社会安全稳定的违法犯罪行为和推进多元化纠纷解决机制建设，妥善化解社会矛盾纠纷。笔者对 H 省社会治理的问卷调查数据显示，社会治理需要重点关注的群体依次为黑恶势力（73.71%）、吸毒人员（58.93%）、孤寡老人（41.38%）、刑满释放人员（40.96%）、赌博人员（40.29%）、恐怖分子（36.91%）、流动人员（33.92%）、涉黄人员（33.89%）、小偷（30.39%）、社区矫正人员（21.99%）等（见图 6），而应当严厉打击的最突出的行为依次为涉黑涉恶行为（73.66%）、拐卖儿童妇女（63.34%）、吸毒（51.05%）、组织、强迫卖淫（44.90%）、抢劫抢夺（40.88%）、寻衅滋事（36.94%）、聚

① 吴玉萍：《天津发布服务京津冀协同发展典型案例》，载《人民法院报》2019 年 6 月 16 日，第 1 版。

众赌博（34.94%）、杀人（34.75%）、危害公共安全（33.08%）、强奸（32.97%）、遗弃老人（31.25%）、故意伤害（28.09%）、盗窃（27.79%）、非法拘禁（21.19%）、防火（13.48%）等（见图7）①，除了需要关注孤寡老人等弱势群体外，上述绝大部分需要重点关注的群体以及应当严厉打击的突出行为，对人民群众的安全感和幸福感带来很大威胁，其中以黑恶势力的黑恶行为居于首位。

图6：社会治理需要重点关注的群体有哪些？

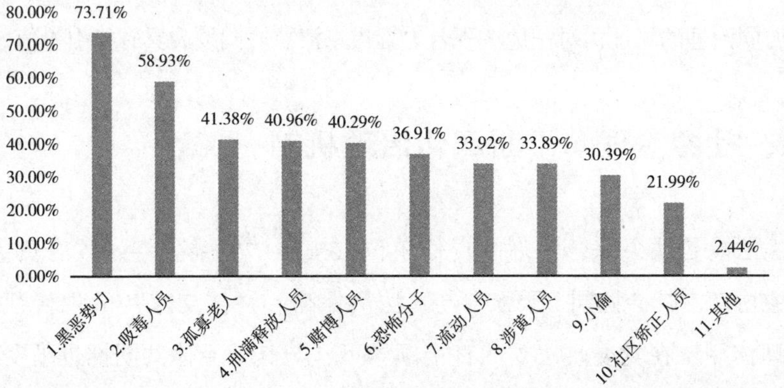

图7：下列应当严厉打击的行为哪些最突出？

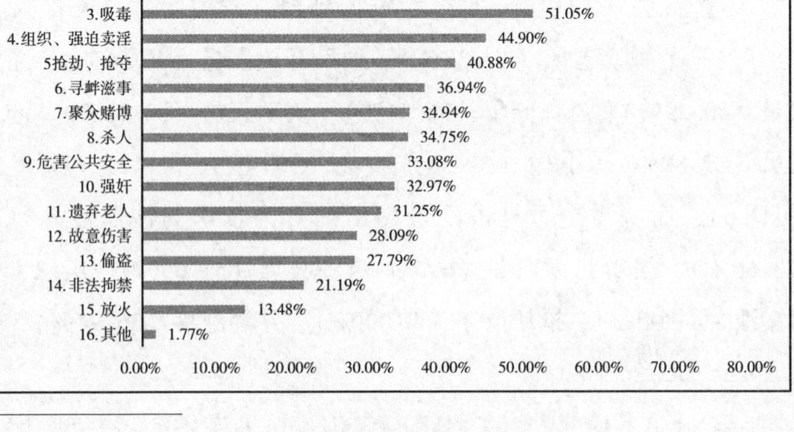

① 该数据来源于笔者对H省加强和创新社会治理的调研。

为此，京津冀三地法院与相关部门密切配合，将依法打击违法犯罪行为放在重要位置。2013－2017年，北京法院审结刑事案件109577件，对10847人判处5年有期徒刑以上刑罚；天津法院审理周某某、胡某某等颠覆国家政权案、涉邪教犯罪案件等危害国家安全和人民生命财产安全犯罪44469件；河北法院共审结一审刑事案件19.04万件，其中杀人、抢劫、涉黑涉毒等严重危害社会治安犯罪以及邪教组织犯罪共1.17万件。以深入开展扫黑除恶专项斗争为例，2018年，北京市法院"受理黑恶犯罪案件53件，依法从严从快审结36件"，"全面排查黑恶犯罪线索，追缴、罚没财产2000余万元，甄别移送黑恶犯罪线索112条"；河北法院"审结一、二审涉黑涉恶犯罪案件765件3148人，结案率分别为91.36%和96.82%"，"与检察、公安机关联合下发指导意见，共参加联席会议、工作会商等1094次"，"摸排并移交相关部门涉黑涉恶及保护伞线索377条"，"省法院共组织11个批次对119件涉黑涉恶案件进行集中公开宣判"，[①] 河北省检察院评选出了"全省检察机关扫黑除恶十佳精品案例"。京津冀法院依法审理刑事案件，维护国家安全和区域社会安定，贯彻落实宽严相济的刑事政策，着眼于推进以审判为中心的诉讼制度改革，进一步健全庭前会议、非法证据排除、法庭调查、证人出庭作证等程序，构建庭审实质化的机制，开展刑事速裁和认罪认罚从宽制度改革试点，推动与监察体制改革有效衔接，严把事实关、证据关、程序关、法律关，做到依法惩治犯罪与保障人权的高度统一，坚决杜绝冤假错案。

深化民商事社会矛盾纠纷多元化解方面，京津冀三地法院坚持把非诉讼纠纷解决机制挺在前面，加强纠纷解决引导、调解指导、诉调对接、司法确认和普法宣传教育等，调解撤诉率趋于稳定，取得了明显的效果。以京津冀三地高级人民法院工作报告中2013－2017年的相

① 数据源自北京市、天津市、河北省三地高级人民法院2018年工作报告以及北京市、河北省高级人民法院2019年工作报告。

关数据为例：

《北京市高级人民法院工作报告（2018年）》："一审民商事案件调解撤诉率达56.7%，在批发市场疏解、污染企业关停和城市副中心、'三城一区'建设中，妥善化解商铺租赁、拆迁补偿等大量矛盾，为京津冀协同发展、'疏解整治促提升'专项行动和军队全面停止有偿服务提供司法保障。"

《天津市高级人民法院工作报告（2018年）》："深化多元化纠纷解决机制，加强与行政机关和各类调解组织的诉调对接，诉前化解纠纷10480起。依法化解涉诉信访，强化领导包案、首访负责，推行诉访分离、律师参与化解和代理案件等制度，信访、进京访人次同比分别下降37.6%和50.1%，有力维护十九大、全运会等重要时段的安全稳定"，"与市公安局、妇联等部门构建反家暴协作机制，发出人身安全保护令104份，保障未成年人、妇女和老年人人身安全"。

《河北省高级人民法院工作报告（2018年）》："着眼于化解矛盾、促进和谐，正确发挥诉讼调解作用，一审民商事案件调解撤诉率为55.11%"，"依托人民法庭，推动基层社会依法治理，全省法院共诉前调解和指导调解纠纷36.54万件，司法确认1.04万件，提供法律咨询133.81万人次"，"深入推进'法院理诉、中心接访'诉访分离改革，完善涉诉信访终结程序，推动涉诉信访问题在法治轨道内解决；省法院共办理来信2.71万件，加强案件督导，帮助群众解决实际困难；组建河北法院驻京接访站，就地主动接访、解决纠纷，涉诉赴省访从2013年的3805人次降至2017年的1999人次，进京访从3663人次降至2570人次"。

2018年以来，京津冀法院围绕非首都功能疏解、乡村振兴、脱贫攻坚等，进一步推进社会矛盾纠纷多元化解机制建设。北京法院"组建'以案释法'百人讲师团，深入开展送法进农村、进社区、进学校、进军营活动，促进犯罪源头预防、矛盾源头化解”，[①] 天津法院加强制度建设，将多元化解融入诉前、立案、审理、执行、信访等全过程，细化委派委托调解分流、在线调解等流程，天津市和平区法院出台了《在社区居民委员会建立司法确认服务工作站的实施意见》，以司法确认服务中心为平台、以社区工作站为依托和抓手，构建以法院为中心、以社区等组织为终端的多元化解机制，通过“社区小法庭”打造“居民旁听＋社工调解＋以案说法”的诉源治理模式。河北高院自2013年以来持续推进“一乡（镇）一法庭”和“互联网＋诉非调解”机制建设，实现法治资源下沉基层，加大诉前调解绩效考核权重，着力建立全方位、多层次、综合性的基层社会矛盾纠纷化解网络体系。2018年11月，最高人民法院司法改革领导小组以“创新发展‘枫桥经验’”为主题，印发的《人民法院司法改革案例选编（五）》共20篇案例，北京高院《深化“多元调解＋速裁”机制　打造立体式解纷工作体系》、北京通州法院《创新法治路径　筑牢社会治理防火墙》、天津红桥法院《平台联动　精准调处　让“枫桥经验”开出“红桥之花”》、河北高院《推行“一乡一庭”建设　构建基层治理网络体系》等四篇入选。

四、结语

京津冀协同发展战略提出五年来，司法服务保障京津冀协同发展的思路和方式日益清晰，三地各级法院无论是构建协同机制、加强审判执行还是参与社会治理等，均取得了较大进展，既有成绩又有亮点，充分体现了京津冀法院推进区域协同治理的司法智慧。从长远来看，京津冀协同发展全面推进的过程中将会涌现出更多的跨区域案件，对

---

① 参见北京市高级人民法院代理院长寇昉2019年1月18日在北京市第十五届人民代表大会第二次会议上作的《北京市高级人民法院工作报告》，http：//www. bjrd. gov. cn/zdgz/zyfb/bg/201902/t20190211_ 191070. html，最后访问时间2020年1月9日。

司法的服务保障能力和水平将会提出更大挑战，亟待打造具有理论支撑的区域司法协同治理机制和模式。

第三节 京津冀协同发展司法服务保障的技术治理

近年来，国内对“技术治理”的研究不断深入，从运用现代技术的治理跨越到对具体社会条件下社会运行的结构、逻辑以及方式等的技术性安排。京津冀协同发展需要打破行政区划壁垒，建立一体化的发展模式，而司法协同治理亦是如此，关键在于建立区域司法协同的运行机制。“技术治理”为京津冀司法协同治理提供了可能的分析框架，应当着眼于当前区域司法协同面临的困境及其成因，坚持人本思维和系统治理思维，以机制建设为重点，不断强化法域概念，加强司法对社会治理要素的整合利用，深化京津冀司法协同治理的实现机制。

一、区域司法协同与技术治理的契合

改革开放以来，社会结构发生巨大变革，“治理”成为从政府到社会公共领域的一个新的话语，“改革前的总体性支配权力为一种技术化的治理权力所替代”,[①] 认为“‘治理’指的是政府除了促进经济建设的职责外，更要承担对社会公平的保护和对公共事务的管理。在这个过程中，政府职能的发挥不仅依赖其已获授权的权威，而且也依赖其不断改进的程序和技术。”[②] 时至今日，“技术治理”成为研究社会治理

① 渠敬东、周飞舟、应星：《从总体支配到技术治理——基于中国30年改革经验的社会学分析》，载《中国社会科学》2009年第6期。

② 渠敬东、周飞舟、应星：《从总体支配到技术治理——基于中国30年改革经验的社会学分析》，载《中国社会科学》2009年第6期。

的一个重要视角，但何为“技术治理”并未达成学术共识。有学者基于现代科学技术的迅速发展和推广应用，认为“改革开放以来，中国城市复杂性吁求基层社会有效治理，适逢信息技术发展，衍生了科技应用为依托的‘技术治理’，展现正在兴起的中国城市基层社会治理变革”,[①] 要求“数字化管理”和“清晰化治理”，比如“‘雪亮工程’是国家推进技术治理的统一举措”,[②] 由此可将“技术治理”理解为“通过或运用信息技术的治理”。另一种观点则认为，“技术治理不仅指代实体的技术，更指代支配创新行为策略的深层次逻辑”，“虽然在技术治理逻辑支配下社会治理创新在内容和路径上实现了多元化发展，但始终无法逃脱治理有效性和创新技术化的逻辑循环，即政府在社会治理创新中越强调治理效率和技术有效性，就越需要将大量精力分配在构建复杂的机制和技术设计上，而政府越是应用复杂的机制和技术，就越需要创建更多的辅助技术支持系统以支撑新技术的有效性，从而形成了技术治理的自我强化机制”。[③] 有学者认为“这些横跨多个领域的改革实践背后呈现出相近的实践逻辑和制度精神，突出表现为以工具主义的技术逻辑来应对、吸纳和化解总体结构层次的改革压力”，并指出“技术治理已成为当前中国社会治理领域改革和政策实践的主导逻辑，基本特征是强调风险控制、事本主义原则以及工具主义地动员社会”。[④]

“技术治理”作为一种不断发展的理论，目前主要应用于政府治理，强调政治的运行逻辑。尽管“技术治理”与科学技术的进步有关，但它并非仅指技术主导下的治理，更不是将“人”当作技术治

① 陈晓运：《技术治理：中国城市基层社会治理的新路向》，载《国家行政学院学报》2018 年第 6 期。

② 陈晓运：《技术治理：中国城市基层社会治理的新路向》，载《国家行政学院学报》2018 年第 6 期。

③ 付建军：《当代中国社会治理创新的发生机制与内在张力——兼论社会治理创新的技术治理逻辑》，载《当代世界与社会主义》2018 年第 6 期。

④ 黄晓春、嵇欣：《技术治理的极限及其超越》，载《社会科学》2016 年第 11 期。

理的“机器”。从我国改革开放以来国家治理和社会治理方式转型来看，国家逐渐改革对所有资源总体控制的体制，各类主体的社会自主性不断释放，如何保持国家、社会、个人的有效互动，主要依赖于体制机制的不断调适。因此，“技术治理”为国家治理提供了一种新的理论视角和方法，但最终需要转化为“治理技术”，才能实现理论与实践的融合，确保治理的整体有效性。实际上，无论是“技术（主要是现代信息技术）的治理”还是“治理的技术”，作为一种科学的治理模式，科学技术的突飞猛进，为治理带来了新的工具和手段，而对社会结构及其运行方式的科学把握，以此来建立与具体社会条件相适应的体制机制才是关键。以基层网格化治理为例，笔者基于矛盾纠纷化解的视角研究认为，“‘网格化治理’直观地体现了以地域为中心，将治理区域层层分解，对每个治理区域层级赋予相应的考核指标，因个人的某些行动将会影响到考核目标和责任，治理者基于压力与个人产生紧密的关联，这是一种自上而下的压力传输和自下而上的应激反应合二为一的治理实验，总体上来说，治理行动看似是主动的，实际上是一种被动的交互作用，如果考核目标责任制失灵或因治理压力过大出现前文谈到的‘接班人’危机，这种治理模式可能会破灭”。[①] 因此，“技术治理”无法达到机械设备运行的那种理想状态，无法在多个要素之间形成相互牵制的作用力，更不能异化为治理的“数字建模”，否则无法跨越治理框架与现实社会之间可能存在的鸿沟，无法走出治理能力不升反降或“上有政策、下有对策”的困境。“从根本上说，技术治理要求社会运行的理性化，尤其是政治活动的科学化”，[②] “对基层社会的技术化治理——它既不同于价值又不同于事实，但又与二者密不可分，是通过巧妙的方式将‘结构—关系’‘主体—行

---

① 梁平、陈焘著：《基层社会矛盾化解与法治化治理研究》，法律出版社2017年第1版，第40页。

② 刘永谋：《技术治理的逻辑》，载《中国人民大学学报》2016年第6期。

动’‘制度—实践’等范畴勾连起来，力争达到基层治理之合法性与有效性的统一”。①

由此可勾画出“技术治理”的基本图景：一是具体的社会条件特别是社会结构为“技术治理”提供了场域，需要立足于系统治理的视角，加强各要素间的协同联动，这很大程度上决定着建立怎样的治理体制机制；二是强调治理的科学性，如果没有科学的理念以及相应的体制机制设计和制度规范，治理将是经验式的，甚至会导向无序化；三是体制机制设计是“技术治理”所依赖的“技术”，容纳了特定社会条件和治理场域下各类主体的行动逻辑，外化为具体的制度规则；四是坚持现代治理伦理即价值理性的前提下，强调治理的有效性，是伦理性与工具性的有机统一。对于政府治理而言，由行政区划所确定的治理范围和权限决定了该区域内治理的一体化和层级之间的纵向控制性，而存在着上级部门的区域治理则面临着“条”与“块”的结合问题，但不管怎样，一般很少存在跨区域的联动协同。但区域司法协同治理旨在打破司法运行的行政区划壁垒，建立一体化的审判执行联动机制，实现实体法与程序法的统一适用。就司法伦理而言，公正与效率是司法的两大主题，公平正义是司法永恒的价值追求，既要“努力让人民群众在每一个司法案件中感受到公平正义”，也要努力实现同案同判，不能因行政区划等原因导致司法正义的区域差异。这就要求尽可能地消除司法运行的区域障碍，建立科学的区域司法协同治理体制机制，以此作为司法运行过程中各类主体的行动规则，切实提高司法治理的能力和功效。

因此，区域司法协同治理的关键在于建立区域性的司法运行体制机制，这是一种技术化的治理方式，强调以“事”即社会矛盾纠纷为中心，通过司法实现对社会风险的控制，蕴含着中央事权的司法属性

① 梁平、陈焘著：《基层社会矛盾化解与法治化治理研究》，法律出版社2017年第1版，第24页。

和法律统一适用的司法原则，与“技术治理”具有高度的契合性。比如，平谷、蓟县（现为天津市蓟州区）、三河、兴隆等四地法院通过签订协议持续推进司法协作，建立工作沟通协调和重大案件跨区域会商等机制，打破了“一亩三分地”的传统治理思维，有力地推动了立案、审理、执行的全过程一体化运行，这既得益于以“机制构建”为抓手和突破口，也取决于对跨越三省（市）四地的社会矛盾纠纷状况的精准把握，通过以协作机制为纽带的“技术治理”，使司法与社会矛盾纠纷的跨地域性特点相适应。

立足于京津冀协同发展，京津冀司法协同治理不仅体现为跨京津冀行政区域的司法联动，而且体现为省级区划内司法与各类治理主体之间的协同联动。以天津和平区法院在社区居民委员会建立司法确认服务工作站为例，人民调解面临的主要困境是调解协议约束力不强，当事人任意反悔但又无法强制执行，而司法确认服务工作站的设立，将“司法确认”这一机制直接送到社区，既实现了当场确认，又可直接面向群众展示司法确认的过程，通过以法律视角对调解协议形成程序以及内容的“可视化”核实，达到了“确认一案、教育一片”的治理目的。其实，设立工作站并不存在太大难度，关键在于对当地实际情况的准确把握，对治理“短板”的及时补充，某种程度上可以实现“四两拨千斤”的效果。再如，河北高院力推的“一乡（镇）一法庭”建设更具典型性。我国曾经在每个乡镇设有法庭，但由于基层法院在各乡镇的硬件设备、人员配置等跟不上，加上乡镇合并等原因，导致很多乡镇法庭形同虚设，一些县撤销乡镇法庭，统一收回到县法院，或者设立中心法庭，管辖邻近若干个乡镇的案件。这种方式，本质上是对司法运行体制（法庭建制）的技术化治理，体现了根据现实需要对治理方式的不断调适。由此导致的情况是，未设立法庭的乡镇出现司法缺位，特别是在全面推进依法治国的背景下，基层法治需求与供给出现脱节，社会矛盾纠纷的交织叠加甚至危害到乡镇政权稳定。鉴于此，河北高院在不增加办公用房和人员编制的前提下，以赋予乡镇法庭司法调解、指导调解、参与社会治理、法治宣传、司法确认、用好陪审员等六大职能为抓手，创新性地在每个乡镇设立法庭，补齐了乡镇法庭缺位和法治无力的“短板”，探索出了有别于传统法庭建设的“新路子”，实现了以乡镇法庭为中心对基层治理资源的有效统合。总体而言，乡村振兴战略和乡村治理视角下的乡村社会结构发生了巨大变化，乡村司法不同于传统审判的新使命，乡镇人民法庭被赋予在法治基础上更多的“治理”功能。自乡镇法庭收缩以来，在无法庭的乡镇代之以非正式建制的“工作室”“联系点”以及共建机制等，这种“暗度陈仓”式地将司法下沉基层乡村，倒不如因地制宜，可在一些乡镇恢复人民法庭。因此，立足于乡村治理确定乡镇法庭的功能定位，配合乡村振兴战略，充分调动、协调、整合基层社会治理力量，提升非诉讼机制在社会矛盾排查、预测预警预防、化解等的作用，需要乡镇党委政府对“一乡一庭”的大力支持，提供经费和办公条件保障，合理确定并落实陪审员、调解员的待遇，以此发挥乡镇法庭的案例优势，“以案说法”，进一步提升乡村法治化治理水平。目前，尽管需要对平原地区、山区地区的乡镇法庭进行更充分详实的调研，但这种“技术治理”的路径，为京津冀司法与其他部门的全方位协同提供了经验。

二、京津冀司法协同治理困境与成因

“技术治理”视域下的京津冀司法协同治理是建立在体制机制顺畅运行基础上的系统化、理性化治理，只有思想观念、制度规范、机制设计、实体装置等与京津冀协同发展的要求以及区域社会条件总体达到契合，才能使跨区域司法协同治理真正落地，使区域内司法与其他主体的协同更加高效有力。由于京津冀协同发展的提出仅有五年，因受制于各种因素，作为“技术治理”的主要纽带，一些体制还没有完全理顺，一些机制尚未建立，京津冀司法协同治理尚处于初级阶段，面临着未能形成合力的困境。

一是理论供给不充分，区域司法协同出现“内卷化”。《规划纲要》为京津冀协同发展描绘出美好蓝图，为京津冀区域城市布局调整、产业转型升级、社会治理模式变革等指明了方向。但认知层面，一般将“京津冀都市圈”理解为“京津冀都市经济圈”，从经济发展的角度展开论述较多。以著作《2019 京津冀协同发展报告》为例，该书围绕非首都功能疏解、交通一体化、生态环境保护、产业协同发展、创新共同体建设、体制机制创新等方面展开，并将“京津冀协同创新水平的测度指标体系及其分析与评价”、“打造京津冀‘一体两翼’协同创新模式”作为专题论述；而著作《京畿协作——京津冀协同发展》①亦是从京畿地区的资源环境与人文历史入手，在分析该地区发展繁荣与障碍顽疾的基础上，对京津冀协同发展的目标功能、核心任务、重点领域、两大动力、政策保障等予以分析。这与《规划纲要》高度契合，诸如长三角、珠三角等也是主要围绕辐射带动区域经济协同发展而展开，而对社会矛盾化解等的研究较少，对跨区域的社会协同治理特别是司法协同治理的理论关注度较低，导致理论供给滞后于京津冀协同发展的实践性需求。京津冀司法协同治理究竟是怎样的状态，尽管最高人民法院以及京津冀三地高院均发布了为京津冀协同发展提供司法服务和保障的意见，明确了司法协同治理的方向、领域以及机制建设等，但总体上仍是对司法职能的强调和加强，体现了对京津冀协同发展的高度重视和积极回应，而理论层面的创新研究和深入探索尚未作为重点。这并非京津冀法院自身的原因，也非学术界短期内能够解决，主要或许源于人们普遍对“法治”之国家一体性的认识，进而

① 参见孙久文、闫昊生、李恒森编著：《京畿协作——京津冀协同发展》，重庆大学出版社 2018 年第 1 版。

将区域司法协同当作理所应当之事，但实则并非如此。前文已论述，对“区域法治”的研究不仅起步很晚，而且仅限于部分学者，究竟是“区域法治”还是“区域法制”尚存在学术分歧，对于区域司法协同治理的研究更是如此。由于学术界未对其展开深入探讨，“技术治理”的理论框架主要适用于政治领域或政府治理，导致的结果是实务部门对区域司法协同的制度供给陷入“内卷化”，导向低层次的重复规定，难以对京津冀司法协同治理提供更有理论说服力和实践引领力的制度规范。

二是思想认识不到位，改革创新力度不够。治理具有实践性，京津冀司法协同治理需要实践层面逐步推进并实现突破，而思想是行动的先导，一些部门认识不到位，对区域司法协同治理的改革创新推动力度不够，导致已建立的机制存在着落实障碍。京津冀司法协同治理既包括跨区域的司法协同，也包括区域内司法与其他部门的协同，仅仅依靠司法系统或部分部门的高涨热情是无法推动的，必须切实落实“系统治理”的理念和要求，坚持党委领导下的统一协调调度，打破“一亩三分地”的狭隘思维，实现跨区域跨部门的协调对接和协同运行。对京津冀司法协同的制度规范以及司法互动合作的梳理可以看出，思想认识比较超前的区域，司法协同力度较大且具有持续性，比如平谷、蓟县（现为天津市蓟州区）、三河、兴隆等三省（市）交界地区，此外，河北省各地法院对京津冀协同发展的响应更为充分，无论文件制定还是实践推进的力度都相对较大。从目前进展来看，无论是法院系统内还是法院与其他部门的协同联动，均与预期存在较大差距，主要原因在于：一方面，仍按照传统的惯性思维，将司法作为一个相对独立的系统，认为法院的职能就是审理案件，与其他法院以及党政部门之间的密切度不高，跨行政区域的关联度更低，未能从京津冀协同发展以及“系统治理”的高度，正确认识司法在区域一体化中的功能定位；另一方面，京津冀协同发展的基本点是疏解非首都功能，企业搬迁转移等是重心工作，党委政府往往习惯于以行政方式处理相关问题，运用法治思维和方式化解矛盾纠纷的意识和能力还不够强，发生纠纷则认为是“法院的事”，导致司法与其他部门在预防和化解矛盾纠纷方面的步调不完全一致，司法治理往往陷入被动的事后“灭火”，停留于传统的运行方式，而对“诉源治理”的制度创新和机制建设缺乏更深层次的探索。因此，推进区域司法协同治理，以司法之力服务保障京津冀协同发展，最根本的是思想认识必须与《规划纲要》高度一致，与京津冀协同发展实践相协调。

三是激励机制未建立，协同动力不足。当前社会治理面临的两大突出问题：一是能力问题，二是动力问题。立足于国家或社会的视角，包括治理主体自身以及公众参与的动力不足，直接地制约着社会治理中的组织、协调、动员、调度的能力。特别是随着“单位制”解体以及税费改革，人们之间的关系纽带日渐削弱，“因缺乏有效的基层联结机制，‘原子化’的‘社会人’处于离散状态，难以形成符合现代法治要求的、一致的行动力，造成国家治理与基层社会的割裂和扭曲”，[①] 京津冀区域协同治理亦面临此类问题。笔者对H省的问卷调查数据显示，制约各部门参与社会协同治理的因素之一是“不计算工作量，无动力”（21.99%），而“自身工作太忙，没空参与”（47.98%）以及“多一事不如少一事”（31.28%），根本上也反映了动力不足的问题（见图8）。以《民事诉讼法》及其司法解释明确规定的委托送达、委托执行等为例，尽管法律已有规定，但实践中落实不力的重要原因在于，司法的运行不同于诸如公安等行政系统。以公安为例进行对比，一方面，公安系统上下级属于领导与被领导关系，而法院则是指导与被指导关系；另一方面，更为重要的是，业务性质层面，公安的事务性、执行性和过程性更强，受指派协助完成其他部门的工作，则构成

① 梁平、陈焘著：《基层社会矛盾化解与法治化治理研究》，法律出版社2017年第1版，第43页。

对自身业务的替代，而法院以“事”即案件为中心，协助处理其他法院委托的事务，即意味着挤占办理自己案件的时间，就需要加班加点将被挤占的时间补回来以完成手头任务，亦即受委托事务属于“分外之事”。在“案多人少”矛盾不断加剧且法院实行绩效考核的背景下，审执人员普遍忙于应对“分内之事”，如非强制性要求或建立科学的激励机制，参与协同治理可谓“既耽误时间，又没好处”，就没有足够的动力参与和推进区域司法协同治理。

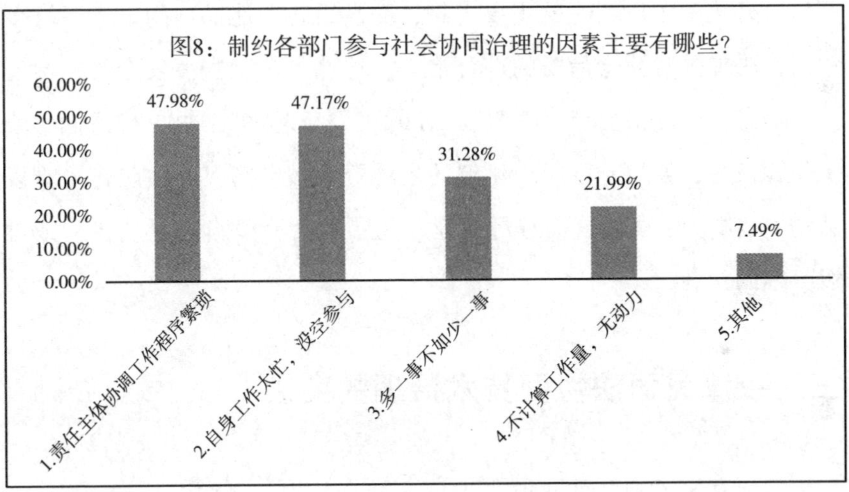

四是保障机制跟不上，司法协同治理“悬浮化”。自 2015 年以来，最高人民法院、京津冀三地高院以及一些中院、基层法院纷纷出台了“意见”，规定了京津冀司法协同的各类机制，但除了执行协作取得了较大进展外，其他方面的机制在治理实践中推进相对缓慢，导致制度的“悬浮化”，主要原因在于缺乏配套的保障机制。一方面，“技术治理”需要以规范协调且行之有效的机制为基础，目前的“意见”或“协议”等大多属于框架性的，具体怎么落实，还需要逐一地建立体系化的保障机制，使司法协同治理具有充分的可操作性，使相关主体自觉地按照机制运行的实践逻辑投身于协同治理中。另一方面，硬件设备、经费投入、人员编制等基础条件跟不上，特别是基层普遍反映存在“缺人”“缺钱”的现象，参与协同治理可谓“心有余而力不足”。以乡镇为例，作为政权建设的最末端，乡镇是社会治理的最前沿，十九大报告提出“推动社会治理重心向基层下移”，凸显了基层治理的重要性，但目前仅有“事权”普遍下移，而“财权”和“人权”未能与之匹配，导致基层人员忙于应付上级布置的任务甚至出现了“本末倒置”。就司法治理而言，乡贤、村干部、老党员、老教师等具有一定文化知识和较高声望的人员，被任命为人民陪审员或选聘为调解员，是基层诉外化解矛盾纠纷的主要力量，而县级各职能部门的事务下沉乡镇后，为加强对社会治安的综合治理，这些人员又身兼安全员、治安员、信息员、网格员等“数职”，可谓“分身乏术”，加上待遇低影响工作积极性，乡村矛盾纠纷化解的主体资源被分解，而法院自身难以从物力、财力、人力层面进行补充，基层社会治理陷入“空转”或难以为继的状态。

三、京津冀司法协同技术治理的突破

对“技术治理”的研究尚未形成理论共识，“技术”与“治理”的结合固然为现代社会治理提供了新的工具和方法，但仅仅以数字化、目标化等可视化工具作为社会治理的考核机制，显然背离了社会系统的运行逻辑和“技术治理”的初衷。作为一种具有解释力和包容性的理论分析框架，技术治理的一般运行方式对于京津冀司法协同治理具有较强的分析力，对于促进京津冀区域司法的实质性协同具有借鉴意义。具体而言，应当牢固树立人本理念和系统治理思维，坚持目标导向和问题导向，以社会矛盾纠纷为中心，理顺司法参与和助力社会治理的运行机制，以此寻求京津冀司法协同技术治理的新突破。

一是坚持人本思维和系统治理思维，深化京津冀司法协同的技术治理机制。尽管京津冀三地的发展程度存在差异，某些层面存在着一定的“梯度”，但从区域发展的功能布局来看，既为京津冀优化产业布局、实现功能互补提供了契机，又为区域协同的技术治理提供了条件，为实践中的京津冀司法协同提供了可能。基于此，京津冀司法协同的技术治理，应当以现代科技应用为契机，推动治理理念、思维、机制等的全方位建构。其一，京津冀司法协同治理应当始终牢固坚持人本思维，以便民利民为原则，将治理思维转化为服务思维，以着力打通司法服务民众的“最后一公里”为出发点和落脚点，使司法更为便捷、高效、透明、公正，使跨区域的当事人遇到矛盾纠纷时能够更顺畅、迅捷地找到合适的解决机制，使以司法为保障的非诉讼纠纷解决机制更加接地气、更有吸引力，由此形成京津冀区域内一体化的司法治理格局。其二，包括法院系统在内，京津冀三地的社会治理主体应当深化系统治理思维，将治理的目标、效能等从服务于该区域拓展至京津冀全局，深刻地认识到每一个事项、每一个问题不仅关乎该区域的社会稳定和经济发展，更关乎《规划纲要》的实施和京津冀协同发展，从社会风险和矛盾纠纷演化的“无边界”特点思考京津冀区域一体化治理的意义，从全局视角审视京津冀协同社会治理的功能，从区域法治的高度看到司法在京津冀法治实践中的突出作用，进而打破思想桎梏，走出认识误区，实现思想观念和思维方式的全方位转型。其三，以司法的精细化治理为目标，深入研究京津冀司法协同的社会结构和具体条件，建立有利于京津冀协同发展的司法协同治理机制，增强三地法院之间以及法院与其他部门之间的联系纽带，使司法协同更加有力、有序，使京津冀司法协同治理日益常态化、制度化。

二是加强司法对社会治理要素的整合利用，为京津冀司法协同治理提供必要的实现条件。按照“党委领导、政府负责、民主协商、社会协同、公众参与、法治保障、科技支撑”的现代社会治理体制，司法参与和保障社会治理，应当充分利用社会力量，加强对社会治理多元要素的统合，使司法更好地融入社会，实现司法与实践的双向互动。

现代社会治理要素既包括硬件设施等物化的“硬环境”，又包括机制在内的“软环境”，相比而言，尽管“硬环境”建设需要投入相应的物力、财力和人力，需要经济基础作为支持，但具有外在性，建设周期相对较短，而“软环境”则需要较长时期的打造，是一个循序渐进的内化过程。京津冀司法协同治理应当以整合利用社会资源为导向，围绕基层治理中的司法“短板”，有针对性地进行“补缺”，加强区域司法的互联互通，不断增强司法力量，创造区域司法协同运行的“硬环境”和“软环境”。以智慧法院建设为例，京津冀三地法院结合当地实际，自主研发建立了信息化系统，诸如北京法院“信息球”管理模式、河北法院“智审1.0”等六大系统，从“技术治理”中的技术应用的角度来讲，现代技术与司法深度融合的这些成果具有通用性，三地法院自由研发，既耗费财力，又出现系统应用的不兼容，能否通过沟通协调，以经费分担的方式，推进现有成熟系统在京津冀法院之间的推广应用或者共同委托技术公司研发统一的信息化系统，从而打通京津冀司法信息化的技术壁垒，以一体化的司法信息系统促进京津冀司法的协同运行，应当作为京津冀司法协同治理的突破点予以重点考虑。2019年8月2日，京津冀法院之间已实现了跨域立案的全覆盖，有必要拓展至区域性审判运行态势、社会风险等的预判分析等层面，进一步提升京津冀法院整合区域资源能力和区域司法协同治理水平。

三是以机制建设为重点，增强京津冀司法协同治理的动力和活力。“良好的技术治理是技术带来社会机会的开放性，并最大限度地为社会各阶层和各利益相关者分享；技术治理应该用于激发社会活力，拓展公共领域，增进社会的公平、互信、互惠、包容与合作的良性治理。”①京津冀司法协同治理同样应具有开放性，既要促进京津冀三地各级法院之间的机会、资源、信息、利益等的共享，也要加强司法与其他治

① 张丙宣：《把握好技术治理的四个原则》，载《学习时报》2018年1月1日，第6版。

理主体之间的各要素的共享，使京津冀治理充满生机和活力，使京津冀区域内所有主体具有充足的动力展开协作，这依赖于京津冀之间的利益协同和司法协同机制建设。一方面，应进一步建立健全考核机制，将参与社会治理和区域间司法协作事务纳入工作量考核体系中，科学合理地设定法院各类人员从事各项业务的指标，充分发挥考核机制的导向功能和激励作用，增强司法人员参与京津冀司法协同治理的内生动力；另一方面，法院之间的司法协作并非完全对等的，恰恰相反，不对等是常态，但对于接受委托的法院而言，需要额外付出更多的人员和时间，应当在京津冀区域司法运行总成本控制和优化的前提下，创新性地建立法院之间的利益转移机制，让付出劳动的受托法院得到一定补偿，从而提升司法协作的积极性。除了机制创新外，细化框架性制度的落实机制应当是京津冀司法协同之机制建设的重点。目前，一些法院共同制定了相关的“实施细则”，比如 2015 年 12 月 25 日北京、天津、河北（廊坊）19 家毗邻法院共同制定了《执行事项委托及异地执行协助运行及操作细则》、2017 年 4 月 25 日平谷、蓟州、三河、兴隆、遵化法院发布了《三省（市）五地法院执行工作联动协作实施细则》等，这为跨区域司法协同实践“铺平了道路”，但“实施细则”较少且涉及领域仍有待拓展。只有全面地建立京津冀区域司法协同的实施机制，才能突破区域壁垒，激活区域司法协同的各类资源，使京津冀司法真正迈向一体化。

四是强化法域概念，加强京津冀司法协同的形势研判。京津冀区域内的法律适用并不限于国家法律法规——尽管就判决依据而言仅限于此，而是以《规划纲要》为统领，涵盖中央及各部门以及京津冀三地各层级各部门所制定的制度规范体系，特别是围绕交通一体化、生态环境一体化、产业协同等重点领域的制度规范具有明显的京津冀地域性，京津冀各类矛盾纠纷也与这些领域的协同发展密切相关。京津冀司法协同治理不能局限于司法自身，而是需要建立京津冀法域概念，加强区域的系统性改革，为京津冀司法协同治理奠定制度根基。“相比而言，可行性更高的改革着力点实际上要落在技术治理另外两大导因之上：第一，运用政党跨领域、跨体系组织优势推动系统改革；第二，努力推动地方政府尤其是基层政府向下负责。”① 京津冀协同发展的要素流动涉及民众的切身利益，应当强化区域立法协调机制，围绕区域一体化发展的实践需求，推进重大项目投资利益共享、环境生态补偿以及户籍、住房、教育、养老、医疗等公共服务均等化、一体化的制度改革，促进资源要素跨域流动过程中的利益平衡，尽可能地降低社会风险。同时，应当加强京津冀社会治理数据的共享，及时掌握和跟进重大决策部署、重要产业政策、重要经济活动的落实执行情况以及重点投资项目的进展情况，保持与京津冀协同发展步伐同频共振，并以三地法院丰富的案例库为依据，认真梳理京津冀协同发展中可能引发的社会矛盾纠纷以及可能进入审判领域的问题，加强形势研判分析，努力提升司法服务京津冀协同发展的前瞻性和针对性，为京津冀司法协同治理提供更加明确的思路。

四、结语

区域司法协同治理是一个系统性工程，不仅涉及与案件审理直接相关的立案、审判、执行等全过程，而且从某种意义上讲，区域司法的工作对接机制、信息共享、人才培养等这些看似与审判执行的直接关联度不高的“外围”机制建设更为重要。“技术治理”框架下的京津冀司法协同治理，需要着眼于建立、完善和推进跨区域的立案、审判、执行和司法协同保障机制，真正实现京津冀司法的一体化协同运行，以司法之力助推京津冀的高质量协同发展和区域法治建设。

---

① 黄晓春、嵇欣：《技术治理的极限及其超越》，载《社会科学》2016年第11期。

第三章　京津冀立案协同机制

立案是案件进入审判领域的第一个环节，自立案登记制改革以来，京津冀三地将立案与非诉讼纠纷解决机制进行对接，开展了有益探索，比如河北法院实行“登”字号立案。京津冀协同发展过程中与立案有关的事项包括涉京津冀协同发展案件的识别管理、特定类型案件集中管辖或专门管辖、跨域网上立案等，这既是京津冀三地司法协同治理的现实需要和必然要求，也有利于以京津冀为样本加快十八届三中、四中全会以及最高人民法院“五五改革纲要”等提出的相关改革任务的试点探索。为此，在最高人民法院的统筹协调下，京津冀三地法院加强沟通协作，某些方面取得了明显进展，同时面临着一些现实困境，亟待进一步改进。

第一节　跨区域案件识别机制

确定管辖法院是立案的“第一关口”，对涉京津冀协同发展案件以及特定类型案件的专门管辖或集中管辖，需要对该类案件进行准确识别。京津冀三地高院多次提出“建立涉京津冀协同发展案件的识别管理机制”，其目的在于统一法律适用，但从更深层来看，其对于确定案件管辖法院、促进司法公正、推进京津冀司法协同治理以及推动公共服务均等化均具有重要意义。当前，京津冀三地各级法院按照已确立的案件识别标准，对涉京津冀协同发展案件进行信息化追踪管理，但由于识别认定标准比较模糊、认定范围相对较窄等，实践层面仍存在法律适用不统一、司法协同治理不足等问题，亟待按照实质性标准进一步确立涉京津冀协同发展案件的识别标准以及管理细则，以案件识别管理为抓手增强涉京津冀或雄安新区案件的示范效应，将社会风险防控和矛盾纠纷预防化解的关口前移，并着力挖掘涉京津冀或雄安新区案件的制度性要素，破除区域制度性障碍，在协同发展中逐渐消除矛盾纠纷产生的社会根源，以和谐稳定的社会环境支撑京津冀协同发展。

一、建立京津冀案件识别机制的意义

京津冀协同发展过程中各种要素的跨区域流动，必然引起跨地域性的社会矛盾纠纷，京津冀三地高院的统计数据中称为“涉京津冀协同发展案件”（下文简称“涉京津冀案件”，将“涉雄安新区规划建设案件”简称为“涉雄安新区案件”）。哪些属于涉京津冀案件、以哪些标准进行确认，此即跨区域案件识别机制。2016 年 3 月 15 日京津冀三地高院院长座谈会上形成的《北京市高级人民法院 天津市高级人民法院 河北省高级人民法院为京津冀协同发展提供司法服务和保障会议纪要》，确定“建立涉京津冀协同发展案件识别管理机制”，“三地法院一致认为，可以协商制定涉京津冀案件的认定标准，明确相关案件的界定范围，通过技术手段或人工方式，对该类案件在信息系统中予以标注，在立案、审判和执行各个阶段，对相关案件进行专门跟踪管理，为确保裁判尺度统一奠定基础。涉京津冀案件的认定标准，可以从涉案主体、争议事项、诉讼标的物所在地等方面确定”。2016 年 5 月 31 日，京津冀法院联席会议成立大会暨第一次会议原则通过的《京津冀法院联席会议关于2016－2017年度工作计划的初步方案》，进一步明确提出建立涉京津冀协同发展案件识别管理机制等十项机制，京津冀三地高院出台的“意见”也进行了明确。从上述规定来看，建立涉京津冀案件识别管理机制的主要目的在于“跟踪管理、统一裁判尺度”，但从京津冀协同发展的长远规划以及社会矛盾纠纷协同化解的角度来看，则具有更为深远而广泛的意义。

一是有利于确定案件管辖法院。管辖是案件进入诉讼的“第一个环节”，法院是否拥有管辖权，不仅影响到法院审判权的正当行使，而且关系到当事人的诉权。一般而言，根据民事诉讼法和行政诉讼法的规定确定管辖，如果发生管辖权争议，则由争议法院协商解决，若无法协商解决则报请它们的共同上级法院指定管辖。但涉京津冀案件的要素比较复杂，除了法院可能存在管辖权争议外，当事人也因对相关要素的理解不同，根据诉讼法的指引而选择不同的法院，对此需要确定更加明确的判断标准。此外，一些法院对涉京津冀案件实行专门管辖或集中管辖，建立该类案件的识别机制，则是确定管辖权的必要前提。比如，北京高院印发的《关于为落实京津冀协同发展战略提供司法保障的意见》提出：“北京全市法院对涉及京津冀协同发展的案件将实行专门管理，将相关案件集中到专门合议庭审理”；2019年6月5日召开的第三届京津冀司法论坛上，京津冀三地高院签署的《关于京津冀协同发展服务保障雄安新区建设合作框架协议》，进一步提出：“对涉雄安新区规划建设案件试行集中管辖。对于涉及雄安新区规划建设的案件，区分不同情况，协调最高人民法院，移送雄安法院管辖，确保雄安新区规划建设政策落实。”因此，只有以明确的标准确定属于涉京津冀案件或涉雄安新区案件，专门管辖的合议庭或集中管辖的法院才享有管辖权，否则，应按照诉讼法的规定确定管辖。

二是有利于挖掘并确立统一的法律适用标准。京津冀三地因地域原因，在坚持国家法律法规统一性的前提下，授权各地制定具体的细则或规范，出现法律适用的地域差别。比如省级辖区内由省高院制定高级法院、中级法院、基层法院第一审立案标准，以及广受关注的人身损害赔偿金的标准也具有地域性。建立涉京津冀或涉雄安新区案件的识别管理机制，对此类案件进行跟踪管理，有利于不同法院审理类似案件时进行关联检索，对案件的相关要素对比研判，建立针对类案的法律规则或处理标准，实现法律适用标准的统一。否则，各地法院按照惯常思维处理跨区域案件，必然导致相同或类似案件的处理标准不一，这既与京津冀协同发展的要求不符，也不利于促进京津冀区域内法律规则的统一适用。因此，涉京津冀或雄安新区的跨区域案件，是建立京津冀区域内法律统一适用标准的实践素材，不仅应当高度重视统一的法律适用标准对于案件公正审理的意义，也应充分认识到这些案件正是确定统一的法律适用标准的原动力，而基础性工作在于对此类案件进行科学识别和跟踪管理，使之成为建立标准的案件库和素材源。

三是有利于实现京津冀区域内司法公正。按照案件识别管理方法，对于涉京津冀或雄安新区案件，依据统一的标准裁决案件，能够尽最大限度地做到同案同判，以京津冀一体化司法来促进和实现司法公正，推进京津冀司法协同治理。习近平总书记提出“努力让人民群众在每一个司法案件中都能感受到公平正义”，这种“公平正义感”不仅体现在个案裁判结果是否以事实为依据、以法律为准绳，与法律规范的显性规定以及内在意蕴高度一致，而且体现为对类似案件的对比中。建立案件识别管理机制，以统一的标准处理类似案件，通过生动鲜活的案件彰显民众比较中的“正义”，充分阐释和展示法律规范的内涵和价值，对于社会治理的影响更直接、更具有感染性。特别是涉京津冀或雄安新区的案件，社会关注度较高，且具有群体性特征和示范效应，只有对类案进行识别并统一裁判口径，才能消除法律适用的地域差异，真正地让当事人信服。

四是有利于增强京津冀司法协同治理的有效性。京津冀协同发展需要对非首都功能有序疏解、高起点规划和高标准建设雄安新区、高质量推进北京城市副中心建设、以交通一体化为重点强化基础设施互联互通、加强京津冀生态环境一体化保护等，每一项重点任务都是系统性工程，相互之间具有密切的关联性。在防控社会风险和预防化解社会矛盾纠纷过程中，不能仅仅着眼于个案本身，而是需要坚持系统思维，对由此可能引发的问题通盘考虑、总体谋划，做到前瞻性预防。建立涉京津冀或雄安新区的案件识别管理机制，对相关案件进行动态留痕管理，有利于更全面、更精准地分析该案件可能引发的次生矛盾纠纷或与之具有关联度的其他社会风险，为京津冀三地法院以及与其他部门协同治理提供信息源，提前进行研判，提高司法协同治理的集约化水平。从当事人权益保护和发展的角度来讲，京津冀协同发展和雄安新区规划建设过程中，因土地征迁及补偿安置，一些农民变市民，生产要素和生产方式发生了根本变化，如何融入城市生活并实现可持续发展是他们面临的现实困难。对于此类情况，政府有关部门应当建立台账，摸清底数，实行跟踪管理，而法院对于进入司法领域的案件也应当有效标注、全程留痕，如相关当事人之间的矛盾纠纷再次进入司法领域，应及时提取以前案例，综合对比分析，确定更科学合理、更有利于民生发展的化解方案。

五是有利于推动京津冀公共服务均等化。京津冀协同发展要以公共服务均等化为着眼点，破解行政区划对市场要素配置的影响，使京津冀区域内的公共服务标准、设施等一体化，让三地民众都能够享受到协同发展带来的实惠。如果停留于对北京承载力的向外疏解，以企业搬迁、项目建设转移等方式实现城市空间布局的调整，而不进行相应的配套制度改革，不能让相关主体享受到与之相匹配的公共服务，不仅会影响京津冀协同发展的进度和质量，而且容易引发更多的社会风险和矛盾纠纷。建立涉京津冀和雄安新区的案件识别管理机制，通过审判发展态势，对京津冀民生一体化的发展过程进行综合分析，有利于透过案件洞察公共服务发展状况。如果某一类问题长时间未解决或某段时间内进入审判领域的案件数量增加，法院可提出司法建议或通过情况通报等方式，提示和督促京津冀有关部门把重心放到改善和发展民生上，加强跨区域利益协调，研究建立更加均等化、更具公平性的京津冀公共服务体系和保障机制，实现涉京津冀或雄安新区矛盾纠纷的诉源管理。

二、京津冀案件识别机制的现状分析

目前，京津冀三地法院以当事人身份、住所、跨区域类型等涉案信息作为标准，对涉京津冀协同发展案件进行认定，并通过立案系统予以标注，实行跟踪管理，确保法律规范的统一适用，总体上与京津冀协同发展战略实施初期的实际需求相符。对于涉雄安新区规划建设的案件，也是按照此种方式进行识别管理，便于进行专门管辖。自京津冀协同发展战略提出以来，三地法院对涉京津冀协同发展案件的统计亦遵照该认定标准。但从长远来看，以跨区域案件识别管理机制所承载的功能为基准，京津冀三地法院的探索仍存在进一步完善和拓展的空间。

一是涉京津冀或雄安新区案件的认定标准比较模糊。京津冀三地高院院长座谈会达成了涉京津冀案件的认定标准，为三地各级法院及时识别、跟踪管理和妥善处理涉京津冀案件提供了基本的判断依据，但所确定“涉案主体、争议事项、诉讼标的物所在地”以及《关于京津冀协同发展服务保障雄安新区建设合作框架协议》提出的“围绕当事人身份、住所、跨区域类型等涉案信息”的认定标准原则性较强，实践中尽管能够以此对某些案件进行识别认定，但难以涵盖所有案件。客观地讲，在京津冀协同发展战略实施的初期阶段，各类案件陆续发生，可预见的案件类型主要包括工程建设、拆迁、企业转型等纠纷以及与此相关的各类合同、劳动纠纷等，而因创新驱动发展所引发的新业态初见端倪，可能存在的风险以及矛盾纠纷难以充分预测，如何从法律层面对各类民商事行为进行准确界定，如何确定新型案件中的各类法律关系，需要在实践中不断研究，因此，制定详细的跨区域案件识别管理细则存在一定难度。时至今日，仍未建立比较完善的跨区域案件识别管理体系，三地各级法院在司法实践中只能按照已确立的关键要素，凭借审判经验进行判断，因缺乏细致、具体的识别标准，各地法院的认定口径不统一，对涉京津冀或雄安新区案件的识别结果也不完全一致。

二是涉京津冀或雄安新区案件的认定范围相对较窄。对当事人身份、住所、跨区域案件类型等综合考量，以此作为涉京津冀或涉雄安新区案件的认定标准，一定程度上能够涵盖与京津冀协同发展或雄安新区规划建设有关的案件，但从京津冀区域内司法协同治理的角度来讲，运用该标准所确定的案件范围较窄，导致很多与京津冀协同发展或雄安新区建设有关的案件无法纳入管理范围。以交通肇事人身损害赔偿为例，当事人双方均不是京津冀户口且在京津冀均无固定的居住地，在从事工程项目的过程中发生交通事故，如果该项目位于北京，北京法院将按照北京标准确定人身损害赔偿费用，而如果该项目位于河北，河北法院只能按照河北标准认定，尽管该工程项目与京津冀协同发展战略的实施存在关联，但由于此种关联度难以确认，各地一般会按照属地案件予以处理，由此导致同一受害人在不同区域的人身损害赔偿存在明显差异。因此，当事人身份、住所等这些要素，大多适用于对与身份有关的案件进行识别，比如涉及土地征收、房屋拆迁、宅基地、婚姻等案件，而京津冀协同发展中的案件大多属于市场要素跨区域流动过程中发生的，“跨区域流动”是该类纠纷发生的实质，这类案件所占比例较大，是京津冀三地法院以及其他社会治理主体需要共同关注的，应当尽可能地纳入识别管理范围。

三是涉京津冀或雄安新区案件的法律适用不统一现象仍存在。建立涉京津冀或雄安新区案件识别管理机制的直接目的在于实现法律规范的统一适用，但由于识别认定标准不具体、认定范围较窄等原因，导致很多案件游离在统一管理系统之外，这些案件即便与京津冀协同发展或雄安新区规划建设的关联度再高，也可能因在不同法院审理而根据属地原则适用不同的标准。此外，一些案件尽管进入了识别管理系统，但案情比较复杂，能否准确地从错综复杂的案件信息中梳理中可对比的核心信息，是“同案同判”的前提，考验着法官的司法能力。由于京津冀法院特别是基层法院法官的业务能力存在差距，对案件信息的梳理和把握不统一，对是否属于“同案”的认定存在认知差异，往往习惯于根据司法经验作出判断，法律适用的地域性现象仍存在，统一法律适用仍然任重道远。理论层面，对何为“同案”“类案”无明确的界定，究竟是“同案同判”“类案同判”还是“类案类判”等尚未达成共识，法官审理案件时主要是立足于个案本身，按照“三段论”的司法逻辑，建立起案件事实与法律规则之间的勾连，进而运用确定的法律规则作出裁判，而缺乏案例对比分析的思维，即便出现法律规则不明确的情形，一般通过共同研讨、请示等方式寻求规则，导致司法实践中形成了以法律规则为中心的纵向思维方式，对于法律统一适用作为应然话题，这是“同案同判”之实践呼声久难平息的重要原因。京津冀协同发展背景下，不仅需要继续坚持纵向思维，而且需要立足于京津冀法律统一适用的横向思维，提炼出可对比的主要指标，对相关案件进行比较分析，从而实现“同案同判”。

四是涉京津冀或雄安新区矛盾纠纷的司法协同治理有待加强。建立跨区域案件识别管理机制，不仅仅在于“识别”，重心在于“管理”，包括法律统一适用以及对涉京津冀或雄安新区矛盾纠纷的动态化、协同化治理，并着力推进诉源治理。“诉源治理”是新时代司法面对的新命题，是个系统工程，对于京津冀协同发展而言亦是如此，三地各级法院应当将审判执行的司法效应拓展至社会矛盾预防和诉外化解。“一方面，人民法院主动做好与党委政府加强城乡社区治理、建设公共法律服务体系、创建‘无讼社区’等工作对接，主动参与培育城乡诉源治理自治力量，支持将‘万人成诉率’等诉源治理的重要指标纳入地方平安建设考核体系。另一方面，通过履行司法建议职能、编发审判白皮书、强化对司法大数据的分析研判，做到既在‘点上’促进有关部门科学决策、规范行为、消除隐患、改进工作，又在‘面上’为党委政府科学决策提供参考，提前防控和化解重大矛盾风险。”① 这对京津冀协同发展以及司法协同治理尤为重要，其前提是对涉京津冀或雄安新区的案件作出科学准确的识别和判断。目前，京津冀三地各级法院对该类案件的审理大多立足于案件本身，未将之纳入到京津冀司法协同治理的框架下，未能从更广、更深的层面把握与这些案件相关的社会风险点和矛盾纠纷，与社会综合治理视角下的京津冀司法协同治理的要求尚存差距。

三、深化京津冀案件识别机制的路径

建立健全涉京津冀或雄安新区案件识别管理机制，应当深刻认识其重要意义，以促进京津冀司法协同治理和法律统一适用为目标，以进入审判领域的案件为中心，拓展对社会风险的监测监控面，建构京津冀社会矛盾纠纷的网络空间，将司法的个案审判功能延伸到助力京津冀社会综合治理层面，形成京津冀三地各级法院与其他主体协同联动的社会治理格局。具体而言，应当围绕涉京津冀或雄安新区案件识别管理机制的运行及其区域协同治理效应两个方面进行完善。

① 薛永毅：《“诉源治理”的三维解读》，载《人民法院报》2019 年 8 月 11 日，第 2 版。

一是完善涉京津冀或雄安新区案件的识别认定标准。京津冀协同发展是个系统工程，涉及京津冀三地各个领域的方方面面，最广义上来讲，京津冀区域发生的所有社会矛盾纠纷都可归入此类，但如果以如此宽泛的标准来衡量，建立案件识别管理机制则无多大意义；但若标准不明确或范围太窄，无法囊括相关案件，则与该机制的预期目标相背离。对京津冀社会矛盾纠纷进行划分，大体上可分为两类：一类是具有地域属性的矛盾纠纷，不管是否出台京津冀协同发展战略，这类案件始终存在，且从当事人、诉讼标的物所在地、管辖法院、案件性质等进行判断，均可按照诉讼法的程序“中规中矩”地审理，不存在任何涉京津冀跨区域的因素；另一类是自京津冀协同发展战略提出以来，因非首都功能疏解和产业布局调整所产生的各类社会矛盾纠纷，这类矛盾纠纷属于新发生的，且与京津冀协同发展存在密切联系，如无此战略则可能不会发生纠纷或即便发生纠纷也不具有跨地域性等特征。跨区域案件识别管理机制针对的是第二类纠纷，识别认定的核心要素是“是否与京津冀协同发展存在相关性”。比如，“2016 年，河北省从京津引进项目 4100 个、资金 3825 亿元。截至 2018 年 1 月，河北省与京津共建各类科技园区 55 个、创新基地 62 个，吸引 1400 家京津高科技企业进驻。其中，曹妃甸协同发展示范区累计承接京津项目 256 个，总投资 3671.58 亿元。此外，河北省还积极承接北京区域性普法市场转移，2015 年以来累计签约引进北京市商户 23140 户，入驻 20150 户。”① 另外，2018 年以来，特别是 2019 年雄安新区重大招标项目动辄以百亿计。京津冀协同发展及雄安新区规划建设过程中如此巨大规模的产业搬迁、工程项目建设等改变了原有主体之间的法律关系，比如北京动物园服装批发市场等大型市场搬迁时租赁合同未到期的处理等，由此产生的各类社会矛盾纠纷，当事人诉诸法院，则属于涉京津

① 李国平主编：《2019 京津冀协同发展报告》，科学出版社 2019 年第 1 版，第 114 页。

冀或雄安新区案件，应纳入识别管理范围。其中，一部分案件的当事人、诉讼标的物所在地等可能不具有跨地域性，但因属于京津冀协同发展战略实施带来的“变数”，对当事人未来的生活可能产生长远影响，应当予以重点关注。

二是制定详细具体的涉京津冀或雄安新区案件识别管理细则。从2019年6月5日京津冀三地高院院长签署的《关于京津冀协同发展服务保障雄安新区建设合作框架协议》对涉雄安新区案件的识别标准来看，与2016年3月15日京津冀三地高院院长座谈会《会议纪要》的内容基本一致。也就是说，京津冀三地各级法院对此类案件的识别认定，仍是坚持比较原则性的标准，未结合案例情况进行更为精确细致的分析，对其跟踪管理仅限于案件在法院信息系统中的流转，未能更深入地分析有关案件与其他社会矛盾纠纷的关联性。从案件数量来看，天津法院2013－2017年“审结涉北京非首都功能疏解、京津冀协同发展案件12.2万件”，[①] 河北法院2018年审结涉京津冀案件4.58万件，[②] 法院已有相当丰富的案例数据，有必要对此进行深入挖掘分析，确立更加细致具体、更具操作性和通用性的案件识别管理细则。其一，按照案由对涉京津冀或雄安新区案件的类型进行分类，然后对每个类型的案例逐一进行分析，在对若干个典型案例对比的基础上，筛选建立具有通用性的指标，然后通过其他案例对这些指标进行校验和完善，提炼出能够体现“与京津冀协同发展具有密切联系”的实质性识别标准，并对例外情形（包括按照该标准识别认定但通过人工排查不属于涉京津冀案件以及属于涉京津冀但按照该标准无法纳入的案件）进行

---

① 参见天津市高级人民法院院长高憬宏2018年1月26日在天津市第十七届人民代表大会第一次会议作的《天津市高级人民法院工作报告》，http：//www.tjrd.gov.cn/tjsrmdbdh/system/2018/03/05/030010074.shtml，最后访问时间2020年1月9日。

② 参见河北省高级人民法院院长卫彦明2019年1月15日在河北省第十三届人民代表大会第二次会议上作的《河北省高级人民法院工作报告》，http：//www.hbrd.gov.cn/system/2019/02/02/019430974.shtml，最后访问时间2020年1月9日。

规定。其二，着眼于京津冀司法协同治理和社会矛盾纠纷的预测预警预防，细化涉京津冀或雄安新区案件的动态跟踪管理机制。一方面，将统一法律适用放在首位，进一步加强类案与关联案件检索软件的开发应用，将现有的涉京津冀或雄安新区案件全部导入系统，并按照新设定的识别标准确定“检索词”，法官在审理案件时，对已审结或正在审理的相关案件进行全面检索，自动生成检索报告，以此作为审理该案的参考。另一方面，法院应当强化对涉京津冀或雄安新区案件审判运行态势的宏观分析，以此作为司法参与和助力京津冀社会治理的依据。

三是以案件识别管理为抓手，增强涉京津冀或雄安新区案件的示范效应。应当充分地认识到，建立涉京津冀或雄安新区案件的识别管理机制，不能仅仅局限于个案，更不能仅仅为了“识别”或“管理”，而是应当发挥该机制对京津冀社会风险协同防控和矛盾纠纷协同治理的效用。法院是各类案件进入正式解决机制（包括诉讼与非诉机制）的重要入口，是社会安定状况的“晴雨表”，涉京津冀或雄安新区的某类案件数量增多或案情相似，表明该区域的社会风险增加，社会矛盾纠纷激化的可能性增大，法院应当具有维护大局稳定的敏锐意识，积极主动地通过案件对社会运行情况进行分析研判，并与相关部门沟通，采取有效措施，从源头上预防和化解矛盾纠纷，力争将京津冀协同发展战略实施过程中可能面临的社会风险降到最低。其一，法院内部除了立案、审判、执行环节由各个部门以及具体负责人员对涉京津冀或雄安新区案件进行识别认定和动态监控管理外，有关的综合管理部门应当将之纳入总体分析范畴，定期发布该类案件的综合分析报告，对审判运行宏观态势、案件争点、法律问题以及由此折射的社会稳定形势作出全面分析，通过京津冀三地法院建立的沟通渠道进行共享，作为相关地区审理同类型案件的参考。其二，京津冀三地各级法院对于无论哪个法院制作的涉京津冀或雄安新区案件审判态势的综合分析报告，都应当及时地报送当地党委政府和政法委，特别是对于本法院制作的报告，必要时进行更加详实具体的分析，为党委政府以及相关的社会治理责任单位改进工作提供科学参考。其三，对于发生频率较高、涉及主体较广的典型案件，可制作专项分析报告或宣传教育读本，对相关风险点以及主要法律问题进行阐释，有针对性地开展法治宣传教育，以活生生的案例向民众提出警示，提高民众的风险防范和法治意识。

四是挖掘涉京津冀或雄安新区案件的制度性要素，为建立京津冀区域利益调节机制提供司法依据。利益冲突是社会矛盾纠纷产生的主要原因，笔者对H省的问卷调查数据显示，“当事人权利受到伤害”（62.73%）是发生社会矛盾纠纷的主要原因，居于首位，其次是“社会不满情绪宣泄”（44.93%）[①]（见图4），京津冀协同发展必然引起利益格局调整，由此引发的社会矛盾纠纷不再局限于某一区域内，而是具有跨区域性。此外，京津冀协同发展战略推进过程中，区域发展不平衡不充分的矛盾更加显现出来，随着市场要素的京津冀一体化以及跨区域自由流动，与北京相比，天津特别是河北地区的相对落后给民众带来的冲击更为强烈，除了直接的利益性矛盾外，因制度性差异所造成的失衡感更加明显，可能引发无直接利益冲突的矛盾纠纷。因此，应当立足于京津冀协同发展的总体目标以及由此带来的京津冀区域社会形势变化，以此倒逼涉京津冀或雄安新区案件的识别管理，强化案件识别管理对于推进京津冀制度一体化进程的价值和意义。现代社会治理既要着眼于正式机制，也要重视非正式要素，某种意义上，包括地方文化、社会心理、思想观念、人生态度等对矛盾纠纷的发生和化解具有更为“根深蒂固”的影响，涉京津冀或雄安新区案件的外观是当事人之间的直接利益冲突，更深层的则是与之相关的各类正式与非

① 该数据来源于笔者对H省加强和创新社会治理的调研。

正式要素的叠加，一定程度上反映了当事人所在区域内潜在的制度性、文化性或历史性冲突。以环境治理为例，京津冀民众均渴望蓝天白云、绿水青山，但因产业结构布局造成河北污染源排放量远远超过环境承载力，即便采取严厉的监管措施，确保各类污染排放达标，也很难从根本上杜绝冬季雾霾，但若绝对关停则影响到千千万万家庭，需要建立京津冀生态补偿机制，对因制度调整而受到损害的群体进行合理补偿，使之共享发展红利。以雄安新区水污染治理为例，保定市处于雄安新区上游，8 条直接入淀河道全部流经保定市，客观上要求必须加强河道的综合治理，充分发挥河道在防洪、供水、调蓄、调节气候等方面的功能，坚持防洪为主、生态优先、绿色发展、科学规划、综合治理、注重保护的原则，加强财政支持力度，鼓励和引导社会资本参与，健全和落实河（湖）长制，加强检查监督，提升跨区域的污染治理水平。就此而言，对于涉京津冀或雄安新区案件的综合分析，不应仅仅停留于案件要素和法律适用，还要深入分析该类案件产生的社会原因，从历史成因、现实状况与未来发展的层面立体化地展示该类案件在京津冀区域的脉络，进而着眼于未来，助推京津冀三地借助协同发展之契机不断深化体制机制改革，逐步破除制度壁垒，实现京津冀利益共享和公共服务均等化，进而有效解决社会矛盾纠纷产生的根源。

四、结语

尽管涉京津冀或雄安新区案件识别管理机制的建立和运行需要相对较长的时间，但在协同发展初期，该机制对促进京津冀法律适用统一等具有积极意义。从终极意义上来讲，《规划纲要》确立的京津冀发展蓝图的实现，将不再区分是否属于涉京津冀或雄安新区案件，或者说该概念将不复存在，对于京津冀区域的矛盾纠纷，将按照统一的标准予以处理。这既是对未来的美好期待，也是涉京津冀或雄安新区案件识别管理机制发展的必然结果，尽管道路或许相对漫长，但逐渐缩小京津冀区域发展不平衡不充分的差距，是京津冀协同发展的永恒目标。

第二节 跨区域案件集中管辖

管辖是立案的前提，法院拥有对具体案件的管辖权，司法程序才能顺利进行。诸如知识产权、环境资源、海事商事、金融等特定类型案件具有专业性较强、对审判团队的专业要求较高等自身特点，同时因祛除地方化干扰、统一法律适用等现实需要，有必要实行集中管辖。通过对我国法院集中管辖动因的系统梳理，有助于更深刻地理解特定类型案件集中管辖的主要考量因素，京津冀协同发展所提出的上述四类案件的集中管辖也不外乎于此。受篇幅限制，本书主要对知识产权、环境资源、海事商事、金融案件实行集中管辖的社会背景、政策依据、国内实践以及基本思路进行简要分析，对各类案件集中管辖的学术讨论仅列举有关文献，将不再展开，重点从司法服务保障京津冀协同发展的视角深化对跨区域案件集中管辖的总体认识。

一、特定类型案件集中管辖的动因

司法地方化造成的诉讼主客场现象，严重影响到法律的统一适用。为此，十八届三中全会审议通过的《中共中央关于全面深化改革若干重大问题的决定》首次提出“探索建立与行政区划适当分离的司法管辖制度，保证国家法律统一正确实施”。十八届四中全会审议通过的《中共中央关于全面推进依法治国若干重大问题的决定》进一步提出：“最高人民法院设立巡回法庭，审理跨行政区域重大行政和民商事案件。探索设立跨行政区划的人民法院和人民检察院，办理跨地区案件。完善行政诉讼体制机制，合理调整行政诉讼案件管辖制度，切实解决行政诉讼立案难、审理难、执行难等突出问题。”自此，设立跨区域法院集中管辖或设立专门法院（比如知识产权法院）或专门法庭管辖特定类型案件的试点工作陆续展开，诸如知识产权案件专门管辖等已取得了较大进展，而诸如上海三中院（以上海铁路运输中级法院为基础）、北京四中院（以北京铁路运输中级法院为基础）等管辖跨行政区划案件的法院很快成立，以普通法院管辖为原则、以专门管辖或集中管辖为补充的管辖模式逐步形成。由此形成了既有联系又存在区别的三个概念：专门管辖、集中管辖、指定管辖。一般认为，专门管辖与普通管辖相对应，指的是由军事法院、海事法院等专门法院管辖，具有法定性，从排除普通法院管辖的角度来讲，本质上属于“集中管辖”；而“集中管辖”属于学理概念，民事诉讼法和行政诉讼法中均无此概念，仅对“指定管辖”作了规定，实践中的集中管辖往往由最高人民法院指定，但从法律规定的“指定管辖”适用情形来看，“集中管辖”严格意义上也不属于此类，其本质更接近于最高人民法院指定的“专门管辖”，只是管辖法院为普通法院。因此，以案件为中心，可将“集中管辖”分为专门法院管辖和普通法院集中管辖两种情形，都是针对特定类型案件，总体而言存在以下基本动因。

一是案件性质的特殊性要求。军事法院、海事法院、铁路运输法院等专门法院的设立，主要是基于案件的特殊性，不宜由普通法院审理或由普通法院审理存在体制不顺等诸多问题。其中，最为典型的是军事法院，按照军事体制和作战的特殊需要设立，集中受理现役军人及军队在编职工的刑事案以及最高人民法院授权审理的刑事案件，对于维护国家法制和军队秩序具有重要意义。而诸如铁路运输法院，与铁路管理体制有关，2009 年 7 月，中央下发文件，将铁路公检法整体纳入国家司法体系，铁路法院整体移交驻在地省级党委和高级法院管理，2012 年 6 月底完成体制改革，铁路运输法院全部归入地方法院系统，一些法院仍保留原名称，而诸如上海、北京等铁路运输中级法院已改为受理跨区域案件的法院。因此，真正意义上具有特殊性质的案件类型较少，设立专门法院集中管辖存在多重因素考量。

二是便于案件审理的现实需要。一些案件具有明显的地域性，由普通法院受理不符合方便诉讼和方便当事人的“两便”原则，而且大多数法院受理此类案件的数量特别少甚至按照诉讼法的管辖规定多年都不会受理该类案件，鉴于现实情况，有必要设立专门法院或由普通法院集中管辖。比如森林法院、农垦法院、石油法院等专门法院，这些法院设立在比较大的林业区、农垦区或石油管理局所辖区域，一方面，该区域的人员流动相对较小，案件当事人主要是该区的职工及其家属，实行集中管辖有利于有针对性地、及时地就地化解矛盾纠纷，维护该区域的社会稳定；另一方面，也是因特定历史时期的管理体制所致，这些专门法院归于所属系统管理，未纳入从最高人民法院到基层法院的纵向体系中。随着管理体制改革、人口流动性增强以及特定区域内矛盾纠纷类型的变化，改变了设立专门法院集中管辖的历史成因、社会条件和现实基础，除了铁路运输法院外，其他专门法院陆续被撤销，在整合原有资源的基础上新成立归入普通法院体系的中级或基层法院。比如全国最大的垦区——黑龙江垦区的农垦、林区基层法院改革已全面完成，2019 年 1 月 4 日，黑龙江高院发布公告，撤销了 38 家农垦林区基层法院，新设立 12 家基层法院；撤销人民法庭 68 个，更名 46 个，新设立 26 个。由此可见，除了军事法院等确因特殊需要设立的专门法院外，因管理体制等原因设立的专门法院已逐步回归普通法院体系中，但对于原受理的特定类型案件可能仍实行集中管辖，即由改革后的普通法院集中管辖。

三是祛除司法地方化以排除地方对司法的不当干扰。我国普通法院的设置与行政区划基本对应，每个行政区划内设有党委、人大、政府、政协、监察委、法院、检察院等机构，法院等国家机关由同级人大产生并对其负责。此外，法院的经费从依靠诉讼费到同级财政保障，人财物等均与同级政府存在密切关联，法院服务保障地方经济社会发展的功能异化为司法的地方化，对司法的正常运行带来了不当干扰，损害司法公正和权威。自十八届三中全会提出“推动省以下地方法院、检察院人财物统一管理”的改革以来，法院人财物省级统管已取得了实质性进展，以及领导干部干预司法活动、插手具体案件处理的记录、通报和责任追究制度的实施，有力地减少了地方对司法的不当干预，但诸如行政诉讼等案件仍按现行诉讼法确定管辖，仍然无法从根本上解决司法地方化问题。因此，适度地打破法院设置与行政区划相对应的格局，设立跨行政区划法院或确定现有的法院跨区划集中管辖受地方干扰较大的某些案件，是司法去地方化的重要举措，有利于革除司法的地方保护主义，确保法院独立、公正地行使司法权。

四是案件专业化程度较高，实行集中管辖有利于集中司法力量更专业、更公正地审理案件。随着市场经济的发展，涌现出越来越多的专业化程度较高的纠纷，与传统纠纷相比，这类纠纷涉及领域更专业、技术性强、法律关系复杂，不仅需要熟练地掌握相关法律知识，还要充分了解该领域的专业化运行过程，这对法院审判执行人员的能力和素质提出了更高的要求。自从2002年全国实行统一的司法考试（2018年改为国家统一法律职业资格考试）以来，包括法官在内的“法律职业共同体”的专业素质趋于同质化，专业性审判领域的法官养成主要依赖于司法审判经验和相关培训学习，由于专业性较强的案件数量相对较少，各个法院都培养专门的审判人员既无必要也不现实，实行集中管辖，将有意愿且有能力从事该类审判的人员集合在一起，打造专业化的审判团队，不失为审理专业性较强纠纷的最佳选择。

五是统一裁判尺度和维护国家法制统一的需要。“同案同判”是民众对司法公正的最朴素的表达，但从认识论和专业审判的角度来看实属不易。正如莎士比亚的名言“一千个人心中有一千个哈姆雷特”，中国古语“仁者见仁智者见智”，美国著名法哲学家博登海默认为“正义有着一张普罗透斯似的脸（a Protean face），变幻无常，随时可以呈不同形状并具有极不相同的面貌”，[①] 都表明不同主体对同一事物的“判断”无法达到绝对一致，但这并不意味着事物是不可认知的。对事物的客观认识依赖于知识、经验等，作为理性的人，对同一事物的反复认知能够有效地提升认知的准确度。对某些案件实行统一管辖，不仅有利于排除地方干扰，而且由特定的法官按照统一标准进行审理，能够最大限度地避免不同法官裁判时的认知差异，使该类案件在某一区域内遵循同一法律规则，达到法律的统一适用。

除此之外，实行专门管辖或集中管辖可能还存在着其他因素，但不外乎主客观两个方面，即主观层面尽可能地减少认识差异乃至曲解法律、枉法裁判的情形，客观层面则是特定类型案件不适合由普通法院管辖或实行集中管辖更优。对于京津冀法院而言，实行集中管辖（含专门管辖）是京津冀协同发展背景下司法一体化的需要，根本目的是统一法律适用，主要针对的是专业化性较强的案件以及受地方影响较大或由普通法院管辖不利于促进“同案同判”的案件。鉴于此，最高人民法院《关于为京津冀协同发展提供司法服务和保障的意见》第16条进一步提出：“积极探索特定类型案件集中管辖或专门管辖。结合京津冀三地法院自身审判特点，对专业性较强的案件实行由特定法院集中管辖，充分发挥三地审判优势资源，推动专业化审判，提高审判质量，统一裁判标准。积极探索知识产权案件、海事海商案件、生态环境保护案件集中管辖或专门管辖制度。进一步推进京津冀设立跨行政区划法院集中审理跨区划重大民事案件、行政案件试点工作。充分运用指定管辖、异地管辖、提级管辖制度，积极破解司法难题。”

---

① ［美］E. 博登海默著：《法理学：法律哲学与法学方法》，邓正来译，中国政法大学出版社2004年1月修订版，第261页。

二、京津冀知识产权案件集中管辖

知识产权案件属于专业性较强的纠纷，“具有高度复杂性、利益保护紧迫性和市场关联性等显著特征，其纠纷解决机制的多元构建应坚持注重效率、保密性、市场导向并兼顾消费者的利益”。[①] 自加入世贸组织以来，我国在世界舞台上的竞争更需要注重知识产权的保护，而科技创新对经济社会发展的贡献越来越突出，处于国家战略的前沿，未来的竞争是科技的竞争，有力地保护科技创新、激励创新活力对于国家发展具有深远影响。在此背景下，学者对知识产权案件集中管辖制度展开了探讨。[②] 2018 年美国制造贸易摩擦，对中兴、华为等我国高新技术产业公司无端地采取制裁措施，深刻地印证了尖端技术领域如果出现受制于人的“卡脖子”现象将会带来不可估量的严重后果，即便是贸易全球化的背景下也会出现逆向而行的贸易保护主义。因此，加强知识产权的司法保护是“激励和保护科技创新的需要，是营造良好营商环境的需要，是统一和规范裁判尺度的需要，目的在于促进有关知识产权案件审理专门化、管辖集中化、程序集约化和人员专业化，为建设知识产权强国和世界科技强国提供有力司法服务和保障。”[③]

基于此，早在 20 世纪 90 年代，我国就尝试对知识产权案件的集

---

① 梁平、陈焘：《论我国知识产权纠纷解决机制的多元构建》，载《知识产权》2013 年第 2 期。

② 代表性作品诸如咸胜强、原晓爽：《京津冀协同发展背景下知识产权案件跨区域管辖与审理制度研究》，载《法律适用》2017 年第 5 期；寇颖娇、吴献雅：《涉网络知识产权侵权案件的地域管辖问题研究——以〈民诉法司法解释〉第 25 条为中心》，载《法律适用》2018 年第 5 期；张竞丹：《网络知识产权案件的管辖权规则完善》，载《中州学刊》2017 年第 12 期；张玲玲：《完善我国知识产权法院体系的初步构想》，载《知识产权》2018 年第 3 期；吴汉东：《中国知识产权法院建设的理论与实践》，载《知识产权》2018 年第 3 期；李明德：《关于我国知识产权法院体系建设的几个问题》，载《知识产权》2018 年第 3 期；等等。

③ 梁平：《司法改革语境下知识产权法院的设立与运行机制研究》，载《知识产权》2019 年第 2 期。

中管辖，基本方式是设立专门的知识产权审判庭，后来在大民事审判改革中统一归入民事审判庭，但有关建言并未中断。2008 年以来，一些法院重新设立专门的知识产权审判庭，探索民事和行政“二合一”或民事、行政、刑事“三合一”的审判方式改革，直到 2014 年 8 月 31 日第十二届全国人民代表大会常务委员会第十次审议通过了《关于在北京、上海、广州设立知识产权法院的决定》，设立知识产权专门法院的改革落地。2018 年 10 月 26 日第十三届全国人民代表大会常务委员会第六次会议通过的《关于专利等知识产权案件诉讼程序若干问题的决定》，对于专利等技术类的民事上诉和行政上诉案件统一由最高人民法院审理，2019 年 1 月 1 日最高人民法院知识产权法庭正式挂牌成立，知识产权案件“专门法院 + 专门审判庭 + 技术类上诉机制”以及“二合一”或“三合一”的格局初步形成，归结为一点即知识产权案件的集中管辖。此次改革“是在我国社会主义市场经济体制确立后国内知识产权纠纷增多以及加强知识产权国际保护的背景下进行的”，“知识产权纠纷的技术性以及对专业人才的需求、统一审判标准、人案矛盾突出、协调解决权利无效的程序衔接、加强知识产权保护与促进科技创新等”① 是重要原因，但根本上在于立足于司法体制改革的重大契机，进一步理顺知识产权司法保护的体制机制，加强知识产权司法保护力度和促进法律统一适用。

根据上述改革背景以及最高人民法院的精神，2016 年 3 月 15 日京津冀三地高院院长座谈会《会议纪要》讨论了探索研究由跨区划法院集中管辖部分案件的可行性，“三地法院一致认为，跨区划法院集中管理部分案件，涉及法律确定的管辖原则调整，可对此进一步加强调研论证，及时向最高人民法院提出相关建议，按照最高人民法院的部署和要求稳步推进”。2016 年 5 月 31 日，第一次京津冀法院联席会议上，

---

① 梁平：《司法改革语境下知识产权法院的设立与运行机制研究》，载《知识产权》2019 年第 2 期。

周强院长明确提出“探索建立跨区划知识产权案件集中在北京、涉外海事商事案件集中在天津、跨区划资源案件集中在河北管辖的制度，促进司法统一，破解地区经济社会发展壁垒”。[①] 2016年7月7日召开的全国法院知识产权审判工作座谈会暨全国法院知识产权审判“三合一”推进会上，最高人民法院陶凯元副院长进一步提出：“要在京津冀率先推进知识产权法院案件审判体制改革，尽快研究落实北京知识产权法院跨区域集中管辖京津冀技术类案件试点工作，切实发挥知识产权专门化审判在推动京津冀创新驱动发展方面的作用”。[②]

2007年9月5日，《最高人民法院关于同意指定天津经济技术开发区人民法院审理部分知识产权民事纠纷案件的批复》，同意指定该法院集中受理若干个辖区的部分一审知识产权民事案件，随着滨海新区法院以及自贸区派出法庭的成立，天津知识产权案件的管辖进一步调整。自北京知识产权法院设立以来，2015年12月16日，北京高院印发了《关于北京市基层人民法院知识产权民事案件管辖调整的规定》，除朝阳、海淀法院管辖范围不做调整外，确定由东城、西城、丰台、石景山四地法院分别管辖本辖区并跨区域集中管辖若干个法院辖区的一审知识产权民事案件，调整后的二审仍由北京知识产权法院管辖。2018年3月1日，天津市第三中级人民法院以及内设的天津知识产权法庭正式成立，天津知识产权法庭集中受理有关专利、植物新品种、集成电路布图设计、技术秘密、计算机软件、涉及驰名商标认定及垄断纠纷的第一审知识产权民事和刑事案件以及天津三中院辖区内的商标、著作权、不正当竞争、技术合同纠纷的第一审知识产权民事、行政和刑事案件（属滨海法院管辖的除外），并管辖滨海法院一审知识产权案件的二审，由此形成了天津三中院的知识产权法庭集中受理全市范围

① 崔静思：《京津冀将探索跨区划知识产权案件集中管辖》，载《中国知识产权报》2016年6月12日，第1版。

② 咸胜强、原晓爽：《京津冀协同发展背景下知识产权案件跨区域管辖与审理制度研究》，载《法律适用》2017年第5期。

内技术性较强的一审案件并由天津一中院、二中院、三中院、和平区法院、滨海法院及自贸区法庭分别集中管辖其他知识产权案件的格局。河北省除了达到一定标的额的案件由省高院管辖以及石家庄中院集中管辖部分案件外，其他案件均由中级法院按辖区管辖，省高院成立了专门的知识产权审判庭（对内称为民三庭），2017 年 9 月 27 日石家庄中院在高新区法院成立知识产权巡回法庭。

从京津冀三地知识产权案件管辖法院的设立来看，各省（市）内集中管辖的格局基本形成，但与北京法院集中管辖京津冀知识产权案件的构想尚存在很大差距，主要源于知识产权案件类型的多样性和复杂性（比如初步分为技术类案件和非技术类案件两大类），彻底的集中管辖存在很多现实障碍。但一方面，由于北京的特殊区位以及最早尝试设立知识产权法庭，其具有更为突出的知识产权专业审判优势，目前审判机构以及审判力量方面比天津、河北两地更强；另一方面，北京的知识产权案件远远高于津冀两地，在较长时间内这种局面不会发生根本改变，以 2018 年为例，北京法院审结知识产权案件 53753 件（其中专利 1314 件，商标权 14061 件，著作权 38378 件），天津法院共新收各类知识产权案件 4952 件，审结 4410 件（含旧存）[①]，河北法院审结 2608 件，由北京法院集中管辖更有利于审判资源的优化配置。随着京津冀协同发展战略的深入推进，创新驱动的劲头更足，知识产权案件数量将持续上升，特别是雄安新区建设中高新技术的研发和应用，将成为京津冀区域科技创新的又一新生“高地”，进一步研究和落实知识产权案件跨区划集中管辖势在必行。其实，即便是设立知识产权法院进行集中管辖（也可称为专门管辖），与诸如军事法院等专门法院的“专门管辖”存在本质区别，因为后者的管理归于其所在的系统，而诸如北京、上海、广州知识产权法院均属于以最高人民法

① 见《天津法院知识产权司法保护状况（2018 年）》白皮书。

院为顶端的四级法院体系内，只是在该体系内对案件管辖范围的调整。因此，在全国各地纷纷开展知识产权案件集中管辖的背景下，对京津冀案件实行集中管辖，制度或理论上或许不存在太大障碍，关键在于三地能否协商形成一个兼顾三地利益的稳妥方案，本质上则属于技术层面的问题。

三、京津冀环境资源案件集中管辖

环境资源保护是京津冀协同发展的基础性工作，也是三地协同的重要领域。生态环境具有整体性，比如大气、水等的污染不受行政区划的限制，这是客观现象。环境治理也是如此，如果按照行政区划属地管理，必然会出现人为分割的分段治理，造成区域之间的治理和保护力度不一。但另一方面，环境资源保护工作又只能落实到具体区域，无论是从优化保护成本还是现实可行性来看，自上而下逐级分解的条状治理与区域块状治理相结合是比较妥当的方式，不可能因生态环境的整体性而建立统一的生态保护机构，即便全国层面建立，也需要进一步地细化区域，实行分区治理，又与整体性保护相矛盾。因此，实行环境资源案件集中管辖的根本原因在于生态环境保护的整体性①。

就现实情况来看，至少存在三个主要原因：一是破除地方保护主义。与其他类型案件相比，环境资源案件的地方保护主义更为突出，肇因于生态保护与经济发展、民生等存在着某种程度的紧张关系，如果实行最严格的环境生态保护措施，切断一切污染源，则可能会影响

① 代表性作品诸如李雷、李庆保、张勇：《京津冀协同环境司法中的集中管辖问题研究》，载《河北法学》2017年第11期；任洪涛、余德厚：《论跨行政区域环境资源案件的司法管辖制度》，载《甘肃政法学院学报》2017年第4期；余德厚：《跨行政区划环境资源案件的司法管辖制度研究》，载《法学杂志》2017年第2期；徐胜萍、曾佳：《论环境资源案件跨区域集中管辖制度的完善》，载《华东师范大学学报（哲学社会科学版）》2017年第1期；等等。

到经济发展乃至断了一些民众的“饭碗”。这种矛盾，在一些区域属于“阵痛”，积极采取措施引导相关产业转型可以解决，而在一些区域，因受制于自然条件限制，可能无法改变，除非该区域的企业、居民整体搬迁。在协调这种紧张关系的过程中，一些地区对生态环境保护的执行力度失之过宽，由此造成的污染则会跨区波及邻近地区。二是审判专业化的需要。环境资源案件亦属于专业性较强的纠纷，司法审判需要更为专业的知识。以大气污染民事案件为例，既要确定明确的污染源、损害结果，更要确定损害事实与损害结果之间的因果关系，不具备专业知识、不具备技术手段是无法准确界定的，而涉及辐射等生态损害案件的难度更大。技术层面的问题可交由相关部门或技术专家来协助认定，但法官作为庭审的主导者，是案件事实和法律适用的认定者，需要运用专业知识和丰富经验驾驭庭审，通过双方当事人的举证和辩论以及专家辅助形成准确的判断，而不能被当事人或技术人员“牵着鼻子走”，这对审判人员的能力和素质提出了更高要求。三是法律统一适用的需要。除了地方保护的因素外，不同区域法官审理案件时难免存在理解和认知的差异，比如某区域的环境污染程度相对较轻，法官可能倾向于在自由裁量权内轻判，反之则倾向于严惩和重判。基于上述原因，实行环境资源案件集中管辖得以理论证成。京津冀同属华北平原，主要由滦河水系和海河水系组成，生态环境自成一片，对环境资源案件实行集中管辖具有客观必要性。

环境资源案件集中管辖的地方探索已有多年。比如，贵州省 2007 年设立贵阳、清镇两个环保法庭，2014 年贵州高院印发《关于环境保护案件指定集中管辖的规定（试行）》，由 1 个省法院、4 个中院、5 个基层法院设立生态环境保护审判庭，跨区划管辖民事和行政案件，形成了“145”环境审判格局。2016 年 8 月，上海市公、检、法、司四家单位签署《关于对本市破坏环境资源保护刑事案件调整管辖的规定》，将全市破坏环境资源保护刑事案件由上海铁路运输检察院集中管辖。

2017年9月，甘肃高院印发了《环境资源案件跨区域集中管辖实施意见（试行）》《全省林区法院案件管辖实施意见（试行）》，对环境资源和涉林案件实行统一集中管辖。此外，诸如福建、江苏、安徽等地设立环境资源审判庭巡回法庭，通过“提级”集中管辖跨区域案件。总体来看，主要是通过设立专门法庭在省内跨区域集中管辖。自2018年1月1日起，经江苏高院批复在灌南县法院设立连云港灌河流域环境资源审判巡回法庭，对江苏海域环境资源案件及灌河流域环境资源案件进行集中管辖，上诉案件由连云港中院管辖，“初步探索出以灌河流域为核心、以‘陆海统筹、区域联动’的河海生态功能区为司法管辖范围的集中管辖机制，将为以流域等生态系统或生态功能区为单位的跨行政区划环境司法模式积累经验”。①

京津冀三地法院也积极探索环境资源案件集中管辖机制。2015年3月4日，河北省编办批复同意省高院成立环境保护审判庭，实行“三审合一”。2016年4月28日，河北高院印发的《关于进一步加强环境资源审判工作的指导意见》提出：“本着确有需要、因地制宜、分步推进的原则，建立环境资源专门审判机构”，“积极探索实行环境资源案件集中专业化审判”“环境资源刑事、民事、行政案件由环境资源专门审判机构归口审理”“探索建立环境资源案件的管辖与行政区划适当分离的新机制”“各市中级人民法院可以在本辖区内选定环境资源案件数量多、审判力量强的2－5个基层人民法院，设立环境保护审判庭或环境保护合议庭，集中审理辖区内应由基层人民法院管辖的第一审环境资源案件”。“截止到2018年底，河北全省法院已设立环境资源审判专门机构40个，跨行政区划集中管辖的机构9个，共有专门审判人员345余人。在已经设立专门审判机构的法院中，积极大力推广‘三审合一’或‘二合一’集中审判模式，将涉及环境保护的刑事、民事、行

① 李耀华、惠康拯、项辉：《连云港灌河流域环境资源审判巡回法庭设立》，http://www.lyg01.net/news/lygxw/2018/0109/99804.shtml，最后访问时间2019年8月10日。

政案件统一归口审理。”[①] 北京市高院发布的、2018 年 2 月 7 日起施行的《关于北京市第四中级人民法院案件管辖的规定》（2018 年修订），由北京四中院管辖“跨地区的重大环境资源保护第一审案件”以及“天津铁路运输法院审理的环境保护行政案件上诉案件”，突破了省级区划。天津高院于 2015 年 9 月 30 日发布的《关于指定部分行政案件施行跨行政区域管辖的公告》，规定环境保护行政案件由天津铁路运输法院管辖。

为进一步推动京津冀环境资源司法的跨区域协作，2016 年 9 月 22 日召开的京津冀法院环境资源审判工作联席会议上，三地高院签署了《北京、天津、河北法院环境资源审判协作框架协议》，最高人民法院江必新副院长强调“要认真执行协作框架协议中的协作事项，加快建设专门审判机构，统一案件受理范围，实施案件归口审理，探索跨行政区划集中管辖，加强立案审判执行协作”。[②] 2017 年 8 月 7 日，京津冀法院首次召开环境资源审判协作会，总结了已成立京津冀环境资源审判协作工作领导小组、举办京津冀环境资源保护审判培训班、环保专门审判庭和审判队伍建设、环境司法执法协调联动、张家口市法院开展环境保护刑事案件集中管辖试点等进展，讨论了《京津冀法院环境资源审判服务保障北京冬奥会筹建相关问题的纪要》和《京津冀法院环境资源审判服务保障雄安新区生态文明建设的实施意见》。[③] 2019 年 6 月 5 日召开的第三届京津冀司法论坛上，三地法院对跨区域集中管辖环境资源案件纷纷建言。比如，借鉴北京跨行政区划法院管辖天津铁路运输法院环境保护行政上诉案件的经验，“需要结合司法体制改

---

① 黄歆尧：《河北加强环境保护审判 2018 年审结环境资源案 12280 件》，http：//www. chinanews. com/sh/2019/05 －31/8852720. shtml，最后访问时间 2019 年 8 月 10 日。

② 吴艳霞、叶阳：《完善环境资源司法协作机制依法服务保障京津冀协同发展》，载《人民法院报》2016 年 9 月 23 日，第 1 版。

③ 参见蔡洪坡：《京津冀法院首次召开环境资源审判协作会》，http：//yzdsb. hebnews. cn/pc/paper/c/201708/05/c11967. html，最后访问时间 2019 年 12 月 6 日。

革和国家治理体系的发展阶段，当前可以赋予某些法院以集中管辖环保类案件的职权。在京津冀地区按照司法保护板块，选择特殊的基层法院，集中审理普通环境资源一审案件”等。①

由此可见，京津冀环境资源案件集中管辖的实践推进主要集中在省（市）内，跨区划集中管辖进展缓慢，根本原因在于涉及体制性改革，面临着法律障碍以及操作层面的难题，比如法律依据、体制对接、程序衔接、诉讼成本、法院建设、经费保障等。探索河北法院集中审理京津冀环境资源案件的设想，更多的是基于现实形势的考量，包括河北环境保护形势严峻、环境资源案件数量大以及对于知识产权、海事商事、环境资源案件集中管辖在北京、天津、河北的分工等，但河北集中管辖也存在着专业化审判团队力量不足、审判结果可能不被京冀认可等问题。从环境保护整体性角度考虑，以流域为单位实行集中管辖或许是较为理想的选择。比如2016年海南省探索以主要河流流域环境资源案件跨区域集中管辖和自然保护区环境资源案件专门管辖，②2018年郑州中院将辖区内沿黄河流域的一审行政公益诉讼案件统一由二七区、新密、中牟三个基层法院管辖，四川省对长江上游生态环境案件试点跨区域管辖，参照这些实践经验，“在授权省内高级人民法院对辖区内生态环境保护案件调整并实施集中管辖的同时，设立以流域为基础的专门性流域法院是集中管辖跨京津冀省级行政区划生态环境保护案件的应然选择”。③

---

① 参见冼小堤：《前方高能！三地法官齐聚这场司法论坛，话题聚焦京津冀、雄安新区》，http://www.sohu.com/a/318975286_100024666，最后访问时间2019年8月10日。

② 参见付美斌：《海南法院试行环境资源案件跨区域集中管辖》，http://www.cankaoxiaoxi.com/china/20160927/1320979.shtml，最后访问时间2019年8月10日。

③ 李雷、李庆保、张勇：《京津冀协同环境司法中的集中管辖问题研究》，载《河北法学》2017年第11期。

四、京津冀海事海商案件集中管辖

自1984年海事法院设立以来，我国已设立了北海、大连、广州、海口、宁波、青岛、上海、天津、武汉、厦门等十个海事法院，作为专门法院管辖海事海商案件。海事法院作为专门法院被《人民法院组织法》所确认。但对于海事法院的管辖范围，涉及的法律以及司法解释等规范较多，且随时代变化而不断调整。据不完全统计，除了《民事诉讼法》《行政诉讼法》《海事诉讼特别程序法》外，近年来最高人民法院先后印发了《关于审理海上货运代理纠纷案件若干问题的规定》（法释〔2012〕3号）、《关于扣押与拍卖船舶适用法律若干问题的规定》（法释〔2015〕6号）、《关于海事诉讼管辖问题的规定》（法释〔2016〕2号）、《关于海事法院受理案件范围的规定》（法释〔2016〕4号）、《关于审理发生在我国管辖海域相关案件若干问题的规定（一）》（法释〔2016〕16号）、《关于审理发生在我国管辖海域相关案件若干问题的规定（二）》（法释〔2016〕17号）、《关于审理海洋自然资源与生态环境损害赔偿纠纷案件若干问题的规定》（法释〔2017〕23号）等，对海事海商案件以及管辖作了规定。其中，最高人民法院《关于海事法院受理案件范围的规定》详细地规定了海事侵权纠纷案件、海商合同纠纷案件、海洋及通海可航水域开发利用与环境保护相关纠纷案件、其他海事海商纠纷案件等四类民商事案件共78个案由，以及海事行政案件共7个案由、海事特别程序案件共23个案由。就案件性质而言，海事海商案件包括民商事、行政以及刑事案件，其中民商事案件的数量最大，自从海事法院设立以来，尽管案件类型和案由有所调整，但主要由其专属管辖；海事行政案件经历了“授予—收回—授予—收回—指定管辖—授予”的反复，目前又回归到由海事法院专门管辖；而海事刑事案件仍由普通法院管辖，法律层面未做修改，但宁波海事法院根据浙江高院《指定管辖决定书》(〔2017〕浙刑辖29号),2017年6月5日受理了某外国人涉嫌交通肇事案,在国内首次取得了刑事管辖权。

因此,海事海商案件的类型更为复杂,理论层面的探讨相对较少,而实践层面不停地进行改革和试点,但仍面临着很多理论、法律和实践的障碍。其一,对于海事海商案件的理论界定仍不明晰,比如何为海事民事案件、海事商事案件、海事行政案件、海事刑事案件,没有确立一个明确的标准,人们的认识存在差异,最高人民法院司法解释采取"列举+兜底"的方式,对海事民商事、行政案件案由的确定,随着实践变化而改变,哪些属于海事海商案件、哪些属于普通法院管辖的案件,没有明确的标准,至于海事法院究竟该管辖哪些类型的案件更是不清晰,导致案件在海事法院专门管辖与普通法院管辖之间游离不定。其二,对于专门法院与普通法院的管辖调整应当具有明确的基本法依据,但由于《民事诉讼法》《行政诉讼法》《刑事诉讼法》以及《海事诉讼特别程序法》等均未对海事海商案件的管辖作出具体规定,海事法院管辖的案件类型、案由等主要由最高人民法院通过司法解释进行确定,一方面反复性相对较高,需要当事人不停地适应管辖调整的变化,另一方面也存在违背基本法之嫌,受到质疑。其三,海事海商案件具有区别于其他专业性较强案件的两大特点:一是与海事行政管理存在密切联系,海事行政管理部门归属于各地,且由于涉及部门较多,每个部门在其职能范围内分块管理,无论是民商事、行政还是刑事案件,都可能不同程度地与海事行政管理部门的管理和认定存在关联,需要当地的配合;二是涉外性高,港口是各国船舶海上运输的停靠点,无论是纠纷主体还是涉及的法律关系等极其复杂,处理难度非常大。上述这些问题尚需要进一步研究。

就京津冀而言,按照最高人民法院有关司法解释以及国内十个海事法院的普遍做法,该区域的海事海商案件统一由天津海事法院专门管辖。除了法院本部外，设立秦皇岛审判庭（辖秦皇岛港）、曹妃甸审判庭（辖曹妃甸港和京唐港）和巡回审判庭（负责包括内陆无水港在内的巡回审判点），这三个派出法庭受理的沿海水路货物运输、船舶物料供应合同、海洋开发利用、港口疏浚、海上养殖损害等案件类型明显增多，此外受理海上货物运输、货运代理合同等案件，这既与各个港口的职能定位有关，也是京津冀协同发展带来港口更加活跃的必然结果。

根据最高人民法院《关于为京津冀协同发展提供司法服务和保障的意见》第16条："积极探索知识产权案件、海事海商案件、生态环境保护案件集中管辖或专门管辖制度。"显然是将集中管辖与专门管辖区别对待，前者仅指普通法院的集中管辖，后者则是指专门法院的专门管辖。至于海事海商案件究竟按照哪种管辖思路进行改革未予明确，京津冀三地有关法院出台的文件或签署的协议也未对上述三类案件实行集中管辖还是专门管辖进行对应，而2016年5月31日第一次京津冀法院联席会议上讨论的结果是"涉外海事商事案件集中在天津"，显然不包括刑事案件。从案件的专业性、涉外性以及对审判力量的专业化要求、打破行政区划壁垒等角度来讲，探索海事商事案件由天津还是法院专门管辖（亦即集中管辖），应当立足于全面推进司法体制改革和京津冀协同发展的高度去考虑：一方面，尽管诸如海事刑事案件从法律或制度层面尚未归入海事法院管辖，而行政案件则分别对待：天津海事法院管辖天津市辖区内行政案件，北京、河北的普通法院分别管辖各自辖区的行政案件，但存在的现实问题已是显而易见，亟需以实践试点为基础推进深层次改革，借助京津冀协同发展的契机对此进行试点并推动海事法院管辖的体制性改革，不失为一种有效的探索，因此，可将京津冀海事海商案件集中管辖作为该项改革的"试验田"和"破冰之举"。另一方面，应当深刻理解天津海事法院集中管辖京津冀海事海商案件对于京津冀协同发展和海洋强国战略实施的重要意义。

最高人民法院《关于为京津冀协同发展提供司法服务和保障的意见》第10条明确提出“充分发挥天津海事法院专业性及跨区域管辖的独特优势，通过依法履行审判职责，促进京津冀地区对外开放、自贸区建设，推动海运、物流、仓储等行业发展，保护海洋生态环境，保障互利共赢开放战略和海洋强国战略实施，切实维护国家主权、安全和发展利益”，天津海事法院集中管辖，有利于立足于京津冀流域的全局，更好地实现服务保障国家战略的实施。

具体而言，天津海事法院在按照最高人民法院《关于海事法院受理案件范围的规定》依法受理海事民事商事和行政案件的基础上，需要从以下三个层面进一步推进集中管辖制度建设：一是进一步研究海事民商事、行政、刑事案件的标准，对京津冀区域的案件进一步细分，确定天津海事法院与京津冀三地各级法院的管辖范围，经试点可在其他海事法院推广，条件成熟时，可通过修改《海事诉讼特别程序法》予以确定，做到海事法院管辖于法有据。二是逐步改革海事行政案件由天津海事法院与京冀普通法院并存管辖的局面，统一由天津海事法院专门管辖。三是近年来理论层面对海事刑事案件由海事法院专门管辖的讨论渐多，实务部门也有此呼声，宁波海事法院已有先例，可以天津海事法院的辖区为试点，对海事法院对刑事案件所管辖海域进行确定的基础上，划定海事法院对海事刑事案件的管辖范围。

五、京津冀金融案件集中管辖探索

防范化解金融风险是打好“三大攻坚战”的重要任务之一，是“首要战役”。习近平总书记在2019年2月22日中央政治局第十三次集体学习时强调：“金融是国家重要的核心竞争力，金融安全是国家安全的重要组成部分，金融制度是经济社会发展中重要的基础性制度”，“主题聚焦金融领域两件大事：完善金融服务、防范金融风险。”2017

年8月4日，最高人民法院印发了《关于进一步加强金融审判工作的若干意见》，指出“牢牢坚持党对金融工作的统一领导，紧紧围绕服务实体经济、防控金融风险、深化金融改革三项任务，积极稳妥开展金融审判工作，切实维护国家金融安全，促进经济和金融良性循环、健康发展”，并提出“根据金融机构分布和金融案件数量情况，在金融案件相对集中的地区选择部分法院设立金融审判庭，探索实行金融案件的集中管辖。在其他金融案件较多的中级人民法院，可以根据案件情况设立专业化的金融审判庭或者金融审判合议庭。”

作为改革的“排头兵”，深圳中院早在2008年对商事审判庭进行分工，建立了人员相对固定的两个合议庭，分别审理保险合同纠纷和证券、期货、信托、票据纠纷，2015年出台了《深圳市中级人民法院关于审理场外股票融资合同纠纷案件的裁判指引》，2016年已基本确定“将深圳市辖区范围内应由基层人民法院管辖的、一方当事人为金融机构的第一审金融借款合同纠纷案件指定由前海法院管辖”[①] 的方案，2017年4月组建了“执转破”合议庭，深圳前海法院出台了《关于审理前海自贸区融资租赁合同纠纷案件的裁判指引》《关于审理前海自贸区保理合同纠纷案件的裁判指引》，2017年12月26日深圳金融法庭正式揭牌，管辖“深圳市辖区内除基层法院管辖范围之外的第一审民商事金融案件、不服基层法院审理的第一审民商事金融案件的上诉案件，具体包括：金融借款合同纠纷、储蓄存款合同纠纷、财产保险合同纠纷、委托理财合同纠纷、融资租赁合同纠纷、银行卡纠纷、证券纠纷、票据纠纷、期货交易纠纷、信托纠纷、典当纠纷、保理纠纷等民商事金融案件”。[②] 有关数据显示：2016年，深圳的法院“审结一审金融纠

---

① 李舒瑜：《前海法院或集中管辖部分金融纠纷案》，载《深圳特区报》2016年9月2日第A05版。

② 陈文：《深圳知识产权法庭和深圳金融法庭成立》，http：//www. chinanews. com/cj/2017/12-26/8409620. shtml，最后访问时间2019年8月10日。

纷案件12607件，是2015年的2倍”,[①] 截至2017年11月底，“共受理一审金融纠纷案件23639件，是去年同期的两倍”,[②] 由此充分表明：深圳金融法庭的成立，是集中力量依法化解金融纠纷和维护金融秩序稳定的现实需求。

司法实践的现实需要，必然催生体制机制性改革，对包括金融纠纷在内的专业性较强的案件实行集中管辖，不仅仅在于该类案件的专业性特征，同时必须具备数量大、案件复杂等特征，相应地，在集中管辖基础上的专业审判也多发生在这些地区，而案件数量相对很少的地区，对于集中管辖的需求则不是那么迫切，或者实行集中管辖主要是为了合并案源。上海作为全国金融中心，根据2018年4月27日《全国人民代表大会常务委员会关于设立上海金融法院的决定》，同年8月20日正式挂牌设立的上海金融法院正是如此。网络文章《为什么要在上海成立首家金融法院?》[③] 进行了比较细致的分析，但基本结论大体相同。2018年8月20日最高人民法院印发的《关于上海金融法院案件管辖的规定》，规定了其管辖一审金融民商事和行政案件的范围，上诉案件由上海高院管辖。此外，南昌中院2018年9月28日发布《关于实行集中管辖金融案件的公告》，成立第二、第二金融法庭，跨区域集中管辖金融案件。2019年6月20日最高人民法院印发的《关于为设立科创板并试点注册制改革提供司法保障的若干意见》，再次提出由金融法庭或金融审判合议庭集中管辖证券侵权案件，诸如上海金融法院在现有管辖的基础上可能跨区域集中管辖涉科创板相关金融案件。

《规划纲要》对北京、天津、河北进行了明确定位，其中，“科技

① 解树森：《深圳知识产权法庭和深圳金融法庭同时揭牌》，载《深圳特区报》2017年12月27日，第A04版。

② 周科：《深圳知识产权法庭和深圳金融法庭揭牌》，http：//www. gov. cn/xinwen/2017－12/26/content_ 5250553. htm，最后访问时间2019年8月10日。

③ 钛媒体：《为什么要在上海成立首家金融法院?》，http：//www. sohu. com/a/227119292_116132，最后访问时间2019年12月4日。

创新中心”是对北京的定位之一，也是金融决策和信息中心，而天津是金融创新运营示范区和改革开放先行区，河北雄安新区将成为重要的金融创新区，京津冀地区金融业将会出现更加蓬勃的势头，对司法的依赖性以及服务保障需求愈加强烈。比如，天津高院出台的《关于落实“三个着力”重要要求 为天津“一基地三区”建设提供司法保障的具体意见》《天津市高级人民法院关于为供给侧结构性改革提供司法服务和保障的意见》等，围绕金融创新运营示范区建设等对金融司法作了规定。数据显示，北京法院 2013 – 2017 年“审结借款、银行卡、证券、保险等金融案件 295179 件，在西城法院等 4 家法院成立金融审判庭”,[①] 2018 年“审结金融借款、民间借贷、信用卡、证券、保险等案件 121052 件”;[②] 天津法院 2018 年“审结金融借款、民间借贷、融资租赁、商业保理等案件 28958 件”;[③] 河北法院 2013 – 2017 年“妥善审理非法集资等涉众型金融犯罪 2659 件 5856 人，审结股权、证券、期货、票据、保险等纠纷案件 7.64 万件，审结民间借贷、金融借款、融资租赁等案件 29.95 万件，涉案标的额 2457.55 亿元”,[④] 2018 年“稳妥审结涉及民间借贷、金融借款、证券期货等案件 10.55 万件，惩治非法集资、‘校园贷’、‘套路贷’等危害金融安全犯罪 1297 件”,[⑤] 充分证明了实行集中管辖的现实必要性。目前，上海、深圳等已有比较

① 参见北京市高级人民法院院长杨万明 2018 年 1 月 28 日在北京市第十五届人民代表大会第一次会议上作的《北京高级人民法院工作报告》，http://www.bjcourt.gov.cn/article/newsDetail.htm? NId = 100002867&channel = 100001012，最后访问时间 2020 年 1 月 9 日。

② 参见北京市高级人民法院代理院长寇昉 2019 年 1 月 18 日在北京市第十五届人民代表大会第二次会议上作的《北京市高级人民法院工作报告》，http://www.bjrd.gov.cn/zdgz/zyfb/bg/201902/t20190211_191070.html，最后访问时间 2020 年 1 月 9 日。

③ 参见天津市高级人民法院代理院长李静 2019 年 1 月 18 日在天津市第十七届人民代表大会第二次会议上作的《天津市高级人民法院工作报告》，http://www.tjrd.gov.cn/tjsrmdbdh/system/2019/01/19/030011716.shtml，最后访问时间 2020 年 1 月 9 日。

④ 参见卫彦明：《河北省高级人民法院工作报告——2018 年 1 月 27 日在河北省第十三届人民代表大会第一次会议上》，载《河北日报》2018 年 3 月 3 日，第 6 版。

⑤ 参见河北省高级人民法院院长卫彦明 2019 年 1 月 15 日在河北省第十三届人民代表大会第二次会议上作的《河北省高级人民法院工作报告》，http://www.hbrd.gov.cn/system/2019/02/02/019430974.shtml，最后访问时间 2020 年 1 月 9 日。

成熟的经验可资借鉴，探索京津冀金融案件集中管辖，其基本路径或许不外乎“两步走”：一是在省内指定若干个法院设立金融法庭或金融审判合议庭，集中管辖若干个区域的案件；二是选择条件成熟的地区设立金融法院或指定法院跨省级区划集中管辖京津冀金融案件。这既取决于维护金融秩序的司法需求以及司法对金融案件应对能力的对比，也有赖于推进改革的时机是否完全成熟以及改革魄力。

六、结语

特定类型案件集中管辖具有相当的复杂性。理论层面，因管辖制度与法院审判权、当事人诉权等密切相关，是诉讼制度的重要组成部分，需要将之置入诉讼法学体系中予以考察；法律层面，宪法、法院组织法以及三大诉讼法是管辖制度的基本法，此外还包括最高人民法院的司法解释以及各高级法院对辖区内管辖的具体规定等，按照“试点＋推广”的改革思路，集中管辖的一些实践做法可能突破基本法，应引起重视；实践层面，全面深化司法体制改革与京津冀协同发展战略、乡村振兴战略等的密切结合，需要从重点领域展开先行先试的改革试点，而特定类型案件的现有数量以及发展趋势、司法应对能力、抗地方干扰能力等决定着是否有必要实行集中管辖，至于如何集中管辖，对于知识产权、环境资源、海事商事、金融等案件需要因地制宜地探索，目前国内其他法院的创新做法，为京津冀实行集中管辖提供了比较丰富的经验，期待管辖制度改革在京津冀协同发展中不断得到落实。但另一方面，需要指出的是，实行集中管辖（或专门管辖）应综合上述因素充分论证，切忌为了改革而改革，避免目不暇接的改革与预期目标相差太远。当然，对于京津冀而言，目前需要对已经明确提出的集中管辖思路逐一地推进，通过集中管辖集聚专业审判优势、消解分散审判的劣势，为相应领域的产业发展提供司法动能。

第三节 京津冀跨域立案机制

网络技术的广泛普及为跨域立案带来了新的机遇，各地法院已研发了网上立案系统，在跨域立案方面取得了较大进展。但人们对“跨域立案”与“网上立案”的概念不甚清晰，往往混同使用，二者既存在联系也具有实质性区别，此外在立案程序方面也具有某些差异，需要从理论层面予以梳理和明晰。京津冀三地法院各自研发网上立案系统进行跨域立案，具有鲜明的地域特色，在京津冀协同发展背景下，应当打破行政壁垒，建立一体化的立案系统。2018 年 8 月，京津冀三地高院院长共同宣布已率先实现了京津冀跨域立案的全覆盖，可为 2020 年底全国法院跨域立案全覆盖提供实践样本，鉴于此，针对目前存在的突出问题，仍需进一步加强沟通协调和研究，从理论、程序、实践等层面予以改进。

一、跨域立案相关问题解析

跨域立案即跨管辖权区域的就近立案，通常理解是因交通不便等原因，当事人可在就近的法院（或法庭）提出立案申请，由该法院审查并接收诉讼材料，然后转交给初步认为有管辖权的法院并按照诉讼法的规定决定是否受理，本质上属于立案层面的跨区域协作。就近接收诉讼材料的法院称为“协作法院”或“收件法院”（下文统一称为“协作法院”）；初步认为有管辖权的法院则是“受诉法院”，因为该法院究竟是否具有管辖权，只是当事人的初步判断，最终需该法院审查后才能确定，而因无管辖权裁定不予受理的情况，无论是跨域立案还是传统的受诉法院立案中都常会发生。跨域立案的“中介”是跨域立案系统（即法院内部的司法协作系统），法院信息化建设的升级使跨域立案成为可能并创造了条件。

在立案环节，与信息化网络有关的另一个概念是“网上立案”，人们普遍将之等同于“跨域立案”，甚至新闻报道等亦是如此。尽管二者存在着形式层面的高度相似性，即均是通过网络的传输，使当事人无须到受诉法院进行现场立案，而且申请网上立案的一些当事人可能距离受诉法院更为遥远，甚至如果建成在全球范围内可登录的网络系统，当事人在国外申请立案也并非不可能。但从严格意义上，“跨域立案”与“网上立案”具有实质性差别：前者是当事人申请立案后，由协作法院通过办公系统内网向受诉法院传递诉讼材料，当事人与受诉法院几乎无直接联系，一切事项都是通过协作法院的“中介”作用来完成，直接与当事人接触的协作法院不具有对管辖权的实质性审查和决定权；而后者则是当事人通过公开的诉讼服务系统直接向受诉法院提出立案申请，由其直接接受诉讼材料并对是否具有管辖权作出决定，与传统的现场立案之区别仅在于不是“面对面”。因此，区分“跨域立案”与“网上立案”的根本标准在于：与当事人直接发生联系的法院是否具有立案管辖的审查决定权。如果不具有，则属于跨区域的法院之间的立案协作，即“跨域立案”；如果具有，则是当事人与受诉法院之间的“网上立案”。再则，“网上立案”未必具有跨区域性，在受诉法院对管辖权以及诉讼材料进行审查之前，对于当事人而言具有很大的不确定性，包括受诉法院不具有管辖权、诉讼材料不齐全需要补交等，为避免来回奔波的麻烦，一些当事人可能更倾向于通过“网上立案”由受诉法院先期审查，待确定立案后再现场提交或邮寄诉讼材料。从立案流程来看，除了协作法院的中转环节外，“跨域立案”与“网上立案”具有很大的相似性，本文在严格区分这两个概念的基础上，以“跨域立案”为主要分析对象，同时对“网上立案”所涉及的共性问题予以分析。

便民利民惠民的司法服务原则是“跨域立案”与“网上立案”应当坚持的基本理念。20 世纪中叶以来，西方国家掀起了“接近正义”的司法改革浪潮，一般认为经历了三次渐进式改革，包括“为贫困者提供法律援助”的“第一波”、“扩散利益保护”的“第二波”以及“纠纷解决与诉讼外的替代政策”的“第三波”运动，目的是让更多的人接近司法、利用司法以实现利益保护。我国从诉讼中心主义到多元化纠纷解决机制的构建、从立案审查制到立案登记制，“司法作为社会公平正义最后一道防线”的地位更加凸显和巩固，法院在加强矛盾纠纷多元化解和诉源治理的同时，最高人民法院印发了《关于建设一站式多元解纷机制 一站式诉讼服务中心的意见》，提出“坚持党对人民法院工作的绝对领导，坚持司法为民、公正司法，全面建设集约高效、多元解纷、便民利民、智慧精准、开放互动、交融共享的现代化诉讼服务体系。”因此，始终坚持以民众司法需求为导向，牢固树立司法服务理念和意识，是我国法院践行“以人民为中心”思想和履行“司法为民”宗旨的具体行动，“跨域立案”和“网上立案”就在于“让信息多跑路，让群众少跑腿”，已经远远地走在了西方国家“接近正义运动”的前面，这体现了我国司法理念、体制机制和实践运行等层面的深刻变革和转型。

“跨域立案”和“网上立案”的实现得益于法院信息化建设。现代信息技术的高速发展和普及应用，突破了人际交往的空间限制，远距离的“背对背”即可达到传统“面对面”的效果，而且网络储存也拓展了交流互动的时间界限，使跨区域交流更加自由、更加便捷、更加高效。这既为人们日常工作生活带来了便利，也为包括司法在内的社会治理提供了新的动能，网络成为当事人与法院之间紧密联系的有力纽带。立足于人的生命周期的视野中，拓展生命价值的基本方式有两种：一是延长寿命，但生命周期的有限性无法违背，决定了这种方式的有限性和漫长性；二是提高效率，让生命在时光轴中创造更多的价值，这既取决于个体对生命意义的探寻，也取决于技术革新所拓展的生命空间。现代信息技术的广泛应用，对普通民众的生命意义的影响已是如此之明显和强烈，推动着国家和社会治理的全方位变革，就突破时空限制的司法运行而言，技术层面的障碍已取得了实质性突破，或者说现有技术已能够满足跨区域司法协作的需要，根本的在于人的理念变革，以及支撑通过技术实现司法跨域协作的现实条件是否成熟、是否保障有力。从法院信息化建设历程来看，短短的二十多年，从计算机的普遍应用到法院信息化2.0版的互联互通，目前以智能司法为目标的法院信息化3.0已取得较大进展，“跨域立案”和“网上立案”实际上是法院之间的“互联互通”，技术条件已经成熟，法院信息化建设的红利将惠及更多的当事人。

“跨域立案”和“网上立案”的运行需要以精细的立案流程和优质的司法服务为基础。技术能够极大地解放和推动生产力，但不能解决一切问题。信息技术的应用成为增强司法能力的重要手段，但现代司法的运行并非纯粹的技术设计，而是司法伦理、价值观念、法律程序等的综合，对于“跨域立案”和“网上立案”而言，技术只是手段而非目的，通过网上系统来突破立案的时空限制，需要进行精细的程序设计，包括是否真正地达到便民利民惠民之目的、网络的保密性、诉讼材料在各个环节的顺畅流转、网上程序与传统程序的有效对接等。具体而言，一方面，技术应用具有渐进性，我国幅员辽阔，地域差异较大，跨区域法院之间互联互通的范围扩大是个逐步推进的过程，在省域内或市域内推广的难度相对较小，跨省级行政区划的司法协作则需要进一步沟通协调，而省域内的基层法院以及乡镇法庭的硬件设施、人员能力等是否能够跟得上技术发展步伐，在推广“跨域立案”和“网上立案”时需要充分考虑，特别是在技术治理框架下实行目标管理和考核管理，短期内应当因地制宜，避免“一刀切”。另一方面，无论是“跨域立案”还是“网上立案”，都不是“面对面”地进行材料审核，特别是“网上立案”的材料由当事人自行提交传送，既要按照管辖和立案的有关规定仔细地审核各种材料，确保材料真实且符合立案要求，又要耐心地对当事人做好解释答疑，使当事人充分理解不予立案或补交材料的原因，使该项举措成为便利民众、联结民众与司法的“连心桥”。就此而言，“跨域立案”和“网上立案”的实践运行，是对法官的审查判断能力、程序引导能力、沟通交流能力、答疑解惑能力等的综合考验，需要法官将服务放在第一位，以实际行动来发挥和体现法院信息化建设对民众的优越性与便利性。

二、跨域立案主要程序机制

2019 年 6 月 12 日至 13 日召开的全国高级法院院长座谈会上，最高人民法院周强院长要求：“要加快推进跨域立案诉讼服务改革，以实现跨域立案为突破口，推动跨域诉讼服务全面铺开，推动实现诉讼事项跨区域远程办理、跨层级联动办理，切实解决好异地诉讼不便等问题”，“要将全面推行网上立案作为今年重点工作，以此为基础逐步实现跨域立案服务全覆盖，设立专门服务岗位，最大限度便利群众诉讼”，“2019 年，长三角地区法院要 100% 实现辖区内及跨省级行政区跨域立案；2020 年，全国各地区网上立案开通率要达到 100%，跨域立案法院覆盖率要达到 100%”。[①] 目前，最高人民法院正在全力推进全国法院诉讼服务指导中心信息平台建设，各高院也在加大信息平台对接建设力度，“截至目前（注：2019 年 6 月），全国 84% 的法院开通了网上立案服务，2018 年网上立案超过 240 万件。全国 32% 的法院提

① 张晨：《2020 年全国实现网上立案和跨域立案》，载《法制日报》2019 年 6 月 14 日，第 3 版。

供了省内跨域立案服务，2018 年跨域立案超过 12 万件。”① 因此，“跨域立案”和“网上立案”的技术平台和程序机制已经相当成熟，浙江、江苏、四川等地高院已制定了“跨域立案”“网上立案”的相关规定，比如浙江高院制定的《浙江法院跨域立案规则（试行）》《浙江法院网上立案规则（试行）》，严格地按照法理层面对“跨域立案”和“网上立案”进行界分，具有较强的借鉴价值。

“跨域立案”和“网上立案”主要涉及立案范围、当事人或代理人提交相关材料、材料转接、审查期限、法律文书送达等程序和机制问题。

一是立案范围。涵盖民事、行政、执行案件和刑事自诉案件，这些案件的当事人绝大多数是自然人，立案不受地域和审级限制，在建立跨域立案信息平台的法院或派出法庭，均可申请跨域立案，目前已实施跨域立案的法院限于一审，未将二审和再审纳入。从技术和程序层面来讲，二审的启动与一审相差无异，有必要纳入；而再审是否立案，除了形式审查外，一般可能举行听证，而且当事人可能直接向高级法院提出，从方便当事人的角度来讲，通过信息平台转接诉讼材料，便于减少当事人诉累，但这并非真正的跨域立案，主要起到转接材料的功能。因此，可对跨域立案信息平台进行完善，条件成熟时将二审和再审都纳入。刑事公诉案件以及民事公益诉讼、行政公益诉讼案件，主要涉及有关国家机关之间的材料转接和程序对接，现行的“内网传输 + 直接对接”的运行模式能够满足需求且符合现实情况，是否并入跨域立案信息平台，不具有太大的紧迫性，也非“跨域立案”和“网上立案”机制设计的初衷，可不予考虑。

二是立案材料提交以及协作法院形式审查和转接。无论是“跨域立案”还是“网上立案”，均需要借助网上立案系统，目前尚未公开立

① 张晨：《2020 年全国实现网上立案和跨域立案》，载《法制日报》2019 年 6 月 14 日，第 3 版。

案系统建设的情况。以四川省为例，现已建立了向当事人和律师开放的“四川法院网上诉讼服务中心”和法院内部的“四川法院司法协作系统”，两个系统同时运行。前者即“网上立案”，该系统开通了“当事人通道”和“律师通道”，分别可根据分配或注册的账号登录，设置了“诉讼辅导”（多元化解、诉讼须知、法律法规、案例指引、诉讼300问）、“网上立案”（一审民事、一审执行、我要调解、立案风险告知、电子送达地址确认书）、“诉讼材料收转”（递交材料、文书送达、证据交换、质询意见）、“诉讼事务申请”（申请回避、申请保全、申请鉴定、其他申请）、“执行事务”（申请执行、线索举报、限制高消费、限制出境）、“预约咨询”（预约法官、留言法官、预约阅卷、案件查询、判后答疑）、“司法救助”（诉讼费缓减免、执行救助、刑事被害人救助）、“信访投诉”（申诉信访、我要投诉、意见建议）、“律师通道”（诉讼参与、律师调解、律师信访、法律咨询）、“工具”（网上缴费、诉讼费计算）等基本模块，几乎涵盖了诉讼的所有功能，“网上立案”只是其中的一个模块，与之相关的“诉讼辅导”“诉讼材料收转”等功能齐全，当事人和律师可通过该系统直接向受诉法院申请立案；而后者则是“跨域立案”，一般由协作法院当面对当事人进行诉讼引导、转接材料、解答有关问题等。以跨域立案为例，需要注意的问题包括：其一，对当事人身份和诉讼材料进行形式审查，如果材料不齐、存在违法或不当用语等情形，要求当事人补正并做好解释工作。材料完全符合条件的，将当事人提交以及法院复印或拍照的电子材料，通过立案协作系统发送给受诉法院，并通知受诉法院审查。其二，受诉法院应安排专人尽快审查，一般确定合理的时限（比如浙江高院规定“受诉法院一般应在一小时内作出回复”），以便尽早地将审查结果以及相关法律文书加盖公章后传输到协作法院并转交立案申请人，达到“一趟不用跑”（相对受诉法院）和“最多跑一趟”（相对协作法院）的便民目的。其三，尽管通过网上系统实现了立案材料的数字化，但纸质材料仍是最根本、最具有说服力的，协作法院既要确保纸质材料和电子材料的一致性，也要对需要当事人签收的材料进行完整归档，一并转交受诉法院。

三是受诉法院对电子立案材料进行审查并作出是否立案的决定。受诉法院收到协作法院转接的立案材料后，应当依法进行审查，及时将审查结果发送给协作法院并由后者转告当事人。其一，经当即审查符合立案条件的，将加盖电子印章的《立案受理通知书》《材料收据》《缴纳诉讼费用通知书》《送达回证》等发送协作法院，由其打印并交当事人签收；如不属于法院主管范围等决定不予立案的，由协作法院告知不予收件。其二，经审查材料不完整或不符合条件的，将《材料收据》《补正材料通知书》《送达回证》等通过协作法院由当事人签收并告知予以补正。其三，如无法当即确定是否立案的，应将《材料收据》《送达回证》以及受诉法院联系人等转交当事人，并在法定期限内作出是否受理的决定且送达给当事人。其四，经审查不予立案的，将不予立案或不予受理裁定在法定期限内作出并送达当事人。

四是受诉法院对纸质材料进行审查。对于“跨域立案”，经受诉法院确定立案的，协作法院将纸质材料寄送受诉法院，后者经与电子材料清点核对无误的，通过跨域立案系统予以签收并反馈给协作法院。对于当事人及其代理人通过“网上立案”的，由其直接将材料通过EMS或法院确定的邮寄方式寄送受诉法院，受诉法院签收并清点核对后，将结果告知当事人或代理人。

三、京津冀跨域立案全覆盖

在全国各地加快网上跨域立案建设的背景下，京津冀三地法院也加快立案信息平台的研发和推广应用。比如，北京高院发布了自2016年1月1日起施行的《北京法院网上直接立案工作办法（试行）》，建立了“北京法院审判信息网”，在“诉讼服务”模块下设有网上立案、案件查询、网上阅卷等8个栏目，其中“网上立案”分为四种类型：一是全市法院面向代理律师的“网上直接立案”系统，按照《北京法院网上直接立案工作办法（试行）》进行立案；二是北京知识产权法院开通的“京知在线”，也是仅面向代理律师；三是“网上预约立案系统（表单式填报方式）”，全市法院开通且面向当事人和代理律师，载有《北京法院网上预约立案须知》；四是“网上预约立案系统（引导式填报方式）”，需实名注册登录后方可立案。这四个立案系统的界面上都有“说明”“开通法院”“面向对象”“案件类型”“注意”等5项简要提示，操作时一目了然。天津高院2017年8月14日发布了《天津法院网上立案和跨域立案办法（试行）》，并开通了“天津法院诉讼服务网”，设有网上立案、案件查询、电子送达、网上阅卷、材料递交、联系法官等模块，其中“网上立案”需要自然人或企业（法人或非法人组织）实名注册账号登录后立案。河北高院主办的“河北法院网”设置了“网上诉讼服务大厅”，分为诉讼指南、法律文书下载、司法救助、裁判文书、常用法律法规、网评法院等模块，提供网上诉讼服务的同时，点击“河北法院司法公开平台”进入“司法公开诉讼服务网”，在“司法公开服务平台”栏目设有案件查询、网上立案、机构信息、诉讼指南、案件指导文件、公告送达、旁听申请、电子送达、网上阅卷、网上缴费等，而“网上立案”又内置网上立案、电子文书签收、案件进展查询等三个模块，是借助“诉讼无忧网”的链接实现网上立案，目前除了一个法院外，全省三级法院均已开通该系统。除了京津冀三地高院的网上立案平台外，各地法院也探索网上平台建设，比如天津滨海法院的“网上预约立案”系统发布了《网上预约立案流程示意图》，用“昵称”注册但必须填写实名信息后可进入系统；石家庄中院自2019年1月1日起投入使用的电子诉讼服务平台，具有网上立案、网上缴费、网上送达、网上证据交换与质证、网上开庭等五大功能等。

2019年8月2日，“京津冀跨域立案全覆盖”启动仪式在河北高院举行，三地高院院长共同宣布“京津冀法院率先在全国实现跨域立案全覆盖”，“京津冀法院依托智慧法院建设，打造‘三地一张网、管理一体化、全程无缝对接’的智能立案服务系统”，“北京法院着力打造了集网上预约立案、微信预约立案、微信快速立案为一体的‘立体化线上立案系统’，通过全天候、全方位、零距离的立案服务，努力实现网上预约立案24小时不‘打烊’，让当事人只跑一趟就能立案。”① 由此可见，以网上预约立案系统和跨域协作系统作为支持的“跨域立案”基本格局在京津冀已经形成，所涉及的程序以及机制也已建立。为进一步深化“跨域立案”的便民利民惠民功能，以京津冀跨域立案为契机打造全国跨域立案的“样板”，还需从以下层面进行研究和改进：

一是“跨域立案”系统的统一研发或兼容对接问题。如前所述，京津冀三地分别建立了跨域立案系统，操作模块各不相同，京津冀实现跨域立案全覆盖，不仅是指在任何一地都可以异地立案，而且尽可能地实现立案全过程的“标准化”，也就是“三地一张网、管理一体化、全程无缝对接”，这需要京津冀三地三级法院以及基层法院派出法庭都接入一体化的立案系统。鉴于目前情况，最理想的状态是京津冀三地在吸纳现有技术的基础上进行统一研发，并制作详细的操作说明，无论是当事人自行申请立案还是由协作法院跨域立案，可使用同一系统。在跨域立案初期，由于人们对相关操作不是很熟悉，可能主要是通过就近法院进行“跨域立案”，对于能够按照操作说明的当事人而言，尽可能地足不出户实现网上跨域立案，这应是跨域立案的发展方向。在该系统推广应用的初期，法院应当配备专门人员负责“跨域立案”，并对当事人进行网上立案的操作演练，以此加强宣传，随着民众

---

① 中国法院网：《京津冀法院跨域立案实现全覆盖》，https：//www. chinacourt. org/article/detail/2019/08/id/4240806. shtml，最后访问时间2019年8月10日。

知晓度和操作熟练度的提高，越来越多的当事人能够独立进行网上立案，将会极大地缓解法院立案压力，实现对当事人和法院的双向减压。

二是以当事人为中心提升“跨域立案”的实效。京津冀三地毗邻，地理跨距不是很大，除了一些交通不便的偏远山区外，随着公共交通的快速发展以及民众生活水平提高所带来的私家车占有量上升，空间距离逐渐地不再是跨域立案的主要障碍，但随之相伴的是人们的生活节奏越来越快，时间成本和精力压力成为主要负担，因而，京津冀跨域立案既体现了现代科技在司法中的应用，也是民众之所需。鉴于此，应当始终坚持一个根本标准，就是让跨域立案成为服务民众和提升司法能力的“加分项”，要让民众享受到实实在在的实惠。其一，京津冀一体化的网上立案系统开通后，可设置一个对外开放的“公众评价”模块，建立公众评价机制，由公众对需要改进的功能和模块提出意见建议，同时在协作法院现场立案时，可向立案申请人征求意见，对确需改进的问题，反馈给技术研发部门予以改进。其二，网上立案系统开通后，京津冀三地的中级法院、基层法院以及派出法庭均会成为“协作法院”，特别是基层法院及其派出法庭距离当事人更近，“跨域立案”的工作量将会增加，而各个法院面临的“跨域立案”数量不均衡且相互之间不对等，但每个跨域立案的工作量却不小，这将是实践中不得不面对的问题。一方面，各法院的立案人员需要深刻理解“跨域立案”是“司法便民服务”的重要措施，时刻坚持“服务至上”的理念和意识，保持热情的工作态度和良好的司法作风，让当事人切切实实地体会到温暖和便利。另一方面，建立科学合理的工作量统计和考评机制，将协作法院立案人员负责的“跨域立案”与现场立案至少同等对待。由于该法院除了现场审查诉讼材料外，还需现场扫描和整理电子材料并传输转接，相当于替代受案法院做了大量的基础性工作，京津冀三地高院可协商建立统一的统计考评机制，甚至可加大权重，真实地反映法官负责“跨域立案”的劳动付出，调动工作积极性。其三，为避免因当事人提交的诉讼材料不齐全、不规范等，造成“跨域立案”时当事人、协作法院、受诉法院的不必要的反复和重复工作，京津冀三地高院可联合起草“跨域立案诉讼材料指南”，对各个问题逐一列出详细清单，协作法院在审查材料时，引导立案申请人逐一核对，避免当事人误认为协作法院故意刁难或推诿，也避免因材料问题导致后续重复工作。

三是京津冀跨域立案启动后受诉法院与申请人的对接问题。在“跨域立案”模式中，协作法院是立案申请人与受诉法院之间的“纽带”，申请人第一次立案时，由协作法院审查材料并将电子材料等转交受诉法院，其中包括双方当事人的基本信息（至少含有申请人的联系方式），如果受诉法院无法当即决定是否立案时，与申请人后续的各种联系是否需要经过协作法院的转接？从降低沟通成本的角度来讲，由受诉法院直接向当事人通知有关事项以及进行相关解答更为便捷、更为合适，有关材料可根据情况由协作法院转接或直接向当事人送达。因此，由协作法院参与的“跨域立案”的价值在于申请人第一次立案的跨域启动以及对材料的转接，当立案申请人与受诉法院已建立联系的情况下，双向直接沟通更符合经济和效率原则。从长远来看，正如前文所述，民众已普遍能够熟练使用网上立案系统时，“跨域立案”的功能或将式微，大部分当事人会选择直接从网上申请立案，从“跨域立案”到“网上立案”的演进将成为趋势。

四是“跨域立案”和“网上立案”均面临着需要提前思考的程序性事项。其一，特别是“网上立案”，当事人直接从网上提交电子版诉讼材料，受诉法院审查立案后，如果收到的纸质材料与电子材料不一致导致不符合立案条件，此时该如何处理？由于已经立案，诉讼法上未规定“撤销立案”，除了当事人申请撤诉、按撤诉处理外，法院只能以“不具备法定条件”为由驳回起诉。但开庭前已明知诉讼材料不齐全，若只能经过庭审通过驳回起诉的方式予以纠正，显然是对司法资源的浪费。比较稳妥的方式是将纸质材料与电子材料核对的关口提前，可采取网上预约立案，然后以纸质材料为准审查是否立案，但这又与网上立案的初衷相背离。鉴于此，立案后是否可以补正材料，以及如果经补正仍无法达到立案条件的，如何处理有待从程序上进一步研究。其二，如何防范虚假诉讼、重复立案等，降低网上立案可能面临的道德风险。诸如纸质材料与电子材料不符而导致不符合立案条件，本质上可列入虚假诉讼，对此应建立适当的惩处措施，比如记入诚信档案等，对于特别严重的行为是否可考虑作为妨害诉讼行为予以制裁。有些当事人可能会利用网上立案的机会，分别向不同法院申请重复立案，对此可引入类案检索技术，进行自动识别和拦截。其三，与诉外程序的对接。坚持把非诉讼纠纷解决机制挺在前面，深化诉源治理，是京津冀三地法院化解矛盾纠纷的重要方式，受诉法院通过“跨域立案”接收案件后，需要将立案与诉外调解机制相对接。以河北法院“登”字号改革为例，河北的受诉法院应以“登”字号立案后，及时与当事人联系，引导当事人选择诉外调解程序。当事人不同意调解或调解不成的，转入正式的立案程序，使“跨域立案”与现有程序无缝对接、协调运行。

五是加强对“跨域立案”的监督管理。其一，一些案件可能涉及多个管辖法院，在“跨域立案”的实践运行中可能会出现争抢管辖或推诿管辖的情况，应当充分尊重当事人的选择权，严格按照现行诉讼法的规定确定管辖，“跨域立案”只是方便当事人的一种手段，不能被一些不当行为“钻空子”。其二，加强对“跨域立案”的监督，使协作法院与受诉法院之间顺畅对接，尽可能地减少当事人在协作法院等待的时间，更不能出现以诉讼材料不齐全等理由搪塞推诿，对于出现此类损害民众情感的现象应依法依纪惩处。其三，按照“跨域立案”的实际运行情况，坚持激励与鞭策并重，探索建立科学的考评机制，激发京津冀三地法院深化立案协作的动力。

四、结语

按照最高人民法院的部署，2020 年实现全国跨域立案全覆盖，京津冀法院已率先宣布达此目标，实践运行中面临的问题可能比较艰巨，需要三地法院进一步探索和完善，为全国法院树立“标杆”，某些方面具有通用性的技术、机制和措施，经实践检验具有推广价值的，可直接在其他省份进行推广应用，避免重复建设，以节约司法资源。此外，应当加强对网上立案系统的宣传推广和应用培训，可率先在律师行业等开展，争取尽快地从“跨域立案”向“网上立案”转型，让民众通过电脑、手机等足不出户地进行立案，使民众普遍可利用的现代科技资源转化为司法应用能力。

第四章　京津冀审判协同机制

司法助力京津冀协同发展，关键在于审判环节，特别是通过裁判准确地阐明法律法规的价值以及在案件中具体如何适用，为民众提供稳定的行为预期，以此来预防和化解社会矛盾纠纷，打造京津冀和谐稳定的社会秩序。总体上来讲，审判运行至少依赖于三个层面：一是以司法权力运行为中心，建立科学合理的专业审判庭和审判团队，以及为之提供专业咨询的审判辅助组织和确保审判权力依法运行的审判监督管理机制；二是以便民利民惠民为中心，建立优质高效的诉讼服务体系，创新便捷、高效、权威的司法运行机制；三是以法律统一适用为中心，加强司法裁判依据的统一化和法官自由裁量权的规范化，力争做到“同案同判”。京津冀法院以全面推进司法体制改革为契机，建立了有利于区域司法协同的审判运行模式、审判辅助机制和审判监督管理机制，并以司法信息化和智能化应用为依托，着力打造“一站式”诉讼服务体系，积极探索要素式审判和巡回审判等跨域审理方式，加强区域协同立法，建立法律统一适用的司法研判和类案强制检索机制，力争打造京津冀一体化的审判运行体系，目前在某些方面已取得了一定突破，同时也存在比较突出的问题，尚待进一步研究解决和深入推进。

第一节　京津冀审判运行改革

自十八大以来，司法体制改革取得了实质性进展，以司法责任制为中心，切实落实“让审理者裁判、由裁判者负责”的各项配套改革逐步推进，与之相对应，深化法院内设机构改革、打造专业审判团队运行模式，成为全面深化司法体制配套改革的重要内容。最高人民法院2019年2月27日印发的《最高人民法院关于深化人民法院司法体制综合配套改革的意见——人民法院第五个五年改革纲要（2019—2023)》，进一步提出“健全以司法责任制为核心的审判权力运行体系”和“完善人民法院组织体系和机构职能体系”，要求深化法院内设机构改革，“理顺审判机构、审判组织、审判团队的关系，完善内部组织架构，优化审判资源配置”。此前，法院内设机构改革试点已陆续展开，诸如“河北省泊头市法院效能型管理模式”“深圳市罗湖区法院‘3122’审判集团制模式”“安徽省宁国市法院‘3+1’功能群组管理模式”“江苏省连云港市法院审判管理机构再造模式（利用法院研究室的编制成立审判研究和管理办公室）”“湖北省秭归县法院审判管理机构新建模式（2001年新设审判管理局)”“成都法院法官自治管理机构模式（成立法官委员会）”等实践探索持续推进，对“改革官僚化金字塔式的行政机构，建立有利于审判独立的组织结构，是法院内设机构法治化改革的基本目标”逐步形成共识。2016年8月18日，中央机构编制委员会办公室、最高人民法院印发了《省以下人民法院内设机构改革试点方案》，围绕“以审判工作为中心，建立设置科学合理、职能划分明确、运行高效顺畅，符合审判机关特点和审判权运行规律的内设机构体系”，提出科学设置专业审判机构并实行扁平化运行管理、合理整合非审判业务机构、严格控制机构规模等改革任务，并在基层法院开展先行试点工作；2018 年 5 月 25 日，中央机构编制委员会办公室、最高人民法院又印发了《关于积极推进省以下法院内设机构改革工作的通知》，对内设机构数量、审判业务机构设置和审判团队组建、专业化审判组织建设、非审判业务机构设置、内设机构规范设置、领导职数使用等进行了更详细的规定，要求所有基层法院以及开展内设机构改革的高级、中级法院 2019 年 3 月底前基本完成改革任务。目前，京津冀三地基层法院内设机构改革均已完成。此外，按照审判权力运行规律和扁平化管理机制，探索包括专业法官会议等在内的审判业务咨询讨论和辅助机制，并着力建立院庭长层级签批法律文书取消后的审判监督管理方式，做到“放权”与“监管”协调运行，既“放得开”又能“接得住”“管得好”，确保合议庭与独任庭严格遵守法律规定公正裁判。

一、京津冀专业审判机构

人民法院是国家审判机关，是个组织体，无论规模大小，按照组织运行逻辑和效率原则，需要建立科学合理的机构作为行使相关职责和统合人员的载体，因此，各级法院建立内设的庭（室）是客观需要。在以审判为中心，实行扁平化管理的情况下亦是如此，不能以对“扁平化”的狭隘理解来否定法院内设机构建设的必要性和合理性。对法院所涉及的事项进行分类，大体上可以分为三类：一是行政事务类，比如党建、纪检监察、后勤、财务、安保、法警、内外接待等，与审判执行无直接关联，但属于一个组织运行中必不可少的部分，具有行政管理和服务性质，如果跟不上，则影响到审判执行等业务工作的开展；二是审判执行，这是法院的核心事务，从立案、审判到执行等各个环节都彰显着“司法”的功能，法院的一切工作均围绕服务审判执行而展开；三是审判管理，既包括对审判执行的必要监督，也包括脱离个案而对审判执行中的相关问题进行研究和分析，与“审判执行”具有密切联系，但不直接参与个案的审理和具体执行，与“行政事务类”的差异则更为明显。业务审判庭的设置，某种程度上发挥着审判管理的部分职能。因此，围绕审判执行业务，法院内设机构的改革与设置涉及问题比较复杂，需要从总体上理顺法院内部各类权力与机构设置之间的关系，既要建立与审判执行相适应的专业审判机构，又要建立坚实可靠的服务保障机构。

2018 年 10 月 26 日，第十三届全国人民代表大会常务委员会第六次会议修订的《人民法院组织法》第 27 条①和第 28 条②分别规定了人民法院根据工作需要可设立必要的专业审判庭（综合审判庭、综合业务机构）、审判辅助机构和行政管理机构，与修订前的《人民法院组织法》相比，一方面，取消了诸如刑事审判庭、民事审判庭、行政审判庭等业务审判机构的名称，另一方面对是否设立以及如何设立不再作强制性要求，而是突出“法院根据工作需要”以及“设立必要性原则”，体现了内设机构设立的灵活性，与司法体制改革的总体思路相一致，为探索和深化法院内设机构改革释放了空间。2018 年 6 月 15 日，最高人民法院召开的省以下人民法院内设机构改革工作部署视频会上，周强院长指出：“推进人民法院内设机构改革，是党中央从党和国家机构改革战略全局出发作出的重大决策，是全面推进依法治国、深化司法体制改革的重要部署，是司法责任制改革的重要配套措施，对于推动审判业务骨干回归办案一线、简化办案层级、落实司法

① 《人民法院组织法》第 27 条：人民法院根据审判工作需要，可以设必要的专业审判庭。法官员额较少的中级人民法院和基层人民法院，可以设综合审判庭或者不设审判庭。人民法院根据审判工作需要，可以设综合业务机构。法官员额较少的中级人民法院和基层人民法院，可以不设综合业务机构。

② 《人民法院组织法》第 28 条：人民法院根据工作需要，可以设必要的审判辅助机构和行政管理机构。

责任制具有重要意义”，并要求“要科学设置审判业务机构，既要有利于推进审判职能优化、内部管理扁平化，也要有利于在审判权运行机制改革后实现有效的审判管理监督。要始终坚持以审判工作为中心，整合设置非审判业务机构，强化服务保障功能，探索行政职能集约化管理、辅助业务社会化外包等做法，确保非审判业务机构数量不超过审判业务机构数量”。[①] 因此，法院内设机构改革要围绕“促融合，审判部门团队化”“优配置，后勤部门协作化”“重规范，指导基层精细化”[②] 的“三化”目标，具体操作层面需要处理好“目标与方法的关系、继承和创新的关系、审判和管理的关系、法定和自由的关系、对口指导和机构精简的关系”，[③] 重点是以审判权力运行为中心的专业审判机构改革与设置。

最高人民法院官网显示，其内设的专业审判机构包括立案庭、刑事审判庭（5个）、民事审判庭（4个，其中民事审判第三庭是知识产权审判庭）、环境资源审判庭、行政审判庭、审判监督庭、赔偿委员会办公室、执行局（执行指挥办公室）、巡回法庭（6个）、知识产权法庭等，[④] 在传统刑事、民事、行政审判的基础上设立环境资源审判庭以及巡回法庭、知识产权法庭等，吸纳了司法改革和专业审判的最新成果。

就京津冀法院而言，以高级法院为例，北京高院内设立案庭、刑事审判庭（2个）、民事审判庭（3个）、行政案件审判庭、未成年人案件审判庭、审判监督庭、申诉审查庭、国家赔偿办公室、执行局

---

① 罗书臻：《深入贯彻落实党中央决策部署 扎实推进省以下人民法院内设机构改革》，https：//www. chinacourt. org/article/detail/2018/06/id/3359628. shtml，最后访问时间2019年8月10日。

② 陈立烽、许水华：《“三化”助推内设机构改革》，载《人民法院报》2018年11月28日，第8版。

③ 宋金林、薛子裔：《深入推进基层法院内设机构改革》，载《人民法院报》2019年2月4日，第2版。

④ 见中华人民共和国最高人民法院官网：http：//courtapp. chinacourt. org/jigou. html，最后访问时间2019年8月10日。

（执行一庭至三庭）等；[①] 天津高院的内设机构包括立案庭（2个）、刑事审判庭（2个）、民事审判庭（4个，其中民三庭是知识产权审判庭）、行政审判庭、赔偿委员会办公室、审判监督庭、执行局等；[②] 河北高院内设立案庭、刑事审判庭（4个）、民事审判庭（3个）、行政审判庭、赔偿委员会办公室、审判监督庭（2个）、复议监督庭、协调指导庭、申诉审查庭等。[③] 由此可见，京津冀三地高院的内设机构总体上仍按照传统模式，与《关于积极推进省以下法院内设机构改革工作的通知》的要求以及专业审判的发展趋势不完全一致，高院及中院内设机构改革将启动，可能会发生一定变化。此外，尽管京津冀三地高院内设机构的名称相差不大，但设立多个庭的专业审判机构（如刑事、民事审判庭等），管辖业务的范围存在内部分工，比如最高院、天津高院的民三庭为知识产权审判庭。

京津冀基层法院内设机构改革已完成，改革后的设置情况与司法改革以及有关文件总体吻合，现选取几个法院为例。比如，北京海淀法院内设立案庭（诉讼服务中心）、刑事审判庭（未成年人案件审判庭）、民事审判庭（5个，其中民二、三、五庭分别是劳动争议审判庭、破产审判庭、知识产权审判庭）、行政审判庭、综合审判庭、执行局、审判管理办公室（研究室）等；[④] 东城法院与海淀法院类似，只是民事审判庭3个，民三庭为知识产权审判庭，未设未成年庭也未与刑庭合署；[⑤] 西城法院亦是如此，民事审判庭4个，民四庭为知产庭，

---

① 见北京市高级人民法院官网“北京法院网”：http://bjgy.chinacourt.gov.cn/article/detail/2019/06/id/4053568.shtml，最后访问时间2019年8月10日。

② 见天津市高级人民法院官网“天津法院网”：http://tjfy.chinacourt.gov.cn/article/detail/2013/12/id/1933467.shtml，最后访问时间2019年8月10日。

③ 见河北省高级人民法院官网“河北法院网”：http://www.hebeicourt.gov.cn/jj/jgsz.php?LocationID=2703000000，最后访问时间2019年8月10日。

④ 见北京市海淀区人民法院官网：http://bjhdfy.chinacourt.gov.cn/article/detail/2019/06/id/4053785.shtml，最后访问时间2019年8月10日。

⑤ 见北京市东城区人民法院官网：http://dcqfy.chinacourt.gov.cn/article/detail/2019/05/id/3914511.shtml，最后访问时间2019年8月10日。

并将执行局分为四个团队，分别是执行实施一、二团队以及执行裁判团队、执行指挥中心团队。[①] 截至2019年8月底，天津、河北的基层法院官网关于内设机构的信息未更新或未设置该栏目，因而不予列明。

此外，京津冀一些中级法院网站已公布了最新的内设机构。比如北京一、二、三中院内设专业审判机构基本相同，以一中院为例，包括立案庭、刑事审判庭（2个）、民事审判庭（6个）、行政审判庭赔偿办公室、未成年人案件综合审判庭、审监庭、申诉审查庭、执行局（3个庭）、北京破产法庭等；[②] 北京四中院、知识产权法院的机构设置更为简单。天津一中院官网于2019年4月8日更新的审判执行机构包括告诉申诉庭、刑事审判庭（2个）、民事审判庭（5个，民五庭为驻天津新技术产业园区审判庭）、行政审判庭（赔偿委员会办公室）、执行局等。[③] 河北省石家庄中院内设立案庭（2个，二庭与信访办合署）、刑事审判庭（2个）、民事审判庭（6个，民三庭为清算与破产审判庭）、未成年人案件综合审判庭、环境资源审判庭、行政审判庭、审监庭（2个）、执行审查庭、执行局（执行实施处、申诉审查处、综合管理处）、赔偿办等；[④] 保定中院内设立案庭（2个）、刑事审判庭（2个）、民事审判庭（5个）、审监庭（2个）、行政庭、申诉审查庭、环保庭、未成年庭、执行实施庭等。[⑤]

从上述情况来看，各个法院对“专业审判机构”的认识不完全一致，很多法院将之与“综合职能部门”（比如北京一中院包括政治部、

---

① 见北京市西城区人民法院官网：http：//bjxcfy. chinacourt. gov. cn/article/detail/2018/12/id/3615914. shtml，最后访问时间2019年8月10日。

② 见北京市第一中级人民法院网：http：//bj1zy. chinacourt. gov. cn/article/detail/2019/06/id/4082522. shtml，最后访问时间2019年8月10日。

③ 见天津市第一中级人民法院网：http：//tj1zy. chinacourt. gov. cn/article/detail/2015/04/id/1605198. shtml，最后访问时间2019年8月10日。

④ 见石家庄市中级人民法院官网“石家庄法院网”：http：//sjzzy. hebeicourt. gov. cn/public/detail. php？id =200，最后访问时间2019年8月10日。

⑤ 见保定市中级人民法院官网：http：//bdzy. hebeicourt. gov. cn/public/detail. php？id =6101，最后访问时间2019年8月10日。

办公室、研究室、监察室、审管办、诉讼服务办公室、法警支队、机关后勤服务中心）或“非审判业务机构”（比如北京海淀法院包括政治部、综合办公室、法警大队）相并列，将赔偿办、审管办等也包括在内，但总体而言，都涵盖了刑事、民事和行政审判庭。此外，改革后的两个显著变化：一是如前文对特定类型案件的集中管辖的论述，设立了知识产权、环境资源、破产与清算等审判庭，与现有的民庭合署或单独设立；二是执行体制改革将执行裁决与执行实施作为两个相对独立的司法权力，一些法院在执行局分开设立相应的庭或将执行审查庭单列。

专业审判机构设置的理论焦点在于：一是要不要设立以及是否按照刑事、民事、行政的划分设立审判庭；二是设立的审判庭与审判团队、合议庭是怎样的关系，特别是在行使审判权方面的关系如何地位。归结起来，实际上是如何恰当地处理以审判庭为载体的组织化管理与法官独立行使审判权之间的张力或者紧张关系。关于第一个问题，设立审判庭的必要性已无需赘述，法院内设机构改革的有关文件进一步以法院规模大小为标准，由各个法院根据需要设立，而且鼓励设立综合审判机构，实行扁平化管理，切实地保障法官在裁判案件时的独立人格，避免任何带有行政色彩的干扰。关于第二个问题，由于刑事、民商事、行政审判所适用的程序法和实体法存在较大差异，以此为标准建立“大审判团队”，按照法官个人意愿以及专业特长，将之分别编入不同的业务审判机构，既有利于实现尊其所愿、人尽其才，又有利于法院优化人才配置、提升团队实力。从法律规定和有关文件以及司法实践来看，存在着审判团队（员额法官、法官助理、书记员）、合议庭、主审法官、承办法官、审判长等概念，目前按“1+1+N”或“1+2+N”等构成方式组建审判团队，最符合员额制改革，但由于合议庭的组成必须是3名以上的法官（员额法官）或法官与陪审员组成，比如全部由法官组成合议庭，按照1名员额法官组建1个审判团队的方式，则需要3个审判团队联合才能实现，这又涉及审判团队之间如何确定工作量、如何协作的问题，避免陷入曾经的陪审员制度所出现的“陪而不审”“合而不议”的困境。鉴于此，一方面，各法院应当按照整体规模大小及员额法官情况等综合考量，合理确定审判团队；另一方面，可确定某一员额法官为主审法官，全面负责案件的审理过程，包括领导该审判团队中的法官助理和书记员，完成庭审外的其他事项，而其他员额法官则必须亲自参与阅卷、庭审、合议等环节，先发表意见，主审法官最后发表意见，最终共同形成结论，在此过程中，严格落实“留痕”制度，确保所有法官都能实质性地参与庭审并独立作出判断。

二、京津冀审判辅助组织

对“审判辅助”存在两种不同理解：一是正如上文所述，相对于审判执行而言，诸如法院内的行政事务类和审判管理工作等具有“辅助性”，由此设立的机构被称为“审判辅助机构”，或者对这些从事“辅助事务”的机构再次细分，比如北京高院共有33个内设机构，分为四个类别，分别是“审判业务部门”（含研究室、审管办）、“审判辅助部门”（包括诉讼服务办公室、法警总队2个机构）、“综合行政部门”（包括政治部、新闻宣传办公室、监察室、办公室、档案处、司法行政装备管理处、信息技术处）、“其他”（包括机关党委、机关工会、机关后勤服务中心、法医技术室、《法庭内外》杂志社、国家法官学院北京分院），而上文提及的北京一中院、海淀法院的分类也不相同。总之，这是以内设机构的性质、职能以及业务范围等为标准，对“审判辅助”的理解。二是以辅助于法官裁判决策为标准，“审判辅助”指的是法官在行使审判权的过程中对事实认定或法律适用存在疑惑以及合议庭无法形成绝对多数意见等，在此情况下向有关人员或组织进行咨询或将案件提交有关组织进行讨论，其实质不是事务性辅助而是如何作出裁判。法官向个人进行“求教”，无论是向法院领导还是普通法官，理论上讲，可以补充法官的认识缺陷以及解决个案裁决困境，但从实践情况来看，为避免领导及其他法官干预案件，这种做法是不恰当的，也是不允许的。因此，当合议庭或独任庭难以独立作出裁判时，应当通过组织化途径寻求帮助，该组织即“审判辅助组织”。为避免与“审判辅助机构”混同，此处使用“审判辅助组织”，采用的是第二种理解。

按照法院运行的惯常做法，遇到重大、疑难、复杂问题时，由合议庭提交审判委员会（以下简称“审委会”）讨论，审委会即“审判辅助组织”。现行的《民事诉讼法》《行政诉讼法》删除了审委会的此项职责，只有《刑事诉讼法》第 185 条[①]仍将审委会作为“审判组织”，与合议庭、独任庭并列，对于审委会的决定，合议庭应当执行。此外，《人民法院组织法》第 37 条[②]规定了审委会的职能，包括总结审判工作经验、讨论决定重大疑难复杂案件的案例适用、讨论决定是否启动再审、讨论决定其他有关审判工作的重大问题等四项，第 36 条[③]、第 37 条、第 38 条[④]均提到审委会可设立刑事审判、民事行政审判等专

① 《刑事诉讼法》（2018 年修正）第 185 条：合议庭开庭审理并且评议后，应当作出判决。对于疑难、复杂、重大的案件，合议庭认为难以作出决定的，由合议庭提请院长决定提交审判委员会讨论决定。审判委员会的决定，合议庭应当执行。

② 《人民法院组织法》（2018 年修订）第 37 条：审判委员会履行下列职能：（一）总结审判工作经验；（二）讨论决定重大、疑难、复杂案件的法律适用；（三）讨论决定本院已经发生法律效力的判决、裁定、调解书是否应当再审；（四）讨论决定其他有关审判工作的重大问题。最高人民法院对属于审判工作中具体应用法律的问题进行解释，应当由审判委员会全体会议讨论通过；发布指导性案例，可以由审判委员会专业委员会会议讨论通过。

③ 《人民法院组织法》（2018 年修订）第 36 条：各级人民法院设审判委员会。审判委员会由院长、副院长和若干资深法官组成，成员应当为单数。审判委员会会议分为全体会议和专业委员会会议。中级以上人民法院根据审判工作需要，可以按照审判委员会委员专业和工作分工，召开刑事审判、民事行政审判等专业委员会会议。

④ 《人民法院组织法》（2018 年修订）第 38 条：审判委员会召开全体会议和专业委员会会议，应当有其组成人员的过半数出席。审判委员会会议由院长或者院长委托的副院长主持。审判委员会实行民主集中制。审判委员会举行会议时，同级人民检察院检察长或者检察长委托的副检察长可以列席。

业委员会，第39条[①]规定了合议庭提交审委会讨论案件的程序、审委会讨论规则以及法律效果等。对于审委会讨论决定案件，在民事诉讼审判中曾备受争议，争议焦点不在于“要不要让审委会讨论案件”而在于“审委会如何讨论以及对于审委会的决定合议庭是否必须执行”，由于刑事诉讼必须坚持极高的“审慎”标准，《刑事诉讼法》明确将之定性为审判组织。而对于审委会在民事行政审判中的作用，尽管民事诉讼法和行政诉讼法已取消了相关规定，但根据《法院组织法》，审委会的职责覆盖民事行政审判，换个角度，即便将审委会讨论民事行政重大疑难复杂案件的职责取消，该项职责仍需一个组织来承担。因此，问题的核心在于，审委会或其他组织与合议庭的关系如何界定。

对此，学术层面展开了热烈讨论，比如，认为“审判组织是为审判案件而设立的，审委会是法院的最高审判组织，不仅要审理案件，而且应当审理符合其‘最高’审判地位的案件。因此，需要审委会全面审理的案件，可以由审委会委员组成大合议庭，直接审理”，[②]进而实现对刑事诉讼中审委会研究案件机制的诉讼化构建；“率先施行以审判委员会委员组成合议庭的方式来进行基层法院一审案件的处理，不仅能够保障基层司法制度运行的规范化，也能够确保基层司法制度的纠纷化解能力得到提升”；[③]“长远看，改革路径在于还权赋能，通过逐步取消审判职权，全面强化指导功能，实现审判权完整回归合议庭和独任庭，重塑审委会作为审判中的咨询者和规则制定中的决策者两大角色”；[④]“改革后的审判委员会，其性质定位为审判业务领导机

① 《人民法院组织法》（2018年修订）第39条：合议庭认为案件需要提交审判委员会讨论决定的，由审判长提出申请，院长批准。审判委员会讨论案件，合议庭对其汇报的事实负责，审判委员会委员对本人发表的意见和表决负责。审判委员会的决定，合议庭应当执行。审判委员会讨论案件的决定及其理由应当在裁判文书中公开，法律规定不公开的除外。

② 刘振会：《论审判委员会研究案件机制的诉讼化构建——以刑事诉讼为视角》，载《法律适用》2017年第7期。

③ 方乐：《审判委员会制度改革的类型化方案》，载《法学》2018年第4期。

④ 徐向华课题组：《审判委员会制度改革路径实证研究》，载《中国法学》2018年第2期。

构，'执行事务机构'和'审判管理事务机构'对其负责，而'审判事务机构'在必要的情况下可向其进行业务咨询。……审判委员会的职能包括：（1）对执行、审判管理事务机构实行集体领导、统一决策；（2）对个案审判提供业务咨询，且受以下条件限制：首先，由合议庭在难以形成多数意见的情况下向审委会提出业务咨询申请，审委会不得主动提供业务咨询活动，且审委会仅提供参考意见，而不享有对个案裁决的建议权和决定权；其次，全体合议庭成员均应出席会议，向审委会阐述意见；最后，审委会提供业务咨询以辩论式、诊断式的方式进行，主要目的是帮助合议庭分析案件事实认定是否清楚、对法律的理解是否正确等，而不应发表任何对裁判结果有实质约束力的意见"。[①] 这些构想，既是针对审委会的功能定位和职能，也是对在法院内如何建立"审判辅助组织"的总体设想。总之，审判辅助组织的核心功能应当是审判咨询，通过群策群力对合议庭面临的疑惑，从不同角度提供更加全面、充分的意见，至于是否采纳，决定权在于合议庭，而且如果合议庭采纳了相关意见，在裁判文书中应当进行充分阐释，转化为自身的观点。

按照《人民法院组织法》的规定，法定的审判辅助机构是审委会及其下设的各个专业委员会，专业委员会不是一个机构，而是对审委会委员按照专业和分工进行的划分，是审委会工作的一种方式，做出的决定属于审委会决定。比如，保定中院官网显示，除了审委会外，另有刑事审判专业委员会和民事行政审判专业委员会，其成员均是审委会成员且多名成员同时担任两个专业委员会成员，但并非将所有审委会成员分在专业委员会中。此外，2018 年 11 月 28 日，最高人民法院印发了《关于健全完善人民法院主审法官会议工作机制的指导意见（试行）》，京津冀法院根据实际需要，组建了诸如主审法官会议、专业

---

① 梁平：《"管理——审判"二元架构下法院内部机构设置与权力运行研究》，载《法学论坛》2017 年第 3 期。

法官会议、审判长联席会议、庭长联席会议等。严格地讲，“会议机制”不属于“组织”，但具有组织化集体决策的特征，这些会议机制在实践中一定程度上发挥着“审判辅助”的作用，比如“在合议庭之外，审判长联席会制度研究的案件范围覆盖到了整个业务部门的案件，其人员也吸收了更多的资深法官，可以在更广泛的范围内保证法律适用的一致性，避免同案不同判的问题”，“以联席会议决议的形式出现，仅仅对合议庭有参考作用，在一定程度上消减了审判管理权与审判权之间的紧张关系”，“因为审判长联席会议并不决定案件的结论，只是为合议庭提供参考，帮助发现问题，提供更加广阔的视角和思路，帮助合议庭和主审法官更准确地行使裁断权”。[①]

在京津冀协同发展背景下，以京津冀社会矛盾纠纷和司法审判的实践需要为导向，京津冀法院的审判辅助机构或机制建设应当从以下层面着眼不断推进：一是坚持专业导向。审判辅助的突出特点是“专业问题由专业人员解决”，审判辅助机构或会议机制的人员组成，必须是在该专业领域具有扎实理论功底、专业知识渊博、审判经验丰富的人员，能够从专业高度和深度全面地分析该案中面临的法律问题，包括对事实认定、证据认证、法律适用等，具有广阔的专业视野，能敏锐地抓住实质问题。这就要求在扩大人员数量的同时要兼顾专业素养，不能为了达到更广泛的民主或满足集体讨论的人数要求而“凑人数”，经过深入讨论，合议庭将每个人的意见进行归纳，然后形成独立的意见，不宜对个案形成集体意见，更不适宜采取表决方式形成意见。二是坚持需求导向。一些法院在取消院庭长签批案件和审委会讨论决定民事行政案件之前，为了弥补司法运行中的缺陷，积极地探索了审判长联席会议等机制，京津冀法院亦是如此。目前，随着法院内设机构改革的落实，随意设立机构的状况有所转变，但实践中可能会出现各

---

① 芦磊、黄志远：《司法改革视野下审判长联席会议的去留》，载《人民法院报》2017年4月26日，第8版。

种“领导小组”或“会议”，这些非正式的机制在某种意义上具有一定的必要性，但应当力求“少而精”，能不设立则不设立。对于审判辅助而言，一方面，应当按照“咨询”和研判法律问题的定位，充分发挥好审委会特别是专业委员会的功能；另一方面，由于审委会及其专业委员会成员均是审委会成员，任命需要经过法定程序，人员确定不仅仅是基于专业水准的考量，因此，在此之外建立诸如主审法官会议机制，让非审委会成员的人员参与讨论，既有利于减轻审委会负担，而且主审法官会议的成员更换具有灵活性，能够在日常案件讨论中起到有益补充作用，同时也有助于主审法官经常性地以案件为载体相互交流，提升专业水平。三是坚持服务导向。各类审判辅助机构或机制的功能在于“审判辅助”，是为合议庭提供专业服务的，应当始终牢固把握这一定位，在实践中把握好该机构或机制与审委会、审判庭、审判团队、合议庭乃至法院领导等的关系，避免异化成行政干预的“出口”，与司法改革的目标背道而驰。

三、京津冀审判监督机制

法定的审判监督是指审级监督，包括二审和再审，三大诉讼法规定了比较详细的程序，既是坚持“有错必究”的原则对当事人权利的救济，也是对法官依法公正行使审判权的监督。除了当事人提起、法院主动启动二审或再审程序外，作为国家法律监督机关，检察院可抗诉启动程序，通过外部的国家公权力介入审判监督，可有效弥补前两种启动方式的缺陷。但这些监督机制均属于事后监督，一方面，从司法公信力角度来讲，尽管通过审判监督可纠正冤假错案，但该案件所造成的社会影响已形成，对司法公信力的损害已无法挽回，特别是现代网络媒体如此发达，一件很普通的案件，经过网络炒作，就会演化为舆情事件，立足于社会治理的全局视野，不排除一些居心叵测的不法分子故意借此炒作，恶意诋毁我国司法制度；另一方面，事后救济给当事人带来时间、精力、经济等多重成本，也是对司法资源的浪费，导致当事人社会关系修复以及社会公平正义的迟延。因此，不仅要通过法定的审判监督机制加强事后监督，而且需要依法建立和创新审判权力行使的过程监控机制，构筑不愿、不敢、不能违背法律的坚实堡垒和良好氛围。目前已建立的司法责任制为审判权力依法运行提供了自律性的制度基础，而强化对司法产品投向社会（当事人）前的监督管理则是确保司法公正和捍卫司法权威的应然之举。一般将之纳入审判管理的范畴，实质上是对法院内部对司法权力运行的他律性控制。由于对审判权与审判管理权的认知不甚清晰，往往是以基于组织化的行政科层制为基础，以院（庭）长所拥有的行政管理与综合业务能力较强之权力混同为依托，由院（庭）长逐级签批裁判文书的方式，实现对司法产品流向社会前的监督。但事实上发挥作用的并非完全是院（庭）长在审判业务能力层面的权威，而是对法官日常工作影响乃至升迁等行政权威，甚至异化为直接的行政干预。司法去行政化改革，彻底取消了院（庭）长对裁判文书的签批权，而法院内设机构改革，尽管保留了专业审判庭，但庭长的职责在于对行政事务的管理和人员组织，不再以任何方式介入审判权。

在不断深化司法去行政化的过程中，也应当深刻地认识到，建立科学合理的裁判文书质量监控机制，不仅与司法去行政化改革不相矛盾，不会导致再次出现行政权力干预司法的现象，而且是切实提升裁判文书质量和司法公信力的客观需要。因为一方面，司法权威和司法公信力的维护依赖于审判团队特别是员额法官，但另一方面，不当或违法裁判甚至因裁判文书中出现错别字等低级错误所造成的司法权威和公信力减损，最终由法院买单，这种影响不仅将法官所在的法院推向舆论浪尖，而且可能损及我国司法的整体形象。为此，最高人民法院2008年1月11日印发《关于开展案件质量评估工作的指导意见（试行）》、2010年12月9日印发《关于加强基层人民法院审判质量管理工作的指导意见》、2012年3月28日发布《关于在全员岗位大培训中开展庭审评查和裁判文书评查活动的通知》等文件，各地法院纷纷开展案件质量评查和评估，取得了良好效果，但一些损害司法权威的行为仍未杜绝，2018年5月10日再次发布《关于全面提升裁判文书质量切实防止低级错误反复发生的紧急通知》，深刻地指出："裁判文书是人民法院代表国家行使审判权适用法律解决纠纷的载体，是明确当事人法律权利义务的重要凭证，具有高度的严肃性和权威性，其质量是人民法院司法能力、司法水平和审判质效的集中体现"，针对"有些法院裁判文书审核把关机制不健全、文书上网管理制度有疏漏、信息化应用程度不高"等问题，要求"要进一步健全完善裁判文书质量管理长效机制，进一步细化规章制度，优化办案和文书公开工作平台，填补办案和管理漏洞，完善文书起草、审核、签发、印刷、用印、送达、上网公开等各环节校核工作的责任制，不断提升法官裁判文书制作水平"。由此可见，在裁判文书正式发布前进行必要的检查和监督仍不过时，问题的症结不在于"要不要"而在于"如何监督"，分界点在于审判监督检查绝不能干预法官对案件裁决的判断。

基于此种思路，在尚未取消院（庭）长签批权的时期，为避免取消签批权后出现审判监督的"真空"状态，京津冀法院进行了积极探索。比如，河北某中院"党组在严把案件质量关上狠下功夫，清醒地认识到，人民法院践行习近平总书记提出的'努力让人民群众在每一个司法案件中都感受到公平正义'的目标，关键在于抓好执法办案第一要务，重点在于防范和杜绝差错、瑕疵案件的发生，底线在于不让一个'带病'的裁判流出法院，最大限度地实现公平正义，确保将每一个案件都办成经得起历史和人民群众检验的铁案"，沿此思路建立"案件评查纠错机制作为整个管理体系当中的'过滤器'和'校准器'，为保障司法公正、杜绝差错案件编制了一个细而密的网，是能够让人民群众通过个案感受司法公正的强有力保障，也是一个能够让法官在办案中时刻坚守公正的‘笼子’”。[1] 天津市高院2012年印发了《关于加强裁判文书检查校对工作的暂行规定》，由案件承办人、合议庭成员、书记员、审批人和兼职检校人对裁判文书进行检校，并明确要求检校人对程序或实体问题不得擅自处理，应提出意见按照法定程序处理。北京高院2014年5月28日印发了《北京市法院案件评查工作规范（试行）》，采取的是对生效裁判文书事后评查的方式，对案件所涉及的实体、程序以及裁判文书、卷宗等方面需评查的内容进行了详细规定。这些做法，恰当地划分了审判监督管理权与审判权的边界，以此作为两种权力运行的基准，有效地提升了裁判质量，维护了司法权威。

全面深化司法体制改革以来，京津冀法院继续深化裁判文书评查机制，比如2019年1月22日北京高院再次发布了《关于表彰2018年北京法院优秀裁判文书网上互评活动获奖法官和法院的决定》，此为连续第四年开展“优秀裁判文书网上互评活动”，旨在进一步提升裁判文书制作质量和说理水平，营造制作精品裁判文书的良好氛围，促进法律统一适用；北京市顺义区法院“聚焦‘三个强化’切实发挥案件质量评查监督作用”，“近两年，在收案增幅持续超过30%的情况下，实现结案数、结案率、结案均衡度上升、未结案数下降的‘三升一降’良好审判运行态势”。[2] 此外，根据最高人民法院2015年9月21日印发的《关于完善人民法院司法责任制的若干意见》第24条[3]以及2018

① 梁平、陈焘：《司法权力去行政化改革——基于H省某中院案件评查纠错与动态式主审法官负责制的调研》，载《河北法学》2015年第10期。

② 《“三个强化”发挥案件质量评查监督作用》，载《人民法院报》2019年7月18日，第4版。

③ 《关于完善人民法院司法责任制的若干意见》第24条：对于有下列情形之一的案件，院长、副院长、庭长有权要求独任法官或者合议庭报告案件进展和评议结果：（1）涉及群体性纠纷，可能影响社会稳定的；（2）疑难、复杂且在社会上有重大影响的；（3）与本院或者上级法院的类案判决可能发生冲突的；（4）有关单位或者个人反映法官有违法审判行为的。院长、副院长、庭长对上述案件的审理过程或者评议结果有异议的，不得直接改变合议庭的意见，但可以决定将案件提交专业法官会议、审判委员会进行讨论。院长、副院长、庭长针对上述案件监督建议的时间、内容、处理结果等应当在案卷和办公平台上全程留痕。

年12月4日印发的《关于进一步全面落实司法责任制的实施意见》第13条①和第14条②，积极探索对“四类案件”的识别监管机制。比如，天津市河北区法院制定了《加强院庭长审判监督管理职责的工作规则》《规范审判权和审判监督管理权实施细则》等，“将‘四类案件’具体细化为‘七类21项’，提高识别操作规范化水平”，“细化‘四类案件’发现、甄别、报告、公布等流程，明确发现、启动、认定、追责主体，实现规范化、科学化、公开化监督管理”，“在案件信息管理系统中嵌入个案监督管理模块，全程记录案件审理、监督管理情况”等，

---

① 《关于进一步全面落实司法责任制的实施意见》第13条：细化落实院长、庭长审判监督管理权责清单。院长、庭长审判监督管理权力职责一般包括：(1) 配置审判资源，包括专业化合议庭、审判团队组建模式及其职责分工；(2) 部署综合工作，包括审判工作的安排部署、审判或者调研任务的分配、调整；(3) 审批程序性事项，包括法律授权的程序性事项审批、依照规定调整分案、变更审判组织成员的审批等；(4) 监管审判质效，包括根据职责权限，对审判流程进行检查监督，对案件整体质效的检查、分析、评估，分析审判运行态势，提示纠正不当行为，督促案件审理进度，统筹安排整改措施，对存在的案件质量问题集中研判等；(5) 监督“四类案件”，对《最高人民法院关于完善人民法院司法责任制的若干意见》第24条规定的“四类案件”进行个案监督；(6) 进行业务指导，通过审理案件、参加专业法官会议或者审判委员会等方式加强业务指导；(7) 作出综合评价，在法官考评委员会依托信息化平台对法官审判绩效进行客观评价基础上，对法官及其他工作人员绩效作出综合评价；(8) 检查监督纪律作风，通过接待群众来访、处理举报投诉、日常监督管理，发现案件审理中可能存在的问题，提出改进措施等。各级人民法院要根据法律规定和司法责任制要求，分别制定院长、副院长、审判委员会专职委员、庭长、副庭长的审判监督管理权力职责清单。院长、庭长在权力职责清单范围内按程序履行监督管理职责的，不属于不当过问或者干预案件。院长、庭长应当履行监督管理职责而不履行或怠于履行的，应当追究监督管理责任。

② 《关于进一步全面落实司法责任制的实施意见》第14条：进一步完善“四类案件”识别监管制度。各高级人民法院应当细化“四类案件”监管范围、发现机制、启动程序和监管方式。立案部门负责对涉及群体性纠纷、可能影响社会稳定等案件进行初步识别；承办法官在案件审理过程中发现属于“四类案件”范围的，应当主动向庭长、分管副院长报告；审判长认为案件属于“四类案件”范围的，应当提醒承办法官将案件主动纳入监督管理；审判管理机构、监察部门等经审查发现案件属于“四类案件”范围的，应当及时报告院长。探索“四类案件”自动化识别、智能化监管，对于法官应当报告而未报告的，院长、庭长要求提交专业法官会议、审判委员会讨论而未提交的，审判管理系统自动预警并提醒院长、庭长予以监督。院长、庭长对“四类案件”可以查阅卷宗、旁听庭审、查看案件流程情况，要求独任法官、合议庭在指定期限内报告案件进展情况和评议结果、提供类案裁判文书或者检索报告。院长、庭长行使上述审判监督管理权时，应当在办案平台标注、全程留痕，对独任法官、合议庭拟作出的裁判结果有异议的，可以决定将案件提交专业法官会议、审判委员会进行讨论，不得强令独任法官、合议庭接受自己意见或者直接改变独任法官、合议庭意见。

“该院审判质效有效提升，2019 年 1 月至 5 月，结案率 78. 11%，同比上升 6. 25 个百分点；发改率 0. 87%，同比下降 0. 46 个百分点；初访案件 17 件，同比下降 69. 09%”。[①] 河北省石家庄中院“参照全市法院近 3 年办案数据，分析诉讼标的、主体、基本案情等特征要素，建立了涵盖四类、23 种、229 项具体识别规则的识别规则库”，“依托平台的识别规则库、监管痕迹库和关联案件库，实现了对四类案件的自动化和全流程监管”等。[②] 由此可见，法院内部对审判权力运行的监督更加科学规范，京津冀法院持续加强案件评查和“四类案件”识别管理的实践探索，体现了新时代法院权力分层、人员分类、案件分流的改革思路，有利于不断提升案件质效，为京津冀协同发展注入更强劲的司法力量。

四、结语

司法为京津冀协同发展提供优质服务和坚实保障，应当立足于审判核心职能，关键在于优化审判权力运行机制，真正做到“让审理者裁判、由裁判者负责”。按照中央关于全面深化司法体制改革的总体部署和要求，京津冀法院持续推进以司法责任制为核心的审判权力运行体系建设，深化员额制、司法责任制、主审法官负责制以及扁平化审判团队建设等，建立符合审判权力运行规律的法院内设机构，使审判权与行政管理权各归其位。同时，为保障法官依法独立公正地行使审判权，在取消院（庭）长对裁判文书签批权的基础上，一方面，积极探索审委会及其专业委员会、专业法官会议等审判辅助组织或机制，为合议庭和独任庭提供专业咨询，及时解决其裁判案件时面临的疑难

① 《完善“四类案件”全流程监管机制提升审判质效》，载《人民法院报》2019 年 7 月 21 日，第 4 版。

② 秦家宝：《石家庄法院实现“四类案件”自动识别和全程留痕监管》，http://df. youth. cn/dfzl/201908/t20190817_ 12043749. htm，最后访问日期 2019 年 8 月 28 日。

问题；另一方面，为了避免裁判文书“带病”流出法院损害司法权威和公信力，在严格落实审级监督的基础上，建立裁判文书检校和案件质量评查制度，最大限度地确保每一个案件都能经得起当事人和公众的质疑，经得起法律和历史的检验。这些举措，为司法服务和保障京津冀协同发展带来了新的生产力，使司法能够更好地预防、化解和应对京津冀协同发展战略实施和雄安新区规划建设中的各类案件和社会矛盾纠纷，并为之提供和谐稳定的社会环境。

第二节　京津冀审判运行创新

近年来，京津冀法院以服务保障京津冀协同发展为目标，以现代信息技术应用为先导，加强审判运行的协同对接和机制创新，不断增强司法服务保障能力。就法院与当事人的关系而言，尽管“起诉——裁判”的基本结构未改变，但随着司法在社会治理中的地位和功能日益增强，一方面，法官从传统的“坐堂审案”转向主动地走进田间地头，通过巡回审判来实现司法的辐射功能；另一方面，法院内设的“立案庭”改革为“诉讼服务中心”，标志着司法理念的根本转型，即以当事人为中心，不断强化司法服务理念，切实转变司法作风，在司法运行的各个环节体现应有的温暖和人文关怀。京津冀三地法院在审判过程中，践行便民利民惠民的司法为民宗旨，坚持全方位诉讼服务与审判运行改革相结合，积极探索要素式审判模式，大力推进跨区域案件的跨域审理，尽可能地为当事人提供便利，以最小的司法成本化解社会矛盾纠纷，维护京津冀区域社会和谐稳定，并以在线审理平台为依托，致力于打造京津冀一体化的跨域审理模式。

一、京津冀法院优化诉讼服务

人民法院是法定的国家机关，承担着裁判案件的法定职能。司法在社会中具有多重功能，不同历史时期的侧重点也不完全一致，体现了社会对司法的时代性需求以及由此所带来的司法理念变革。司法与国家、社会、个人以及道德、习俗、观念等的关系非常复杂，找准司法在多重维度中的定位，是研究司法问题的根本。我国致力于建设中国特色社会主义司法制度，需要坚持“四个自信”，特别是将司法作为一种文化，作为一种与具体社会制度相融合的符号，应当以应有的文化自信来客观、全面、深刻地理解司法的历史、现在与未来，而这种“文化自信”也正是在牢固坚守自我本色并不断发展和完善中建立起来的。中国特色社会主义进入新时代，在新的历史起点上全方位认识司法的价值和功能，已经具备了比较充分的理论积淀和相对生动的实践基础，聚焦于一点，或许可归结为“司法服务”的理念更为清晰、更加牢固，包括服务于国家发展大局、服务于社会内在稳定、服务于当事人权利维护。特别是党的十八大以来，全方位、深层次的司法改革，始终坚持和落实以人民为中心的思想，将便民利民惠民作为司法改革的根本出发点和最终落脚点，将人民群众作为司法运行过程的监督者和运行效果的评判者，致力于改革传统司法的“坐堂审案”格局，通过巡回审判、司法“四进”（进社区、进校园、进企业、进乡村）、远程审判等方式，着力打通司法与民众的“最后一公里”，建立起“以人民群众需求为中心”的新型司法运行模式，将“司法服务”落到实处。比如，各地法院普遍将“立案庭”改为“诉讼服务中心”，一方面，除了立案外，还提供法律风险提示、诉讼引导等诉讼服务；另一方面，也是从案件进入法院的“入口”处强化司法服务意识，让民众感受到司法的温度。

由于立案是案件进入法院的第一环节，当事人对诉讼的有关问题不很熟悉，更需要法院提供周到贴心的诉讼服务。为此，《最高人民法院关于建设一站式多元解纷机制、一站式诉讼服务中心的意见》围绕建设现代化诉讼服务体系的目标，着眼于立案、服务、裁判的一体化服务，创新性地提出两个“一站式”建设目标，既将法院的司法功能积极主动地向社会延伸，为当事人通过非诉讼方式化解纠纷提供指导服务和司法支持，又将各类调解机制引入诉讼服务中心，使诉讼与调解无缝对接，实现诉讼服务的立体化、集约化、信息化。

近年来，京津冀法院将诉讼服务作为创新司法机制的重点，从“起点”上构建有利于审判高质量运行的服务模式。比如，北京朝阳法院以诉讼服务大厅为中心，建立了涵盖立案大厅、诉讼中心、执行中心“三大板块”以及诉讼风险评估告知、诉状文书智能生成、执行风险评估告知等多个“智能辅助”的在线服务网络，并按照纠纷类型对每一个模块进行细化，使当事人通过法院智能服务网络对案件情况作出初步判断。天津高院2019年3月7日印发了《关于天津法院深入推进诉讼服务机制现代化建设的规划方案》，着力打造“五个平台”（即集约化综合服务平台、诉前多元化解纠纷平台、案件“分调裁审”有机衔接平台、法治宣传教育平台以及司法为民形象展示平台），全面推进诉讼服务转型升级，特别是率先建成全市统一的“在线保全中心”，进一步拓展线上诉讼服务空间。河北法院在继续加强诉讼引导、案件查询、举报投诉等一站式服务的基础上，积极开展交通事故损害赔偿网上数据一体化处理改革试点，利用互联网优势不断打破信息壁垒，实现审判运行中的数据信息互联互通等。这些举措，很大程度上缓解了当事人面对矛盾纠纷时的现实障碍，特别是诉讼与非诉讼机制的转接服务，有效地提升了非诉讼机制的适用率，达到了方便民众的目的。

某种意义上讲，法院的诉讼服务供给与当事人需求是否契合，决定着司法在社会治理中的作用及其效果。而对于大多数当事人而言，面对矛盾纠纷的直接感觉是“无能为力”，比如当事人双方情绪化比较严重、缺乏促进沟通的牵引力、存在如何解决纠纷的困惑等，但另一方面，一般都具有妥当化解矛盾纠纷的愿望，不愿陷入纠纷的“泥潭”而影响正常的工作生活。这种张力的消解，要求法院将诉讼服务的重心从一般性指引转向专业、理性的综合分析层面上来，帮助当事人运用法律的视角清晰认识和准确理解该矛盾纠纷的“是非曲直”，进而引导其选择适当的纠纷解决机制。多年来，京津冀法院将诉讼服务作为践行司法为民宗旨的重要举措，在诉讼引导、诉调对接等方面搭建平台、创新机制，大力推进非诉讼机制在社会矛盾纠纷化解中的作用，积极探索建立诉讼与非诉讼相衔接、法律规范与“地方知识”相协调的社会矛盾纠纷多元化解体系，为京津冀协同发展营造了良好的社会环境。立足于新时代，京津冀法院既要继续发扬司法为民的优良传统，进一步改进司法作风，以当事人的需求为中心，顺应互联网时代的发展趋势，为当事人化解矛盾纠纷提供更便捷、更高效、更权威的司法服务，又要着眼于全面推进依法治国的总体部署，以提升全社会法治意识为目标，充分发挥法院在统一适用法律、阐释法律规则和弘扬法治精神等方面的独特功能，在引导和支持当事人通过非诉讼机制化解矛盾纠纷时，对纠纷事实、当事人状况、法律规范、当地风俗习惯等综合考量，做到“事实清楚、是非分明”，经过协商达成的解决方案有理有据，尽可能使双方当事人心服口服，最大限度地做到法律效果与社会效果相统一。

二、京津冀法院探索要素审判

对于每一个案件，均可从相应的实体法规则中分解出若干个具有法律意义的要素；相应地，人们面对具体案件检索可能适用的法律条文时也是围绕这些关键要素，衡量案件事实与具体法律规则的契合度。

对于法官等法律专业人士而言，“构成要件”是识别不同法律规则的重要标准，专业思维的一般路径是从法律规则的构成要件出发，通过对纷杂的案件事实进行裁剪，使其符合某一具体法律规则的要件，从而达到法律的准确适用。但从案件事实中提炼出法律要素具有相当的难度，需要当事人双方进行反复的质证和辩论，为了更集约高效地推进庭审，我国民事诉讼法规定的普通程序一般分为原告宣读起诉状、被告答辩、法庭调查、法庭辩论等环节，其中法庭调查和法庭辩论两个环节分开，均针对每一个争议焦点展开，对于复杂案件而言，有利于更好地查明案件事实，但对于大多数简单案件而言，庭审中两个核心环节的割裂造成当事人双方围绕同一问题来回反复陈述和辩论，既影响庭审效率，又不利于集中地审理核心争点。与分段进行的普通程序相适应，裁判文书除了记载当事人基本情况和裁判主文外，也分为原告诉称、被告辩称、本院查明、本院认为等部分，对于简单案件而言存在表述重复、裁判文书冗长等问题。事实上，任何案件的审理都是围绕法律要素所展开，裁判文书的制作也是如此。鉴于此，一些法院积极探索简单案件审理方式和裁判文书改革，尽可能地将庭审和裁判文书聚焦于核心争点，针对每一个争点集中进行举证质证和法庭辩论，从而实现集约化审理，此即“要素式审判”改革的主要起因。

目前，对于“要素审判”或“要素式审判”尚未形成明确的定义，司法实践中的普遍做法是针对具体案由提取关键要素并制作《诉讼要素表》和裁判文书格式，原告和被告在法官指导下如实填写《诉讼要素表》，对于无争议事实予以如实记录，庭审和裁判文书主要围绕争议要素进行。比如，《广东省高级人民法院关于推行民事裁判文书改革促进办案标准化和庭审规范化的实施意见》，将要素式审判作为实现办案标准化和庭审规范化的重要途径，明确指出，“要素式裁判文书是指对于能够概括出固定要素的案件，不集中陈述当事人诉辩意见、‘本院查明’、‘本院认为’部分，而是围绕特定要素陈述当事人意见、相关证据以及法院认定理由和依据的法律文书。”《浙江省高级人民法院关于民商事案件简式裁判文书制作指引》指出，“要素式裁判文书是指对于一些能够概括出固定要素的案件，在撰写裁判文书时不再分别阐述原告诉称、被告辩称、经审理查明和本院认为部分，而是根据案件要素，载明原、被告意见、证据和法院认定的理由、依据及裁判结果的法律文书。”由此可见，要素审判实质上是对庭审以及裁判文书的“重构性”简化：一方面，庭审过程和裁判文书制作均不同于普通程序，是对普通程序的简化，有利于提高诉讼效率；但另一方面，这种简化并非简单地省略某些环节，而是进行结构性调整，以案件要素为中心重构庭审程序和裁判文书格式。

京津冀法院将要素式审判作为民商事案件“简案快审”的重要举措，旨在通过《诉讼要素表》进一步帮助当事人明细争议事实，将庭审聚焦于主要争点上，并围绕争点逐一地集中开展调查和辩论，由此形成与之相对应的要素式裁判文书。比如，北京高院印发了《速裁案件要素式审判若干规定（试行)》，对要素式审判的含义、案件类型、要素表填写、举证和答辩期限、通知方式、开庭时间、庭审方式、小额诉讼、集中送达、即时履行、文书要求等做出了比较详细的规定，同时对买卖合同、民间借贷、信用卡纠纷、金融借款合同、物业服务合同与供用热力合同、机动车交通事故责任纠纷、继承、离婚等案件的“审理要素”进行了细分。天津高院印发了《关于推行民商事案件裁判文书简化工作的实施意见》，对机动车交通事故责任纠纷和物业合同纠纷案件试点要素式和令状式裁判文书。河北正定法院 2015 年 11 月 25 日“制定实施了《关于对借款合同纠纷案件进行要素式审判的意见(试行)》，并发布了案件要素表和要素式裁判文书样式”；[①] 安平法院自 2016 年 1 月 1 日起推行要素式审判，目的在于“为应对案多人少的

① 张哲：《正定法院探索实行要素式审判方式》，载《河北法制报》2015 年 11 月 30 日，第 2 版。

巨大压力，把法官从繁琐的审判事务性工作中解脱出来，充分发挥司法辅助人员在办理庭前事务中的作用，强化诉讼当事人规范表述诉讼要素，自主表达诉求，促进案件庭审的简易规范和实用，着力提升审判质效”；[①] 新乐法院建成了要素式审判系统等。

从京津冀以及其他地区法院的“要素式审判”探索来看，尽管存在某些差异，但总体上具有以下共同点：一是推行“要素式审判”的动因和目的，既是为了应对案多人少矛盾，实现“繁案精审、简案快审”，切实提高诉讼效率，更是为了推进案件审理的集中化和规范化，通过《诉讼要素表》对某类案件的基本信息进行格式化填写，审理时围绕主要争点集中进行，以规范化审理实现同案同判。二是适用于事实清楚、权利义务关系明确、当事人争议不大的民商事案件且案件类型相对固定，主要包括买卖合同、借款合同、物业合同、信用卡纠纷、交通事故、劳动争议、家事纠纷等，一般适用简易程序。三是以《诉讼要素表》为中心，庭审更为集约高效，裁判文书更加简约易懂。对于双方当事人无争议的事实，法官结合证据予以直接确认，不再组织质证和辩论；庭审时围绕争议事实和争议焦点，引导当事人举证、质证和辩论，且不受法庭调查、法庭辩论等程序限制，并制作要素式裁判文书或令状式裁判文书。其中，要素式裁判文书不再分段写明原告诉称、被告辩称、经审理查明、本院认为等部分，只需载明原告被告的意见、证据、法院认定理由和依据、裁判结果；令状式裁判文书更为简略，只需载明当事人基本情况、原告诉请、案件基本事实和裁判主文即可。四是诉讼更为灵活便捷，比如当事人举证、答辩、送达、开庭等均可突破普通程序或简易程序的限制，可通过电话等便捷方式通知当事人，可安排晚间、休息日或法定节假日开庭，可在线视频远程审理或询问等。五是要素式审判的关键在于科学设计《诉讼要素表》

① 张兰华、张津津：《安平县人民法院推行“要素式审判”提升质效》，载《河北法制报》2016年3月18日，第5版。

和《要素式裁判文书》《令状式裁判文书》，特别是每类案件的要素大相径庭，且既包括法律要素也包括事实要素，能否精准地提炼出每类案件的要素，决定着要素式审判的质量，而要素提炼的实质则是对该类案件所依托的法律行为模式的精准把握。

京津冀法院探索要素式审判方式改革，有利于更精准地把握案件的要素，引导当事人准确地归纳争议焦点并围绕主要争点进行集中审理，便于更科学规范地审理体量较大的简单案件，加快推进“简案快审”，有效缓解案多人少矛盾，通过“繁简分流”不断释放司法生产力，切实提高审判质量，为提升司法服务和保障京津冀协同发展的能力和水平开创了新的路径。随着法院信息化建设的升级，京津冀跨域立案已率先实现了全覆盖，建立京津冀区域统一的要素式审判系统，有利于当事人跨域填写《诉讼要素表》，自动生成要素式裁判文书，以及通过类案检索等进一步统一裁判尺度，这将是京津冀要素式审判改革的目标和方向。

三、京津冀法院跨域审理案件

除了跨域立案外，京津冀三地法院为了最大限度地方便当事人，就地化解矛盾纠纷，积极探索巡回审判、远程在线庭审等机制，实行跨域审理案件。特别是加强信息化在审判工作中的深入应用，使当事人可远程通过视频系统实现“面对面”庭审，通过技术手段打破了跨区域的空间限制，为当事人带来了极大便利；而巡回审判等“走出法院大楼”的就地审理模式，则是新时代对“马锡五审判方式”的继承和发展，有利于就地了解和查明案件事实，因地制宜地化解矛盾纠纷。

严格意义上的跨域巡回审判，是指法院具有跨域管辖权，对其受理的跨行政区划案件就地巡回审理，从京津冀跨域巡回审判情况来看，主要分为两种情况：一是北京石景山法院在迁安矿区设立巡回法庭审理矿区案件；二是天津海事法院在北京、天津、河北设立巡回审判点，巡回审理海事海商案件。迁安矿区位于河北省唐山市迁安市，20世纪50年代迁安铁矿划归北京首钢集团，并建立了首钢矿业公司，按照当时的体制，迁安矿区行政上隶属于北京石景山区。为了方便迁往迁安的首钢工人及其家属诉讼，维护迁安矿区社会稳定，1991年经北京高院批准，石景山法院在迁安矿区设立巡回法庭，当时没有固定的办公场所，只是定期派出法官等人员巡回审理案件，因此被称为“车轮上的法庭”或“候鸟式”巡回审判。由于矿区所在区域的经营活动日益活跃，与铁矿公司无直接关联的各类市场主体参与其中，按照法律规定，他们之间的纠纷应属地管辖即由迁安法院管辖，但因石景山法院迁安矿区巡回法庭的设立具有特定的历史背景，由其受理矿区案件的这种格局仍在延续，因此，矿区巡回法庭除了化解京籍的矿区职工及其家属之间的矛盾纠纷外，还受理该区域内的其他纠纷。目前已建立了固定的办公场所，包括立案室、审判庭、多元调解工作站等，建成集诉讼服务、诉调对接、立案登记、巡回审判等一体化的综合平台，巡回法庭与当地政府、矿区街道委员会、人民调解委员会等建立了长效对接机制，通过人民调解、矿区街委派驻与巡回法庭季度巡回审判相结合的方式，最大限度地凝聚当地纠纷解决力量，打造多元化、多层次、全天候、快捷式的跨域司法服务和保障模式，实现了巡回审判与矿区社会稳定、经济发展、法治建设的“三融合”。2017年11月16日召开的“二十六载迁安路 回望初心永不变——迁安巡回审判工作主题宣传活动”，“是对巡回法官们26年来宝贵实践与经验的总结升华与开拓创新，期望可以对京津冀协同发展中司法工作遇到的新情况、新问题提供一些参考与借鉴，为推动京津冀协同发展和雄安新区规划建设提供更加有力的司法保障。”[①] 由此可见，北京石景山法院对迁安矿区案

① 《牢记巡回使命 不负百姓重托》，载《人民法院报》2018年3月27日，第5版。

件的巡回审判，尽管因特定历史背景具有法定的管辖权，但随着矿区社会关系已突破原来的首钢职工及其家属的限制，具有跨省级区划巡回审判的特色。

天津海事法院管辖京津冀区域海事海商案件，为了更好地开展海事司法宣传和方便当事人诉讼，除了秦皇岛和曹妃甸派出法庭外，在天津的港区和临港工业区、辖区内渔港以及北京、河北、内蒙古、山西、宁夏等天津港腹地的内陆无水港设立了十六个巡回审判点，加大与京津冀三地有关海事行政管理部门的联系力度，及时有效地预防和化解海事海商矛盾纠纷，为维护京津冀海事海商秩序以及打造京津冀"一环六放射二航五港"[①] 交通一体化体系和国际航运中心提供司法保障。为此，以京津冀一体化为中心，强化巡回审判庭跨域审理案件职能，增强巡回审判的辐射效应，"以黄骅港巡回审判实体化为切入点，于 2015 年对巡回工作机制重新作出调整，增加了对涉黄骅港案件的审判职能，形成以服务黄骅港为重点，辐射石家庄、北京地区，构建了'巡回收案 + 实体审判'双轨并行的新机制新格局……此次巡回（黄骅）审判法庭的设立，将有利于落实海事司法管辖权，维护安全和谐稳定的涉海经济秩序，进一步促进京津冀地区海事司法的统一性，有效推动京津冀协同发展"。[②] 此外，北京铁路运输法院（现北京四中院）曾多次赴河北张家口、承德等案件相对比较集中的铁路辖区巡回审判，现场说法，并与当地法院建立密切联系，共同开展法治宣传教育。

如前文所述，京津冀法院探索对知识产权、环境资源、海事海商、金融等案件实行集中管辖或专门管辖，尽管能够最大限度地排除地方

---

① "一环"即首都经济圈环京高速走廊。"六放射"是指以北京为中心向六个方向放射的运输通道，分别是西北的京张方向、正东的京唐秦方向、东北的京承方向、东南的京津方向、正南的京开和新机场方向、西南的京石方向的高速路。"二航"是指首都国际机场和新建的北京新机场。"五港"是秦皇岛港、京唐港、曹妃甸港、天津港和黄骅港。

② 张晓敏：《天津海法实现环渤海海事司法服务全覆盖》，载《人民法院报》2016 年 10 月 17 日，第 1 版。

干扰，摆脱司法地方化的困境，但在管辖权跨域集中的同时，可能出现不便于当事人诉讼以及不便于法院更集中高效审理案件的情况，特别是在案件相对集中的区域，需要“以案说法”加强法治宣传教育，而案件跨域集中审理则会导致司法的此项功能缺位。从社会综合治理的角度来讲，加强诉源治理，需要法院与当地党委政府等密切配合，对可能进入审判领域的社会矛盾风险点进行实时监测和综合评估，而跨域集中管辖则导致司法与该类矛盾纠纷发生区域相隔离，很难达到司法助力社会治理的应有效果。鉴于此，针对典型案例开展巡回审判，有利于彰显司法在预防和化解这些案件中的功能，进而提升特定类型案件的法治化治理水平。

如果说上述跨域审理的做法仍然停留于传统的“线下”模式，是将庭审从法院审判庭跨区域“搬移”到特定区域或矛盾纠纷发生现场，是物理空间的转移，在线远程庭审则突破了空间限制，为京津冀跨域审理案件提供了新的可能。在线远程庭审是以法院专网系统为依托，通过音视频设备进行画面和声音同步传输、全程录音录像，并将庭审记录发送至对端法院（即为当事人参加远程庭审提供设备的法院），由其打印并交当事人核对确认和签名，然后再传回审理法院。这种模式与前文论述的“跨域立案”相似，需要对端法院作为中介，实现审理法院与当事人之间的“面对面”。近年来，京津冀法院加强数字法庭建设，在各省高院的统一部署下，省级范围内跨域审理案件已不成问题。从目前运行情况来看，远程跨域庭审主要用于刑事案件，法官、公诉人、被告人等通过远程庭审系统开庭，不仅提高了审判效率，缩短了审理周期，而且避免了被告人在羁押地域审理法院之间的来回奔波，节约了差旅费用和诉讼成本。比如河北法院、检察院、看守所依托远程庭审平台“足不出户”审理刑事案件，2017 年“以远程庭审方式审理轻微刑事案件 371 件，平均庭审时长缩短为 20 分钟，由过去每天审理 1－2 起变为目前半天即可审理 6－8 起，同时缓解了法院押解警力、审判庭不足的现实困难，减少了押解过程的风险”。[①] 2018年10月30日上午，北京互联网法院通过远程视频审理了挂牌成立以来的第一起案件，“此次开庭采用了在线审理模式，双方当事人都是通过远程登录北京互联网法院电子诉讼平台的方式参加诉讼”，[②] 类似于“网上立案”，不再需要另一法院的中介，而是通过在线庭审平台实现法官与当事人直接地“面对面”，除了画面和声音同步传输外，庭审笔录通过语音自动识别系统自动生成并由当事人签字签名确认，彻底地摆脱了纸质传输，这种方式适用于民商事、刑事、行政诉讼案件，将是未来跨域审理的发展方向。2019年3月，包头铁路运输法院全面试点启动“跨域审判+”模式，“以信息化手段为核心技术，支持在跨域立案、跨域送达、跨域庭审等程序中，将传统固定场所中涉及的立案、送达、庭审环节，如案件调解、证据交换与展示、笔录确认签名、当庭宣判等在互联网平台一一实现”，[③] 将在线跨域审理应用于专属管辖案件。这些创新做法充分地展示了现代信息技术的司法应用所打造的跨域庭审“高地”，从根本上突破了传统庭审的地域限制，将共同处于同一审判场所内的“面对面”切换为音视频方式再现的庭审现场，释放出了巨大的司法能量。对于京津冀法院而言，随着网上跨域立案的全覆盖，进一步打造跨域审理的信息化平台，将是京津冀审判协同机制构建的重要方面。总结各地跨域审判的探索经验，京津冀法院可采取类似于跨域立案的模式，在初期阶段可以“对端法院”作为中介，当事人在就近的法院通过远程庭审系统参加审理法院的开庭审理等环节，待条件成熟时，可采取北京互联网法院所建立的电子诉讼平台模式，且远

---

① 王敬照：《揭秘！河北智慧法院“智”在何处?》，http://hebei.hebnews.cn/2018-04/27/content_6863498.htm，最后访问日期2019年8月28日。

② 郭京霞、赵岩：《北京互联网法院首案开庭 全程在线审理“抖音短视频”诉“伙拍小视频”著作权纠纷案》，载《人民法院报》2018年10月31日，第4版。

③ 王锐：《包铁法院全面启动“跨域审判+”》，载《人民法院报》2019年3月28日，第4版。

程在线庭审不受案件性质限制。借鉴包头铁路法院的做法，京津冀法院可在知识产权、海事海商、环境资源等特定类型案件的集中管辖或专门管辖法院进行试点，然后推广至普通法院，最终形成京津冀跨域审理的一体化格局。

四、结语

京津冀审判协同既体现为涉京津冀协同发展案件和跨京津冀区划案件，更体现为京津冀三地各级法院对辖区内案件和社会矛盾纠纷的妥善处理，因为后者的绝对数量更大，对京津冀协同发展所依赖的区域一体化社会环境之影响更为重大。因此，京津冀三地法院在审判运行环节首先应当牢固树立“服务”意识，以“服务”来统筹司法与京津冀协同发展大局、社会和谐稳定、当事人权益保护等的多重关系，进而推动审判运行的模式和机制创新。从京津冀审判一体化的角度来讲，现代信息技术的深度应用为之提供了广阔的空间，京津冀三地法院可探索共同建立统一的在线远程庭审系统，与跨域立案配合使用，实现立案、庭审和执行等司法运行各环节的跨域对接，进而打破京津冀的行政区划和空间壁垒，真正实现京津冀司法一体化运行。

第三节　京津冀法律统一适用

法律统一适用是中国特色社会主义法制统一的内在要求，是社会运行法治化的必要保障。我国全面推进依法治国，建设中国特色社会主义法治体系，包括完备的法律规范体系、高效的法治实施体系、严密的法治监督体系、有力的法治保障体系和完善的党内法规体系等。

其中，法治实施体系是核心，司法既是法律实施的重要环节，也是法治保障的集中体现。加强京津冀区域法律统一适用，不仅是打破法律适用的行政区划限制、促进京津冀协同发展的客观要求，而且对于依法规范法官自由裁量权，统一司法裁判尺度，提高司法公信力和司法权威，以及实现法律面前人人平等具有重要意义。从理论上讲，国家法律法规的适用不应因地域、群体等因素而存在差别，但由于我国幅员辽阔，地区发展不平衡不充分的矛盾仍然存在，而且不同地区具有自身特点，采取“一刀切”的方式适用法律法规必然导致事实上的不平等，加上法律规范无法穷尽一切可能出现的情形，在不违背国家法律规范的前提下因地制宜制定切合实际的实施细则等，是适应地区差异和克服法律局限性的现实选择，这种源于法律规范差异性的法律适用不统一的问题无法从根本上消除。但对于司法而言，法律适用不统一现象并非主要源于此，而是因法官自由裁量权的尺度不一、对案件的事实与法律问题理解差异乃至曲解法律、枉法裁判等所致，因而，法律统一适用的重心是统一法官裁判尺度，尽可能地做到案件裁判与法律本意高度契合且“同案同判”。京津冀协同发展背景下跨区域法律统一适用，打造京津冀一体化的法治体系，除了规范法官自由裁判权外，更重要的是逐步建立京津冀统一的法律制度体系，从法律规范供给层面为司法提供统一的裁判依据。因此，相对于区域内司法而言，京津冀司法因跨省级行政区划而导致法律统一适用面临的问题更为复杂，最根本的是三地的地位以及经济社会发展水平存在较大差异，这种客观差异性体现为各类案件所涉及的利益标准之权衡中，如采用同一标准则可能导致事实不公平甚至严重影响民生。以征地拆迁补偿为例，京津冀三地居民收入和消费水平等差距显而易见，特别是河北与北京的差距更大，如果按照同一标准，要么导致北京居民生活水平明显下降，要么导致河北居民“一夜暴富”，这两种极端情况均不符合公平原则。但若一味强调差异性，则与京津冀协同发展的目标相悖。京津冀协同发展的最终目标是通过优化区域产业布局，在“强长项”和“补短板”的过程中尽可能地缩小地区之间的发展差距，实现京津冀公共服务均等化，这尽管需要相对较长的过程，但从立法到司法等各个环节加强京津冀沟通协调，从京津冀协同发展的重点领域和关键环节逐步取得突破，是实现京津冀法律统一适用的可行路径，也是司法服务和保障京津冀协同发展的先决条件和重要举措。

一、京津冀规范制定协同

社会运行依赖于各层级的各类制度规范，不同主体制定的制度规范的效力层级、适用范围等各不相同。立法是最权威的法律规范制定活动，通常是指具有立法权的特定国家机关按照法定权限和程序制定法律、行政法规、地方性法规、自治条例和单行条例以及国务院部门规章、地方政府规章等，《立法法》对立法主体、范围、程序等进行了明确规定。此外，其他主体制定的规范性文件种类更多、适用范围更广，它们共同构成了社会运行的制度规范体系。京津冀亦是如此，一方面，三地的省级以及设区市的人民代表大会及其常委会、政府，在不与上位法抵触的前提下，按照各自权限制定的地方性法规和地方政府规章，具有立法性质；另一方面，其他不具有立法权的主体制定了规范性文件，作为地方立法的必要补充，分别在各自所辖区域内适用。按照我国宪法以及政治体制，除了全国人大及其常委会制定的法律、国务院制定的行政法规以及国务院部门制定的规章在全国范围内统一适用外，省级及以下的国家机关制定的各类制度规范仅在该辖区内适用，且未规定区域间联合立法等方式，这对于京津冀制度规范的一体化制定而言是个重大挑战。为了适应并保障京津冀协同发展，京津冀三省（市）人大及其常委会从立法技术入手，创新性地建立了区域协同立法机制，初步形成了跨行政区划的协同立法模式，为跨省级区划的各类主体制定规范性文件提供了实践样本。

京津冀三省（市）人大及其常委会探索建立的跨省级区域协同立法模式可概括为：一是在遵循我国宪法和政治体制的前提下采用“立法技术协同”的方法，即对于京津冀协同立法的事项，严格按照三地人大及常委会的立法权限，由其审议通过后，以各自制定的法律文件的形式公布，确保了立法权的合法性；二是以京津冀人大立法工作联席会议为中介，对于涉及京津冀协同发展的内容，由联席会议审议通过后，再由三地的人大常委会主任会议分别研究批准后施行，有效地避免了各自立法可能造成的法律不一致乃至冲突现象，从源头上确保了法律适用的统一性；三是共同制定了《京津冀人大立法项目协同办法》《京津冀人大法治工作机构联系办法》等制度规范，“逐渐探索确立了京津冀人大立法工作联席会制度、立法协同例会工作机制、法制工作机构密切合作机制、立法规划协同对接机制、交叉备份审查机制、法规清理协同机制等具有鲜明的协同立法特征的机制，并形成了比较详细的协同立法程序”。①

自《规划纲要》发布以来，京津冀三地人大及其常委会以京津冀协同发展的重点领域为切入点，五年来协同立法取得了显著进展，主要体现为：一是实现了协同立法模式的成功创新，“一个文本、联席审议、三家通过”成为京津冀协同立法的常态，探索出了跨省级行政区划的一体化立法模式，确保了协同立法严格遵循《宪法》《立法法》等规定的立法权限；二是立法项目逐步深入，京津冀协同立法的成果丰富，从初期的立法规划到当前的具体立法项目，已协同修订了《北京市城乡规划条例》《天津市生态环境保护条例》《河北省大气污染防治条例》等十余部高水平立法项目，涉及环境污染防治、城乡规划、道路运输、促进科技成果转化等，形成了紧密型、多领域的协同立法

① 梁平、律磊：《京津冀协同立法：立法技术、机制构建与模式创新》，载《河北大学学报（哲学社会科学版）》2019 年第 2 期。

格局；三是京津冀三地对立法的重点难点问题联合攻关，广泛调研，共同评估，对立法规范的题目、篇章结构、适用范围、基本制度、法律责任等联合调研、起草和审议，有力地提升了协同立法的质量和效率，提高了立法成果在京津冀区域的广泛适用性。除了协同制定法规外，京津冀三省（市）对与京津冀协同发展不相适应、不合拍乃至冲突的法规进行清理，河北省已废止24部，打包修改68部，为京津冀协同发展提供有力的法律支持。

同时，应当看到，京津冀制度规范的一体化建设与京津冀协同发展目标尚存在较大差距，也无法满足京津冀法院统一司法裁判标准的现实需要。京津冀协同发展率先在生态环保、交通、产业等方面取得突破，三地协同立法亦是以此为突破口，目前最为显著的是环境保护与污染防治协同立法，其他领域立法特别是建立三地利益合理分配机制有力缩小京津冀发展差距的立法属于"硬骨头"，也是最核心最根本的部分，尚需国家层面协调京津冀三地作出更科学合理的制度安排。除了立法外，京津冀三地其他各类主体制定的规范性文件更为庞杂，涉及范围更广、利益更为复杂，加快其他规范性文件协同清理的任务更为艰巨，需要在协同立法的基础上进行全方位、系统性的规范修订和完善，目前基本上未涉及此方面。制约京津冀制度规范一体化的主要因素包括：一是包括制度规范一体化在内，京津冀协同发展的实质是加强三地合作，但京津冀三地"虽然在《宪法》《地方各级人民代表大会和地方各级人民政府组织法》上同属于一个层级的地方行政区域，三地的人大与政府在法律上地位平等，但是，在实质上，中央政府对于三地定位以及政治安排的不同造就了三地事实上的不对等。在这种政治不对等的安排下，在三地协同发展的过程中，天津市与河北省往往处于被动或从属地位。"① 由此造成的结果是，"以疏解非首都

① 焦洪昌、席志文：《京津冀人大协同立法的路径》，载《法学》2016年第3期。

功能为核心”异化为以服务和保障北京发展为中心，“疏解非首都功能”所带来的对天津、河北发展的辐射带动作用不够突出，制度建设亟待打破区域差距的隐形障碍仍较为明显。二是京津冀三地的经济社会发展水平呈现阶梯状，北京领先，天津居中，河北靠后，市场在资源配置中发挥基础性作用，导致北京对资源的吸附能力远远强于天津和河北，这种现状映射到制度建设层面，导致三地打破现有资源配置格局的能力有限，三地的市场竞争远远大于区域合作。三是京津冀协同发展不等于完全均等，而是各取所长、优势互补，但面临具体问题时认识分歧较大，特别是“涉及重大利益分配时，三地的协调难度比较大，协同立法面临着一定阻力。概言之，鉴于京津冀三地的发展程度不同，哪些事项应坚持同一标准，哪些事项应坚持区别原则，站在不同的角度，认知不完全一致，可能难以形成协同性的法规，或者即便写入法规，也是比较原则性的规定，实践落实中面临着某些现实障碍”。[①] 这在京津冀三地高院共同签署的合作协议中已有体现，三地制度规范协同的难度更是如此，严重制约着京津冀司法裁判中的法律统一适用。

鉴于此，加快京津冀制度规范协同进程，建立京津冀一体化的制度规范体系，是统一司法裁判标准的基础。具体而言：一是应当正确理解“京津冀协同发展”的内涵以及对制度一体化的需要和要求，在具体领域具体事项的制度规范制定过程中，京津冀三地应加强沟通协调，建立公众参与机制，广泛征求和听取社会公众和专家学者的意见建议，在京津冀协同发展战略的引领下，同时兼顾三地发展不均衡的客观实际以及对民众生活的影响，对哪些事项应三地同等对待、哪些应在短期内实行差异化对待以确保实质公平并逐步消除差异等做出更加公平合理的安排。二是进一步建立健全京津冀协同立法机制，在现

① 梁平、律磊：《京津冀协同立法：立法技术、机制构建与模式创新》，载《河北大学学报（哲学社会科学版）》2019 年第 2 期。

已基本成熟的“一个文本、联席审议、三家通过”的基础上，探索立法项目调研、征集、监督检查等常态化机制，有规划、有组织地开展制度规范的清理、修订和制定工作，并以三省（市）人大及其常委会立法为统领，可试点按照同样的模式对其他主体制定的规范性文件进行清理和修订，使各类制度规范经过三地相关部门共同研究并予以完善，形成三地协同制定的制度规范体系。三是建立京津冀三地利益共享和分担机制，加大资源要素的均衡投入力度，促进区域合作。“区域合作平台在运作时，最重要的关键因素是财税体制的整合……京津冀区域发展极不平衡，各地在编制使用预算时无法横向配合，加之区域内各方是否有意愿及能力予以财政配套协同，仍需进一步推动”，[①] 这对京津冀制度规范协同以及司法实践具有重要影响。以环境保护为例，建立跨区域的生态补偿机制是平衡环境整治修复与当地居民生产生活的重要举措，但由于三地尚未建立涉及资源环境的财税分担机制，导致环境保护的执法与司法仍以属地为主，难以形成京津冀一体化的法治实施格局。

二、京津冀法律适用研判

京津冀一体化的制度规范体系为司法裁判提供了依据和标准，但社会矛盾纠纷类型多样、情形复杂，真正做到司法裁判标准统一还需法官在审理具体案件中予以准确把握。从当前制度规范供给情况来看，如前文所述，尽管京津冀三地五年来协同立法取得了较大进展，但与司法裁判的需求相差甚远，特别是涉及民众切身利益的具体标准仍处于属地化状态，造成京津冀“事同但不同判”的现象仍存在。比如，行政处罚、人身损害赔偿等，北京、天津、河北三地的标准存在较大

① 焦洪昌、席志文：《京津冀人大协同立法的路径》，载《法学》2016年第3期。

差异，同一当事人在不同地区发生同一案件的执行标准不一致，导致事实上的不平等对待。此外，京津冀协同发展过程中将出现越来越多的跨区域案件或新型案件，现有法律规范对这些新情况新问题未明确规定，一方面，法院基于不得拒绝裁判原则必须予以受理并作出裁判；另一方面，京津冀法律制度变革甚至需要以法院所受理的丰富的案例作为参考依据。因此，京津冀法院在司法实践中不能也无法被动地等待立法机关确定明确的裁判依据，而是应当积极主动地以京津冀协同发展大局为中心，建立和深化京津冀法律统一适用的研判机制，加强三地审理相关案件的沟通协调，尽可能地做到“同案同判”。

某种意义上讲，京津冀司法中法律统一适用的关键在于对案件事实与法律规则进行精细比较，使裁判结果最大限度地与法律规则相一致，与京津冀协同发展的目标相契合，使司法之矫正正义不存在区域性差异。因此，京津冀法院对“法律统一适用机制的研究应当重点围绕法律适用的规则展开，确保类型化的案件按照立法的精神和法律的规定，通过运用正确的法律解释方法得出合理的裁判结果”。[①] 这就要求京津冀法院在审理案件中至少应当从以下三个层面入手：一是运用法理和法律思维对案件进行精准识别和研究，重点研究该案件所涉及的法律关系以及构成要件，对案件性质、当事人的权利义务等作出准确判断，以此作为检索可能适用的具体法律规则的前提。二是对初步检索的具体法律规则进行深入分析，对其所蕴含的典型情形进行推演，准确地把握该法律规则的实质要义，特别是需要清晰地分析该法律规则与相近法律规则在适用中的细微区别。以人身损害赔偿为例，司法实践中究竟是承揽合同关系还是雇佣关系，如果提供劳务的是自然人，且对劳动工具的专业化程度要求不高、工作地点在需求方所在地时，存在着相当大的认定难度，但当事人在这两类不同性质法律关系中的

---

① 吴在存：《健全法律统一适用机制》，载《人民法院报》2019年8月9日，第2版。

权利义务存在相当大的区别，这类案件在京津冀协同发展初期企业搬迁、项目建设领域的发生几率较大，如果对法律性质把握不准确，将会导致京津冀不同法院对相同或类似案件的裁判结果不一致。三是运用法律解释方法对案件事实与法律规则进行精准对接，在“三段论”推理的基础上应当注重法律适用的法理阐明，即加强裁判的说理性，使事实与规范之间建立勾连并具有充分的契合度。

司法在京津冀协同发展中通过适用法律来发挥法的引领、规范和保障功能，只有在案件裁判中做到“同等情况同等对待”，才能有力地维护京津冀法制统一，为民众提供明确的行为预期，增强京津冀法律秩序的稳定性。加强京津冀法律适用的沟通和研判，对于有效预防和化解京津冀协同发展中的矛盾纠纷具有重要意义。2019 年 6 月 5 日召开的第三届京津冀司法论坛上，三地高院院长签署的《关于京津冀协同发展服务保障雄安新区建设合作框架协议》提出“建立健全京津冀审判机构协同机制，加强跨区域重大敏感案事件舆情应对，加强跨区域涉诉信访案件信息的沟通交流，着力服务雄安新区建设大局，为雄安新区社会稳定和经济发展提供有力司法保障”以及“研究建立适用法律不统一的发现汇总、协调研判、意见反馈等机制，及时分析涉京津冀协同发展案件类型，科学研判案件发展态势。案件审理中通过识别类案，智能分析材料标准，比对同类案件裁判结果，最大程度解决京津冀法律统一适用的问题。”这为深化京津冀法律统一适用确立了基本原则，尽管三地初步建立了涉京津冀协同发展案件的识别管理机制，对此类案件实行跟踪管理以确保法律统一适用，但法律适用研判的范围较窄，三地各级法院审理案件的尺度不一，同案不同判现象不同程度存在。

加强京津冀司法裁判过程中的法律适用研判，应当立足于三地法院司法实践，牢固树立京津冀协同发展的“一盘棋”意识和区域司法协同思维，在审理案件时对其他两地法院的审理标准及类似案例进行检索和对比分析，对法律适用提出论证意见，通过三地法院联席会议等形成三地统一的裁判标准。具体而言：一是京津冀三地各级法院的法官及审判管理人员应树立法律适用的发现意识，对于类似案件的裁判标准进行整理和归纳，对具体案情、法律事实、证据、争议焦点、法律关系、适用法律规范以及裁判结果等进行对比，重点分析是否属于同类法律性质、援引的法律规范以及裁判结果是否具有可比性或同一性，进而确定是否属于“同案”以及是否“同判”。二是充分发挥专业法官会议、审委会及其专业委员会的功能，加强对京津冀司法裁判标准的研判。法官审理案件时发现京津冀裁判标准不一致时，可将案件提交专业法官会议等进行讨论，必要时邀请法律专家参加，共同对案件基本情况以及法律适用进行分析“把脉”，着重从具体案件中提炼出具体且可推广的裁判规则，作为统一京津冀司法裁判标准的参考。三是京津冀法院具有独特的案例优势，三地高院在不违背上位法的前提下针对某些领域出台了指导意见，形成了三省（市）辖区内相对统一的司法规则，为促进京津冀司法裁判标准的统一，三地高院有必要对未统一适用的规则进行集中梳理，究竟应当统一适用还是区别对待进行分析论证，以统一适用为原则、区别对待为例外，形成清单，经过三地法院联席会议等机制予以确认，并建立定期研究和清理机制，逐步地推进京津冀司法裁判标准的完全统一。

三、京津冀类案强制检索

类案强制检索是人工智能在司法领域的深入应用，旨在从法院裁判的海量案件中自动检索与待判案件具有一定相似度（主要取决于检索要素的设置）的案件并自动生成裁判规则，作为法官裁判决策的辅助，使司法裁判具有充分的案例参考，以此提示法官纠正裁判结果与相同或类似案件的偏差。作为检索目标的案件统称为“类案”。因此，

"类案检索嵌入价值判断的解决路径是在闭合性逻辑原理基础上，通过个案与类案的偏离预警，运用综合价值判断以摆脱法律形式逻辑禁锢，从而实现个案公平正义的过程"。[①] 建立类案检索机制的意义在于：一是为法官裁判案件提供经验性的辅助，弥补法官裁判的认知偏差。司法裁判既是法律规则的适用过程，也是具有高度经验性的活动，正如美国联邦最高法院大法官、著名法学家霍姆斯指出的，"法律的生命不在于逻辑，而在于经验"，法官裁判所依赖的"知识"除了法律规则外，还包括自己对案件事实的理解以及在该社会条件下所形成的价值判断，同一时期的司法案例在上述方面具有共通性，这就决定了先前的同类案件是司法经验的凝结，具有较强的借鉴价值，有利于弥补法官个体判断的缺陷，更准确地适用法律。二是有利于规范法官自由裁量权，尽可能地达到"同案同判"。习惯上的"同案""确切表述应当是'同类案件'或'类似案件'，而非'同样案件'或'相同案件'"。[②] 同类案件的情节、严重程度等各不相同，正如哲学名言"世界上不存在两片完全相同的叶子"，也不存在两个完全相同的案件，法律不可能对每个案件作出非常精确的规定，而是对相关情形的法律适用规定了合理区间，法官需要在该区间内确定具体的裁量标准，对同类案件进行检索并对比分析，可为法官自由裁量提供参考标准，避免出现"同案不同判"现象。三是以同类案件为参考，消除当事人和社会公众对司法裁判的质疑，促进司法裁判的法律效果与社会效果相统一，提升司法公信力和权威。对于当事人乃至律师而言，分析案件的基本思路是，一方面，通过对案件事实的法律分析，检索可能适用的法律规范；另一方面，检索与该案相近的案例，对分析结果进行检验，并对法官裁判作出合理预测。如果法官裁判结果与当事人检索的相关

---

① 谷昌豪、高新峰：《类案检索如何发挥作用》，载《人民法院报》2019年1月17日，第2版。

② 张志铭：《对"同案同判"的法理分析》，载《法制日报》2012年3月7日，第11版。

案件存在太大差距，难免引起他们的“反弹”，甚至认为法官存在枉法裁判行为，在当今自媒体时代，可能引发网络舆情，严重影响司法公信力。因此，法官在裁判时以同类案件为参考，尽可能地兼顾当事人和社会视角，作出更科学合理的司法判断。

在我国已经全面实行裁判文书网络公开的时代，类案强制检索机制的应用，打破了司法裁判的“孤岛”现象，能够从海量的案例“富矿”中提取“有机营养”，通过关联对比分析，为统一法律适用提供了现代化、信息化的路径。同时应当深刻地认识到：一方面，司法裁判并非机械的法律适用过程，而是以案件事实和法律规范为中心，蕴含着法律价值，是一个价值判断过程，同类案件检索只是为法官裁判提供了辅助工具和案例参考，而无法完全取代法官判断。法官对具体案件的裁判，应当立足于案件本身，在充实的庭审基础上，对当事人诉求、案件事实、证据、法律规则等作出的综合判断，亦即“司法裁判是将案件事实‘归入’具体法律调整范围，或者说是以具体法律规定‘涵摄’案件事实的活动……应当立足于案件事实与具体法律条文的联系，以案件事实的法律特性为线索，来确定两个案件的事实在整体上是不是涉及相同的法律问题，是不是属于同样法律性质的案件”，[①] 而不能为了达到所谓的“同案同判”而将关联案件的裁判结果“生搬硬套”于待裁判案件。另一方面，类案检索是对案件进行技术识别的过程，可分为人工识别模式、半自动识别模式和智能化识别模式，“在坚持类案检索机制基本精神的前提下增强类案识别技术的人工智能效果是类案识别技术的一个发展方向”，[②] 关键在于对案件识别点的科学选取。2018 年 1 月 5 日，最高人民法院智慧法院导航系统和类案智能推送系统正式上线运行，但类案识别技术标准尚未完全建立，类案检索

---

① 张志铭：《对“同案同判”的法理分析》，载《法制日报》2012 年 3 月 7 日，第 11 版。

② 钟明亮：《类案检索机制研究——以类案识别技术在审判中的应用为视角》，载《黑龙江省政法管理干部学院学报》2019 年第 1 期。

的适用率较低，且存在识别结果不准确、无法自动生成简单明了的识别结果等问题，如果法官对检索到的裁判文书逐一地进行人工阅读和对比分析，将需要消耗大量的时间和精力，因此，建立完备的类案智能识别系统是关键。

2017 年 8 月 1 日，最高人民法院印发的《司法责任制实施意见(试行)》规定了“类案与关联案件检索”，要求承办法官“对本院已审结或正在审理的类案和关联案件进行全面检索，制作类案与关联案件检索报告”，“对案件事实负主要责任，应当全面客观介绍案情，说明类案与关联案件检索情况，提出拟处理意见”；对于提交审委会讨论的案件，合议庭应当“汇报类案件与关联类案件检索情况”。2018 年 12 月 4 日印发的《关于进一步全面落实司法责任制的实施意见》第 9 条进一步规定：“各级人民法院应当在完善类案参考、裁判指引等工作机制基础上，建立类案及关联案件强制检索机制，确保类案裁判标准统一、法律适用统一。存在法律适用争议或者‘类案不同判’可能的案件，承办法官应当制作关联案件和类案检索报告，并在合议庭评议或者专业法官会议讨论时说明。”由此可见，最高人民法院已将类案及关联案件检索作为统一法律适用的重要机制，运用人工智能技术进一步规范司法裁判标准，进而打造精细化司法以实现“努力让人民群众在每一个司法案件中感受到公平正义”的目标。

对于京津冀法院而言，类案检索为统一区域司法裁判标准和打造一体化司法运行机制提供了契机。2016 年河北高院自主研发的“智审 1.0”系统具备自动关联相关案件和类案推送的功能，2018 年 1 月 10 日，北京四中院掌上智慧法院平台（包括“法信微诉平台”和“掌上四中”）上线运行，此为北京首个“掌上智慧法院”，依托“法信”开展法律知识检索和类案推送服务。目前，京津冀三地法院按照最高人民法院的要求，裁判案件时制作了类案和关联案件检索报告，确保同一法院对相关案件的“同案同判”。国内一些法院积极探索建立类案和关联案件检索规范，使之进一步规范化和制度化。比如，2017 年 2 月 27 日，重庆市四中院发布了《关于类案检索参考的规定（试行)》，对哪些案件审理时应当检索类案、从哪些途径检索类案、具体检索方式以及检索结果应用等做出了规定；2018 年 10 月，四川高院出台了《全省法院关于类案与关联案件检索规定（试行)》，对所有案件实行关联案件强制检索，对部分案件实行类案强制检索，并对检索报告的制作提出了更为明确的要求，即提交审委会讨论案件的检索报告采取完整格式，重点需要载明类案与关联案件的裁判要旨以及是否参照适用，其他案件则采用简略格式；同时规定了类案强制检索的情形、裁判结果与检索案件裁判存在差异的处理以及立案时检索查询与裁判时回应解释等具体要求。

理论上讲，类案与关联案件强制检索为全国范围内统一法律适用提供了有效工具，对于京津冀法院而言亦是如此，但从目前进展来看，尽管最高人民法院提出了强制检索的要求，但运行效果与预期尚存较大差距，主要原因在于检索技术与司法实践尚需深度融合，切实建立能够准确检索与待判案件具有高度相似性的案件，并对案件事实、裁判要旨、法律适用等进行智能分析，进而生成简洁明了的检索报告以供法官参考。京津冀法律统一适用的主要困境源于两个方面：一是因区域发展差异等原因，三地的制度规范存在区域差异，决定了司法裁判依据不统一；二是法官对案件事实、法律规则等的理解存在差异，加上自由裁判权的把握尺度不一，造成同一法律规则的司法适用不统一。鉴于此，京津冀法院通过类案检索促进法律统一适用，应当从以下层面突破：一是以中国裁判文书网等为依托，建立三地法院统一适用的案例库系统，涵盖三地各级法院作出的所有生效裁判文书，三地各级法院检索案件时均以该系统中的案例为准。二是与技术服务公司紧密合作，共同制定类案和关联案件检索技术标准，研发类案识别技术，一方面，法官检索类案或关联案件时，选取关键词即可检索到所有的相关案件；另一方面，按照检索技术标准对案例库中所有案例实行智能抓取，任何人按照自主输入的关键词即可检索到所需案件。同时，对检索到的案件按照设定的表格生成清晰的检索报告。三是注重类案检索结果的司法运用，特别是法官拟作出的裁判结果与类案检索报告存在较大差异时，应当进行详尽的对比分析，找准待判案件与检索到的案件是否属于“同类案件”，进而依法作出裁判。

四、结语

法律统一适用具有相当的复杂性，并非理想中的“三段论”推理即可实现，但也并非不可企及的目标。现代信息技术的深入应用，为法律统一适用提供了有力的技术手段，为促进京津冀区域司法裁判标准统一乃至全国范围内“同案同判”带来了新的契机，同时也应当充分地认识到，技术与司法的完全融合，既需要跨学科人才提供技术支持，也需要坚守司法的价值立场，使技术服务于司法而非相反。京津冀协同发展内在地包含了法律统一适用的要求，同时也需要通过法律统一适用来促进三地协同发展。对此，既需要三地加强制度规范的协同制定和清理，为司法提供统一的裁判依据，也需要三地法院加强沟通协调和研判，从丰富的案例中提炼统一的裁判标准，并通过京津冀三地立法联席会议或三地高院联席会议等形成统一适用的裁判规则。此外，三地法院应共同制定技术标准和相关规范，加强类案和关联案件检索技术的研发和推广应用，广泛地挖掘案例资源，将同类案件所蕴含的裁判要旨作为司法裁判的参考。

第五章　京津冀执行协同机制

民事执行是法院依当事人申请，依法采取强制执行措施，强制义务人履行生效裁判文书确定的法律义务的活动，是实现和保护权利人合法权益以及维护司法权威的有效手段。为解决长期以来困扰法院的“执行难”顽疾，在全面深化司法体制改革的背景下，京津冀法院按照执行裁判权与执行实施权相分离的原则，率先探索执行体制改革，为全国推动执行体制改革提供了经验。京津冀协同发展背景下，三地法院通过签订协议等方式开展执行协作，建立省级行政区划执行的联动机制，进一步增强京津冀执行的“同城效应”。网络执行查控是现代信息技术在民事执行领域的应用，是法院信息化建设的重要组成部分，为执行模式改革带来了新的契机，对促进京津冀执行协同具有重要意义。目前，京津冀法院在执行体制改革、跨域执行协作以及网络执行查控等方面取得了一定成效，同时也存在着亟待解决的问题，需要在实践中不断探索改进，以此提升京津冀民事执行能力，助力京津冀协同发展。

第一节　京津冀执行体制改革

京津冀执行体制改革主要指的是民事执行体制改革。新中国成立以来，“执行难”问题在不同时期不同程度存在，成为推进执行体制改革的根本动因，随着对民事执行的理论研究不断深入，审判权与执行权相分离、执行裁判权与执行实施权相分离，这两次权力分离是改革的理论基点，由此决定着执行机构的设置。近年来，在全面深化司法体制改革的背景下，京津冀法院对民事执行体制改革进行了积极探索，形成了有益的实践成果，增强了解决“执行难”的合力，提升了服务保障京津冀协同发展的能力。2019 年 6 月 3 日，最高人民法院印发了《关于深化执行改革健全解决执行难长效机制的意见——人民法院执行工作纲要（2019—2023）》，围绕京津冀协同发展战略，京津冀民事执行体制改革应当始终坚持执行权的属性这一核心，进一步深化和推广成熟经验，建立更有利于执行实施权行使的体制和运行模式，提升服务保障京津冀协同发展的能力和水平。

一、执行体制改革的基本问题

执行体制是指法院执行案件的领导与管理、组织机构以及具体运行模式等，按照案件性质，可将执行体制对应地分为民事、刑事和行政案件的执行体制，由于刑事案件的执行（主要是刑罚的执行）涉及公安机关、法院、监狱等多个部门，刑事诉讼法及其司法解释等对不同刑罚的执行已有明确规定，而民事和行政案件的执行具有相似性，因而对“执行体制改革”的讨论主要围绕民事执行而展开，主要针对的是“执行难”“执行乱”等问题，本书也仅分析京津冀民事执行体制改革。

新中国成立以来，我国法院的民事执行体制经历了从“审执合一”到“审执分立”的改革，目前由法院内设的执行局负责民事执行工作，近年来围绕“执行权”的属性以及“民事执行是否从法院分离”等展开了理论讨论。纵观新中国成立以来 70 年的民事执行体制演进历程，主要涉及的基本问题包括：

一是民事执行体制改革的根本动因。“为什么要改革”，是任何改革面临的首要问题，民事执行体制改革也不例外。新中国成立初期由审判庭同时行使审判权和执行权的“审执合一”模式，改革为法院内部设立执行庭（后来改革为“执行局”）专门行使执行权的“审执分立”模式，主要原因是“初审法院积压尚未执行的案件很多……其中有些是判决两三年尚未执行的；有的当事人为了申请执行判决，经常奔跑法院得不到解决；有的当事人质问‘法院是否还有法’，‘判决书是否还顶事’；这些事已引起群众很大不满。判决不能及时执行的原因主要是……二、有些法院忽视执行工作，没有人负责。因此，实行审执分立是为了将案件执行工作进一步‘责任到人，专事专责’”。[①] 这反映了特定历史条件下法官与当事人或社会公众对民事执行的认知偏差，亦即：法官认为《宪法》规定人民法院是我国的审判机关，司法权的核心是审判权，也就是居中裁断纷争，而对裁判文书的执行情况不很重视，加上能否执行受到被执行人主客观情况的影响，非法院单方面之力能够完全确保执行到位，这与审判权存在本质区别，因而，“重审判轻执行”的思想普遍存在；而当事人和社会公众则认为，既然是法院作出的判决，法院就有责任负责执行，否则，法院判决沦为“一纸空文”，是否有必要将案件诉至法院则存在疑问。这种观念仍不同程度存在，表象背后隐藏的根本问题是法院裁判文书所确认的当事人权利未能完全实现，直观地体现为“执行难”“执行乱”，包括“人难找、物难查”以及一些执行人员的执行行为不规范甚至存在违法执行等现象，严重地影响到法院公信力以及权利人法律权利的实现。为此，法院从内部机构设置以及权力运行机制入手，实行执行庭独立设置并配置专人负责执行工作，这在很大程度上缓解了当时所面临的问题，但困扰民事执行的“难题”仍未根除，其中重要原因仍是对执行

---

① 梁平、陈焘著：《基层社会矛盾化解与法治化治理研究》，法律出版社2017年版，第316页。

工作不够重视，解决思路“顺理成章”地导向提高民事执行的“规格”，将执行庭“升格”为执行局，并建立统一管理、统一指挥、统一协调的执行管理体制。2016 年 3 月，最高人民法院院长周强在十二届全国人大四次会议上作工作报告时明确提出“用两到三年时间，基本解决执行难问题”，同年 4 月 29 日，最高人民法院印发了《关于落实“用两到三年时间基本解决执行难问题”的工作纲要》，对总体目标、评价体系、坚持原则、主要任务、组织保障等做了具体安排。此外，《强制执行法》的专家论证已经多年，数易其稿，2019 年已列入立法计划，通过专门立法为解决“执行难”提供法律依据。由此可见，民事执行体制改革具有非常明确的指向性，旨在解决长期以来困扰当事人和司法的“执行难”问题，使法院裁判文书得到严格执行，以此来维护当事人的合法权益和司法权威。

二是民事执行体制改革的理论基础。执行体制改革面临的问题非常复杂，从“审执合一”到“审执分立”再到建立省级统一的执行体制，“执行权”的法律属性是最为根本的理论问题，构成了民事执行体制改革的理论基础。经过多年的理论探索，现已基本形成共识，即执行权与审判权属于法院拥有的两种不同性质的权力。审判权属于典型的司法权，是判断权，具有双向性和中立性，当事人双方通过相互对抗推动庭审程序，法官居中裁判且受当事人双方诉讼权利和举证质证的制约，并以公正作为首要价值；而执行权属于强制性，具有显著的行政性特征，在当事人权利已被裁判文书确定的前提下，由法院向执行义务人单方面采取强制措施，督促其履行法律义务，以效率为首要价值。但执行权的行使涉及领域非常广泛，既需要对裁判文书进行审查以确定执行依据，又面临着执行阶段针对执行标的物的权属争议，而且对于不同执行标的物所适用的执行程序和执行措施也有所区别，因此“执行权”是个“权力束”，按照不同标准可分解为若干个不同的权力。“民事执行权的司法审查权能、执行命令权能、执行保全权能、执行措施实施权能、执行裁判权能、执行统一管理权能等，属于民事执行权的权能结构。概括地讲，民事执行权的权能结构存在‘二权说’和‘三权说’。‘二权说’认为民事执行权包括裁判权和实施权，‘三权说’则将之分为执行命令权、裁判权和实施权。”① 由于命令权是实施权启动的先决权力，从权力属性角度来看，似乎无必要进一步细分，因此，民事执行权实际上分为裁判权和实施权两部分，前者与审判权具有同质性，具有“诉”的基本特征，本质上属于执行阶段出现的诉讼行为，需要通过法院居中对争议标的物上存在的权利义务关系作出裁决，而执行实施权的核心是依法对义务人或其财产采取强制措施以实现权利人的法律权利，与之相关的执行审查（属于形式审查，不同于执行裁决权）、执行命令、执行保全、执行管理等均是以此为中心，应当纳入执行实施权的范畴。由此形成的基本架构是，按照权力属性对民事执行权分为裁判权和实施权（又可称为狭义的“执行权”），以此为标准，对民事执行管理体制以及法院内设执行机构进行改革，以适应解决“执行难”问题的现实需要。

三是民事执行体制改革的主要表征。理论研究为民事执行体制改革提供了充分的根据，而最终需要落实在执行体制的实践性改革层面，其中最明显的是执行机构改革。这是洞察民事执行体制改革的外在形式。从“审执合一”到“审执分立”，尽管直接原因在于由专门机构、专门人员负责民事执行工作，当时的历史条件不可能对审判权与执行权的权力属性作出科学、充分的论证，但这种历史的“直觉”表明，即便未进行深入的理论研究，人们对法院的审判与执行也会产生初步的认识，二者在实践运行中的特点及差异性比较明显，而建立与审判庭并行的独立的执行庭，客观上促成了裁判权与执行权的分化。如果说此次改革是框架性的、粗线条式的，从执行庭升格为执行局仅是法

---

① 梁平、陈焘著：《基层社会矛盾化解与法治化治理研究》，法律出版社2017年版，第331页。

院内设执行机构的“地位”的变化，将执行局的内设机构进一步划分则是基于对“执行权”的理论分析。前文对京津冀法院内设机构改革的考察即是验证。比如北京西城法院将执行局分为执行实施一、二团队以及执行裁判团队、执行指挥中心团队，将执行裁判权与执行实施权相分离，并顺应司法体制改革要求建立类似于审判团队的四个执行团队；河北石家庄中院执行局内设执行实施处、申诉审查处、综合管理处；保定中院设立申诉审查庭（行使裁判权）和执行实施庭。这些改革均是在保留法院的民事执行权之基础上，对执行机构以及权力运行进行重构。2014 年 10 月 23 日，党的十八届四中全会审议通过的《中共中央关于全面推进依法治国若干重大问题的决定》提出：“完善司法体制，推动实行审判权和执行权相分离的体制改革试点。”该命题提出以来，法学理论界和司法实务界再次掀起“审执分离体制改革”的研究热潮，形成了“彻底外分”和“深化内分”的两种截然不同的观点。前者主张“将法院目前行使的执行权从法院彻底分离出去，交由其他机关行使，也就是剥离法院的执行职能，法院作为审判机关只负责裁判，不再承担裁判的执行职能。这种方案的构想大体可分为：(1) 将执行权交由司法行政机关行使；(2) 将执行权交由公安机关行使；(3) 主张将执行权予以分散，分别交由司法行政、公安、工商、税务等机关行使；(4) 整合执行资源，专门成立单独的执行局，负责刑事、民事、行政案件的执行以及行政执法工作”。[①] 这种主张是将执行权与审判权作为相互独立的两个部分，以解决当前由法院行使执行权所面临的“执行难”困境为出发点，通过对“审执分离体制改革”命题的解读，并参照一些国家的做法，提出的总体性改革思路。尽管具有一定的合理性，但一些核心问题仍有待进一步解答，比如“执行难”是否主要因法院行使执行权所导致，将执行权分离出去由其他部

① 梁平、陈焘著：《基层社会矛盾化解与法治化治理研究》，法律出版社 2017 年版，第 356 页。

门行使能否真正解决"执行难"且与现有的诉讼机制能否顺畅衔接、会不会引发更大的次生问题，社会公众在已适应法院行使审判权和执行权的情况下进行分离性改革是否会带来更大的社会成本，域外国家的做法具有怎样的司法传统以及对我国是否具有借鉴性等，这些问题在我国均无先前经验，因而可归为"悬而未决"的理论假设。尽管可按照"试点——推广"的进路开展改革试验，但在我国现行的法律体系下，由其他行政部门行使民事执行权，如果当事人对行政部门的执行行为存在异议，只能通过行政复议、行政诉讼的方式解决，最终又形成行政诉讼案件回到法院，同时夹杂着针对执行标的物的民事诉讼，不仅导致程序更加复杂，而且徒增当事人执行成本和社会成本。因此，"彻底外分"的改革思路在当前显然存在很大难度，只有从理论和实践层面解决了上述主要问题，才有比较充分的把握进行改革试点。与之相比，"深化内分"的主张既具有理论基础，又可直接针对"执行难"问题，既符合我国国情，无需对法律进行大规模修订和调整，无须社会公众重新适应新体制，又可在不打破现有执行体制的前提下，对一些法院多年来试点的改革经验进行凝练升华，对有益的改革措施进行推广，做到"收放自如"。

由此可见，民事执行体制改革应当立足于"为什么改革"的根本动因，以民事执行权的法律属性为根基，在进行充分的理论论证基础上，研究破解"执行难"的改革思路是否与我国现行实体法和程序法顺畅对接，是否兼顾创新性与继承性，进而推动执行机构改革，以此建立有利于民事执行的权力运行机制。

二、京津冀执行体制改革探索

近年来，京津冀的一些法院以解决"执行难"为目标，以优化执行权运行为切入点，深化执行体制改革，涌现出了诸如北京法院执行团队改革、唐山中院“两分一统”等执行体制改革模式，为全国执行体制改革提供了经验和思路。

长期以来，民事执行按照“权利人申请——法院执行”的单向模式，尽管大多数法院积极主动地查找执行义务人及其财产，但由于执行权利人未全程参与执行过程，对执行环节的事项不完全了解，导致其对法院执行的不满意。为了增强申请执行人对民事执行的认知，强化法院执行人员的执行意识和效率，2011 年 10 月 25 日，北京高院印发了《关于主动反馈执行进展情况的若干规定》，要求立案执行届满 1 个月后，执行法院应在 15 日内向申请执行人反馈执行进展情况，此后每 3 个月反馈一次，可以电话对谈、固定接待日约谈等方式反馈，告知已采取的执行措施及结果、下一步执行计划、需要申请执行人参与和配合的事项以及听取意见建议等，由此形成“权利人申请——法院执行——执行进展反馈”的闭合回路，从机制上进一步增强了民事执行的规范性和有效性。2016 年，北京高院按照扁平化管理模式，实行执行模式的“团队化”改革，总体上建立了 1 名主审法官、2 名法官助理、2 名书记员组成的“1 +2 +2”执行团队（一些法院执行团队的构成有所差别），法警随机调动，对执行实施环节各个人员的职责进行细分，主审法官主要负责审查、下达执行命令等，法官助理、书记员、法警相互配合，负责制作相关文书、送达以及实施执行行为等。通过组建执行团队，优化执行实施权的运行流程，加强执行人员的密切配合，从以前的“单兵作战”转向“协同作战”，从分散管理转向集约管理，进一步提高民事强制执行的战斗力。比如，北京门头沟法院按此精神建立的“‘1 + N + X’信息化执行团队工作模式，以 1 个执行指挥中心为信息化服务中枢，统筹协调、支持保障 N 个执行团队信息化、协作办案，执行团队的 X 名人员以执行法官为指令核心，按照流程节点的难易程度流水化、协作式办案”。[1] 北京法院执行体制改革的突出特点为：一是以执行指挥中心为依托，强化被执行人及执行财产的信息化查控，为执行团队实施执行行为提供精确的信息。二是以打造执行团队为重点，整合执行力量，加强执行团队内的分工配合，在执行团队内建立与审判团队相同的运行模式。这种方式体现了对执行实施环节的执行审查、执行命令、执行保全、采取执行措施等权能的进一步细化，将执行审查、执行命令等需要作出审查判断的职责交由入额的执行法官行使，法官助理和书记员与法警共同实施执行行为，形成了以执行法官为中心的团队，以团队作为整体提升执行效能。三是以具体的执行案件为中心，“量身定制”更加适合该案件的具体执行方式，进而配备相应的人员负责执行，既增强了执行的针对性，又有力地节约了执行成本，缓解了执行局“案多人少”矛盾。“运用新模式在‘1名法官+2名法官助理+1名司法警察+1名书记员’的执行团队内部打造繁简分流体系，打破了传统按类型、标的、对象进行繁简分流的做法，而是按照节点事项的难易程度，通过对团队成员分岗定责，确立团队内部一般流程自动推送，重点流程执行法官指令推进的运转方法”，[2] 实行执行节点控制，提升执行效率。

天津法院着力推进执行流程管理，优化执行权力运行，夯实执行的每个环节，形成以执行流程为中心的一体化执行体制。2012年天津高院探索“3+1”执行模式，解决执行实施环节由一个法官“一包到底”的传统执行模式的弊端，将执行实施权分为财产调查、财产变现、综合结案三个环节，相应地设立了集约调查组、财产处置组、综合结案组，此外成立了节点控制组，由其负责执行管理和节点控制。这种方式是对执行实施环节的进一步细化，以此为依据进行人员重组、职

---

① 《走进执行揭秘“1+N+X”信息化执行团队工作模式》，载《京西时报》2016年12月14日，第A3版。

② 《走进执行揭秘“1+N+X”信息化执行团队工作模式》，载《京西时报》2016年12月14日，第A3版。

责重分，形成每个案件分阶段执行的运行模式。2016年4月21日，天津高院印发了《天津法院执行实施案件节点及办理流程规范（试行）》，要求承办人收到执行材料后3日内向被执行人发出执行通知、报告财产令，向申请执行人发出提供被执行人财产线索通知书等，如果获悉被执行人有转移、隐匿、变卖、毁损财产等情形，应当立即采取控制性执行措施，同时对移交执行审查部门审查、财产调查、查封、扣押、冻结等作了具体规定。天津一中院着眼于搭建平台、建立机制、创新方法，强化立案、审判、执行、信访的“一盘棋”思维，加强执行的多方联动，探索一体化、立体化的执行模式。具体而言：一是搭建了立审执访无缝衔接平台、法院之间联络协作平台、矛盾化解预警处置平台、多方联动沟通协调平台、第三方评价和论证平台等五大平台，强化法院内部、法院之间以及法院与政法口、其他部门、第三方机构等之间的密切联系，将民事执行置入整个社会系统中，形成基本解决“执行难”的强大合力。二是创新清单执行、集约执行、捆绑执行、审计执行、阳光执行、包案执行以及做好“执转破”、失信惩戒等执行方法，利用“总对总”网络查控系统，对新收执行案件实行“四查”，列出执行清单，逐项推进；对执行申请人、被执行人、执行标的物等进行分类梳理，对涉及多个案件的合并执行，并落实天津高院建立的领导包院、排名通报、指标承包、执行难领导小组会议、通气会和会商会等五项制度，着力解决“骨头案”“钉子案”，形成对被执行人的强大威慑。三是严格实行节点管理控制、负面清单、瑕疵责任追究、党组询问告诫等四项机制，加强执行的全过程监控，层层压实责任，有效规范执行行为，杜绝消极执行、选择性执行、乱执行以及执行环节的违法犯罪行为。[①] 此外，天津静海法院充分发挥人民法庭贴近基层、了解当事人状况的优势，将之纳入民事执行的总体架构中，探

① 参见：《搭平台、建机制、聚能量 积极探索一体化执行》，载《人民法院报》2018年11月1日，第4版。

索创立“执行局+人民法庭”的执行模式，人民法庭对执行局执行的辖区内案件提供人、财、物以及信息等方面的协助，调动基层社会力量共同推动执行。由此可见，天津高院在执行局内部探索执行权改革的同时，重点在于加强执行的信息化、一体化、规范化建设，特别是一体化执行机制，改变了执行法官“一竿子”插到底、法院“单打独斗”的局面，形成了各个环节协同联动的执行格局。

河北法院在对民事执行之“被动性”进行理论论证的基础上，探索主动执行、跟踪履行机制，在不违背诉讼法基本原理和现有法律规定的前提下，变“被动执行”为“主动出击”，破除执行环节的程序壁垒，督促被执行人履行生效裁判文书确定的法律义务。2013年，河北高院出台了《关于加强立案、审判、执行工作协作配合 提高案件自动履行率的若干意见（试行）》，对主动执行和跟踪履行进行了规定，其基本模式是“第一审法院执行机构主动联系案件当事人，审查法律文书自动履行情况，然后可采取以下处理方式：（1）如果义务人全部履行完毕，权利人认可，则按跟踪案件自动履行处理，不收取执行费用；（2）如果义务人未自动履行生效法律文书确定的义务，执行机构主动对义务人的存款、房地产、股权、车辆等财产状况进行调查，然后可采取的处理方式包括：义务人有可供执行财产，则及时告知权利人，征求权利人的意见，是否申请立案强制执行；没有找到义务人可供执行财产，则以每六个月为一周期，主动对被执行人的存款、房地产、股权、车辆等情况进行调查，直到调查到财产，并经权利人同意予以立案强制执行完毕即予以结案”。[①] 河北法院的主动执行和跟踪履行机制的显著特点体现为两个方面：一是以督促义务人自动履行为出发点，对申请强制执行后自动履行的案件免除执行费，以此作为法院强制力为保障下的激励手段；二是法院执行机构主动联系当事人了解

① 梁平、陈焘著：《基层社会矛盾化解与法治化治理研究》，法律出版社2017年版，第383页。

履行情况，对未自动履行的案件主动进行财产调查，此即主动执行的“主动性”之所在，既防止权利人未及时申请造成义务人转移或毁损财产，又对义务人形成潜在的震慑，但是否强制执行则取决于权利人是否同意，将经权利人同意的立案视同为权利人申请立案，与法律规定进行了对接。目前全国法院已建立“总对总”的财产查控系统，法院查询被执行人财产更加便捷、准确，更有利于河北法院的主动执行和跟踪履行机制发挥效用。此外，唐山中院自2010年探索“两分一统”垂直管理的民事执行体制改革，强力破解执行难题。“两分”指的是执行机构的“两次分离”：一是针对民事执行地方保护主义、执行力量薄弱、委托执行不力等问题，打破民事执行的行政区划管辖，唐山中院执行局设立五个跨行政区划的执行分局，分别管辖若干个基层法院辖区的民事执行案件；同时，撤销基层法院执行局，改为执行大队，原基层法院执行局的人员和职能都上移到市中院执行局，具体由执行分局统一领导和管理。这是第一次分离，将基层法院的执行局及其职能分离出去，仅保留基层法院裁判职能。二是按照执行裁判权与执行实施权分离的原则，将执行裁判职能从执行局分离出去，成立独立的执行裁判庭，回归审判序列，按照审判庭的模式运行，负责执行行为异议、案外人异议以及涉执诉讼案件。具体做法是：唐山中院将执行局内设的执行一庭改为执行裁判庭，并与执行局脱离，形成裁判权机构（审判庭、执行裁判庭）与执行实施机构（执行局）并列的格局；基层法院已撤销执行局，将原行使执行裁判职能的人员整合成立执行裁判庭，这是法院内部横向上的第二次分离。“一统”是指建立唐山中院自上而下垂直领导、统一管理的执行体制，主要从三个层面展开：一是市中院对执行局进行改革，设立执行指挥中心，统一负责立案分案以及经费、装备、案款的统一管理，统一部署全市执行工作；增设政治处，负责全市执行队伍管理等；设立实施处和督导处，分别负责市中院执行实施案件和处理执行实施类申诉信访案件。二是市中院对五个执行分局概括授权，由其各自负责若干个原属基层法院执行局管辖的执行案件，并使用市中院的案号、公章和文书，由设立在基层法院的执行大队具体实施执行行为。三是执行分局办理的执行案件涉及案外人异议审查及诉讼等，由市中院指定基层法院管辖，具体由执行裁判庭负责。由此建立了“市中院执行局——执行分局——（设在基层法院）执行大队”的垂直领导体制，并通过“一提”（执行案件提级至市中院管辖，概括授权执行分局负责）、“一指”（执行异议指定基层法院管辖）、“一分”（执行裁决权从执行局彻底分离）的办案机制，理顺了新型的民事执行体制。

三、京津冀执行体制改革思路

京津冀三地法院的执行体制改革，既顺应了全面深化司法体制改革的现实需要和客观要求，又具有改革的创新性和针对性，体现了法院深化改革的勇气和担当，通过省级区域内基本解决“执行难”，为促进京津冀协同发展提供了良好环境，为推进民事执行体制改革积累了实践经验。从京津冀法院执行体制改革来看，具有以下启示：一是坚持党对法院执行工作的统一领导，遵循十八大以来全面深化司法体制改革的总体目标和基本方向，将已基本形成共识的改革思路逐渐落到实处，确保改革措施稳步落地。三地法院的改革措施经过党组讨论，甚至唐山中院审执分离体制改革是在市委的坚强领导下推进的，党的领导确保了改革的基本方向。十八大以来，法院司法体制改革进入“深水区”，人民法院改革的“一五纲要”至“四五纲要”提出的各项改革有序地付诸实践，一方面，为民事执行体制改革提供了难得的环境，另一方面，民事执行体制作为改革的一部分，司法体制改革的其他成果为其贡献了智慧。最为突出的是民事执行团队建设，京津冀法院均以执行法官、法官助理、书记员以及法警为主体，打造了具有战斗力的团队。团队化直接源于审判机构的扁平化管理，又与破除法院内的司法行政化等密切相关，而法院人员分类管理、法官员额制、主审法官责任制、司法责任制等主要针对的是审判权力运行机制改革，这一揽子改革成果应用于民事执行体制改革，相应地形成了执行团队。因此，正如前文所述，全面深化司法体制改革增强了三地法院服务保障京津冀协同发展战略实施的能力，借力司法体制改革并推进民事执行体制改革，亦是如此。二是走出了“空喊口号”或“新瓶装老酒”的窠臼，真正地深化“改革”，同时做到了“重大改革于法有据”。改革要有新思路、新举措、新手段，要有实实在在的看得见的新成果，体现为具有明显对比性的“变量”，至少与原有的运行模式及其机制存在实质性区别，同时也应当立足于现行法律以及由此形成的司法运行体系，做到依法改革，但这并不意味着对现行法律不能有任何突破，而是指改革措施基本成熟后应先修改法律，然后依法推行。如何正确处理“重大改革”与“于法有据”的关系，是改革过程中需要准确把握的难题，民事执行体制改革首先应当以现行民事诉讼法为根本准则，研究和挖掘改革的可能空间，对于具有创新性的改革方案进行法律论证，确保不违背基本法。唐山中院的“审执分离”体制改革具有相当的创新性，打破了现有的执行机构设置以及执行权力运行模式，但总体上与民事诉讼法等规定的执行程序保持一致，坚持程序法与司法制度的界限，将改革主要限定于司法制度范畴。京津冀其他法院的改革探索，也是从大处着眼、从小处切入，诸如主动执行、执行节点控制、“执行局+人民法庭”执行模式等，都是立足于解决“执行难”这一根本问题，但通过“细小”的改革释放了较大的执行能量。三是权力配置与机构设置是民事执行体制改革的核心，其中权力属性以及与之相适应的运行模式起着基础性作用。将执行权与审判权相分离，体现了强制性权力与裁判性权力的根本区别，而对执行程序中的裁判权与实施权再次分离，充分地反映了学术界与实务界对民事执行权的新认识以及基本共识。执行裁判权是由双方当事人与法官共同构成的“三角形”诉讼图景，但与当事人之间原初的民事诉讼存在区别，它是因执行法院生效法律文书过程中出现的实体性争议，旨在制止并撤销生效法律文书所确认的权利义务关系，而前者仅是针对双方争议提交法院予以确认，尽管如此，执行裁判权本质上仍属于审判序列，建立独立的执行裁判庭并回归审判机构序列，则是必然选择。执行实施权是对被执行人采取强制措施或对执行财产进行查控和变现的权力，实行垂直领导，有利于通过统一指挥、统一管理、统一协调形成强大的执行合力，因而具有相对独立性，但同时应当认识到，对于法院作出的裁判文书的执行而言，审判是执行的前提和基础，执行是审判的延续和保障，二者具有程序上的顺序性和连接性，不能因为民事执行的相对独立性而将之从法院分离出去，而应当实行法院内部的相对分离，同时注意立审执的一体化运行，特别是执行程序中涉诉时与审判程序的协调。

京津冀法院的改革试点以及主要措施，为全国推行民事执行体制改革积累经验。2019 年 6 月 3 日，最高人民法院印发的《关于深化执行改革健全解决执行难长效机制的意见——人民法院执行工作纲要（2019—2023）》，明确提出：“进一步深化执行体制机制改革，完善执行法律体系及配套制度，逐步形成成熟、稳定的中国特色执行制度、执行机制和执行模式”，“不断深化‘党委领导、政法委协调、人大监督、政府支持、法院主办、部门联动、社会参与’的执行难综合治理工作大格局”。该《意见》专门规定了“深入执行体制改革”，第 12 条至第 17 条分别规定了执行管理体制改革、审执分离体制改革、派出法庭执行机制、全面推行执行团队办案模式、推进司法警察参与执行、积极引入专业力量执行等，这些改革举措在京津冀法院已推行的改革中均有体现，甚至某些改革思路与之完全一致。比如第 12 条执行管理体制改革模式包括：“一是市（地）中级人民法院对区（县）人民法院执行机构垂直领导；二是区（县）人民法院执行机构接受本级人民法院和中级人民法院级执行机构双重领导，在执行业务上以上级执行机构领导为主”，尽管未对“垂直领导”的机构设置作出规定，或许基层法院仍设执行局，人财物保障仍由基层法院负责，而执行实施由中院统一领导，也可能采取唐山中院的模式，撤销基层法院执行局，设立执行大队，人员调动主要归属于中院，但人财物保障以及立案等仍归基层法院。这些具体的方案也可能由各地法院自行确定，但总体方向和基本要求是非常明确的，推行中级法院对辖区内执行实施业务的垂直领导、统一管理，符合执行实施权的运行规律。第 13 条提出了法院内实行“深化内分”的审执分离体制改革思路，主要包括两种情形：一是可单独设置或在执行局内设独立的执行裁判庭，行使执行裁判权，办理执行异议、复议、执行异议之诉案件；二是不具备条件的法院，在执行局内分为两类团队，分别负责执行实施和执行异议与复议，而将执行异议之诉归入审判机构。这种思路采纳了执行裁判权与执行实施权具有不同权力属性的观点，同时兼顾了各地法院的实际。第 14 条赋予派出法庭对其审理案件的执行权，并在派出法庭建立执行团队或指定固定人员专门负责执行，既充分地发挥了派出法庭熟悉乡镇情况且能利用乡镇熟人网络对被执行人及其财产进行查控的优势，又遵循了社会治理中心下移基层的改革思路，天津静海法院首推“机关 + 法庭”执行模式，主要是由派出法庭配合执行局，而此次改革赋予派出法庭执行权，改革力度更大，由此产生的问题是，派出法庭执行案件时出现的执行异议、复议、执行异议之诉应由哪个部门负责？综合把握执行体制改革思路以及结合该《意见》第 13 条，应当由派出法庭的审判团队办理。第 17 条提出的积极引入审计等专业机构和人员深度参与执行，天津一中院已试点，而通过购买社会服务的方式将执行中的辅助性事务外包给专业公司，是参照法院事务性工作外包的做法，由于外包公司负责财产查控、网拍辅助、案款发放、送达等，既需要对外包公司的资质进行严格审查，更需要法院对其辅助的执行行为进行严格监控，避免出现违法违规现象。

由此可见，京津冀法院的民事执行体制改革已率先进行了试点，而诸如该《意见》第15条提出的“实行以法官为主导的‘法官+法官助理（执行员）+法警+书记员’团队办案模式”等已在三地全面展开，未来的改革思路是：一方面，应当在各地法院改革试点的基础上，按照该《意见》的要求，在京津冀三地各级法院普遍推行民事执行体制改革，根据各地实际，进一步改革法院执行机构，优化执行裁判权与执行实施权的配置，加强二者之间的程序衔接，提升执行实施机构垂直领导下的执行实施能力。另一方面，京津冀三地跨行政区划的民事执行体制改革尚未提及，立足于我国宪法以及政治体制，从体制层面通过机构设置和权力配置来形成三地一体化的格局，只有最高人民法院有此权力和能力，但若将权力直接上提至最高人民法院，显然既无必要又存在现实难度。鉴于此，存在三种可能路径：一是借鉴现由最高人民法院牵头建立的京津冀法院联席会议制度，对涉及京津冀跨区划的重大事项，由联席会议统一研究解决；二是参照唐山中院民事执行改革所采取的建立执行分局模式，可由最高人民法院设立执行分局并授权其专门负责处理涉京津冀跨区划民事执行事务；三是以京津冀三地高院为中心，进一步加强高院对省级区划内各级法院民事执行的统一领导、统一管理、统一协调，在此基础上，深化三地跨区划的执行协作机制，加强执行沟通与协作。从当前情况来看，第一种和第三种思路已有基础，更具可行性。

四、结语

京津冀民事执行体制改革的重心在省级区划范围内，关键在于建立高级法院自上而下顺畅运行的执行实施体系，确保执行措施到位、有力。法院信息化建设以及执行指挥中心的设立，增强了省级区划内三级法院联查联控、统一执行的合力，在法院内设机构改革的过程中，进一步优化执行机构设置，建立一体化、立体化、信息化的执行模式，是深化京津冀民事体制改革的基本方向。对于跨省级行政区划的协同执行而言，体制改革的空间有限，主要应当加强三地的协作机制建设，构建制度化、常态化的京津冀协同执行格局。

第二节　京津冀区域执行协作

跨区域执行协作是京津冀法院司法协作推进力度最大、最有成效的方面，如前文所述，京津冀有关法院通过签订协议的方式，建立了常态化的执行协作机制，力争实现三地执行的“同城效应”，最大限度地解决“执行难”问题。历经五年的实践探索，京津冀跨区域执行协作的一些做法已成熟并成为常态，同时也存在诸如执行协作法院范围有待拓展、协作力度有待深化、协作举措有待进一步落实等问题，亟待以执行指挥中心为枢纽，以执行信息化为依托，进一步加强京津冀跨区域执行协作联动，打造一体化的京津冀执行联动体系，不断提升执行效能。

一、京津冀执行协作的现状考察

2015 年 3 月，京津冀三地高院签署了《北京、天津、河北法院执行工作联动协作协议书》，2016 年 7 月 8 日共同出台了《北京、天津、河北法院执行事项委托及异地执行协助操作细则》，这是高院层面出台的两个主要文件，主要涉及内容包括四个层面：一是加强京津冀异地执行的对接，简化异地执行手续，改变以前跨省级区划执行需高院开具介绍信的做法，改由执行人员携带本院的介绍信以及其他证件，京津冀三地的任何法院均应给予密切配合和积极支持；二是三地各级法院之间相互委托，由被执行财产所在地或被执行人住所地法院依法采取财产调查、查封、冻结、扣划等执行措施，并向被执行人及有关协助单位送达法律文书，对被执行人采取拘留等强制措施；三是对涉及财产的审计、评估、拍卖、过户、支付执行款项等事项，由执行法院通过专项委托的方式，委托被执行财产所在地法院协助执行，实现对财产的及时、迅速变现，避免因执行法院的跨区划直接执行延误最佳时机；四是以执行信息化为依托，逐步建立一体化的执行远程指挥系统和网络查控系统，向信息化要“执行力”，用足用好执行措施，加大对“老赖”的协同打击力度，形成京津冀区域无缝对接、协同作战的执行格局，有力地挤压“老赖”的生存空间。

相对于跨域立案、跨域审判、京津冀法律统一适用等审判领域的司法协同而言，跨区域执行协作涉及的法律问题相对简单，诸如权力界限等问题更偏重于技术层面，而与法理以及法律规定的关联度不是很高。此外，尽管京津冀法院需要加大一体化的执行信息系统建设，但信息化主要在于提高跨域执行的精准度和效率，对传统执行方式的跨区划适用的影响也相对较小。这主要取决于执行的“强制”属性，它是通过对被执行人采取执行措施，强制其履行生效法律文书确定的义务的过程，理论上讲，除了少数的能够成立的案外人异议案件外，大多数案件的执行不涉及当事人及其他主体的权利保障，执行法院自行跨域执行不应存在障碍，但从现实出发，则面临着两个突出问题：一是受辖区限制引起的执行力度问题。在同一辖区内，由于各部门、机构等之间不同程度地存在着直接或间接的联系，且受同一地域的“软文化”影响，相互之间配合和支持的积极性较高，但跨域特别是跨省级行政区划的执行则失去了这种软环境的支持，甚至一些法院以及其他机构之间无任何交集，即便是执行法院亲自前往执行，也面临着诸多障碍，比如消极应对、直接拒绝、设立障碍故意刁难甚至向被执行人通风报信等，本质上属于地方保护主义，导致直接执行困难重重，更何况委托执行，这也是《民事诉讼法》明确规定了“委托执行”但实践运行不甚乐观的重要原因。二是跨域执行的成本问题。执行法院前往被执行人住所地或被执行财产所在地进行执行，需要人力、物力、财力保障，而查找执行人及其财产并非“一日之功”，往往需要多次往返，而且大多是“无功而返”，特别是偏远地区以及遇到上述障碍时，法院直接执行需要付出的司法成本更大。鉴于此，需要从机制层面加强跨区划法院之间的执行协作，建立相互配合、相互支持的执行机制。

京津冀三地法院跨区划执行联动协作，是继上海、浙江、江苏、安徽高院签署长江三角洲地区法院执行联动信息共享合作协议之后的又一跨省级区划执行协作，旨在进一步打造横向联网、纵向一体的执行体系。京津冀的一些法院积极主动地扩大“朋友圈”，建立了不同层面的协作机制。比如平谷、蓟县（现为天津市蓟州区）、三河、兴隆、玉田、遵化三省（市）六地法院的跨省执行协作具有典型性和特色性，主要体现在三个方面：一是建立了常态化的联席会议制度，相互通报该区域内的执行情况，共同研究面临的主要问题及解决措施，有力地扫清了异地执行的障碍；二是建立被执行人财产信息共享平台，协同银行、证券、车辆、房产等部门，加大对被执行财产的查控力度；三是针对被执行人异地拘留难的问题，建立了异地拘留“联合布控、及时移送”平台，进一步打破跨省级区划执法的壁垒。目前，六地法院异地执行已成为常态，按照协议各法院对协助执行事项优先办理，形成了密切协作、互相支持的良好局面。

由此可见，京津冀跨区域协同执行的主要突破口包括三个层面：一是以信息化建设为契机，加强法院与其他有关部门的网络对接，实行京津冀跨区域信息共享。“找人查物”是民事强制执行的切入点，而“人难找、物难查”是“执行难”面临的突出问题，现代信息技术的广泛应用，有利于打破各部门之间的信息壁垒，实现信息互联互通和即时共享，解决传统执行手段的有限性问题。二是建立一体化的执行实施机制，将被执行人的异地拘留以及被执行财产的异地查控等落到实处。执行实施权的实现手段大体上包括调查、查封、扣押、冻结、评估、变现（拍卖、变卖）等，尽管不同财产的查控和变现方式略有不同，但对于被执行案件以及法院而言，这些执行手段具有同质性，跨区划强制执行的障碍在于如何及时、高效地将这些执行措施落实到位。三是落实跨区域联合惩戒机制，营造“一处失信、处处受限”的社会诚信氛围，有力挤压“老赖”的生存空间。2017 年 1 月 9 日，国家发改委、最高人民法院等 44 个部门联合签署了《关于对失信被执行人实施联合惩戒的合作备忘录》，惩戒措施达到 55 项，涉及 30 多个重点领域，建立了对失信被执行人形成强大威慑的联合惩戒机制，但被执行人逃避义务的手段翻新，特别是通过异地的隐蔽方式企图“瞒天过海”，需要进一步加强对逃避执行行为的规制和惩处力度。比如，北京平谷法院“针对部分被执行人以异地生产经营躲避失信惩戒问题建立‘异地失信惩戒 +’惩戒平台，通过联合被执行人居住地法院在活动区域张贴公告、利用地方媒体曝光等手段进一步挤压‘老赖’逃避空间；针对党员干部身份特殊、失信打击社会影响大问题，建立了‘异地监察 +’打击平台，在涉党员干部跨区域案件执行中推广与监察委协作成熟经验，报被执行人居住地法院将其移送本地监察委联合打击，保证了法律效果与社会效果。”①

① 《精准施策 突破省际执行联动协作难点》，载《人民法院报》2018 年 10 月 30 日，第 4 版。

二、京津冀执行协作困境及成因

京津冀跨区域执行协作取得了一定进展，但总体上是对国家层面发布的制度规范的进一步落实，仍属于粗线条式的，异地执行协作出现诸多具体的细节性问题仍有待进一步解决。此外，跨区划执行协助的动力不足，不仅体现为思想观念层面，而且需要加强制度和机制的创新，充分调动跨区域一体化执行的积极性和创造性。

具体而言，京津冀跨区域执行协作面临的问题主要包括以下层面：一是执行协作的制度规范可操作性不强。《民事诉讼法》对委托执行等做了基本规定，京津冀高院以及有关法院也签订了协议或出台了执行协作的相关文件，但总体而言，大多数文件属于框架性的，只是提出了执行协作的基本机制，实践中如何执行仍需要进一步明确具体的程序、方式和责任人等。二是已建立比较密切的执行协作关系的法院较少。京津冀三地高院签署了执行协作协议等文件，为三地各级法院开展执行协作提供了基本依据，但如前文所述，目前执行协作的力度较大、已形成常态化协作的法院较少，诸如平谷、蓟县（现为天津市蓟州区）、三河、兴隆、玉田、遵化三省（市）六地法院已建立比较密切的协作关系，而其他法院的执行协作仍比较松散，甚至未建立实质性的协作机制。三是执行协作的范围相对较窄。目前，京津冀三地各级法院的执行协作主要偏重于执行手段的实施，包括查封、扣押、冻结以及变卖、拍卖等，在信息化时代，如何创新执行手段、方法和机制，特别是在现有执行措施的基础上，促进深层次的跨区域执行协作，尚需要进一步拓展协作范围。四是执行协作措施的落实存在现实困境。一方面，对于协作法院而言，接受其他法院委托执行或协助执行，需要在原有工作额度的基础上增加人力、物力、财力的投入，必然加重其负担，特别是当前普遍存在“案多人少”矛盾，加上资金等投入有限，以及尚未建立科学合理的考核机制，执行协作存在一定现实困难；另一方面，异地执行手续繁琐、执行涉及问题复杂，现有的制度规范只是规定了执行的一般程序和机制，但从制度规范到现实实践面临的某些问题可能超出制度本身，特别是异地查控的大宗不动产等变现困难。以农村房屋为例，由于农村存在着一定的传统纽带关系，仍具有熟人社会的显著特征，将涉案房屋查封后如何变现，是困扰各地的突出问题。对于当地居民而言，因情面以及日常生活关系，不愿或不敢购买该房屋；而对于外地人而言，更是面临着当地居民“抱团欺生”的现象，不仅拍卖变卖的过程中存在各种障碍，即便拍卖变卖成功，未来生活中将会面临各种骚扰甚至当地居民的破坏活动，导致该房屋即便被查封也很难变现。对于车辆等财产的变现亦不同程度地存在一些具体问题。五是异地执行协助的部门以及标准不一，执行效率有待提高。对于同一事项，各地负责的部门不一，异地执行时需要找到相应的协助部门，而且各地的要求也不完全一致，导致跨域执行的程序“因地而异”，即便是当地法院配合，也堪称“颇费周折”，影响到跨域执行效率。

出现上述情况的原因是多方面的，主要包括：一是各地法院对异地执行的认识不一，导致三地高院签署的执行协议等难以落地。由于京津冀三地不同地域的经济社会发展水平差距相对较大，产业布局、社情民意、矛盾纠纷等具有地方性特征，很难从顶层设计层面作出非常细致的规定，各类指导性文件的实施往往依赖于各地法院通过制定细则、明确流程、指定责任人等，创造具体的条件予以落实，但很多法院对此重视不够，习惯于做“二传手”甚至“三传手”“四传手”，最终端的基层法院执行人员接到异地协助执行、委托执行等任务时“无从着手”。二是“案多人少”矛盾突出，对异地协助执行的考核机制尚未完全建立，协作法院缺乏积极性。基层法院是处于法院体系“金字塔”的底端，80%的审判和执行案件在基层，“案多人少”矛盾更为突出，协助执行实际上是额外增加了基层法院的工作量以及资源投入，很多法院完成自身执行工作量已显得捉襟见肘，对协助执行更是“无能为力”。同时，除了少数法院外，大部分法院尚未将异地协助执行纳入工作量考核体系中，但协助执行往往并非简单的“协助”，需要投入的人员及其时间、精力甚至不亚于自身执行的案件，如无科学合理的考核机制作为保障，协助执行变成了“义务劳动”，执行人员的积极性和动力不足。此外，从责任层面来讲，协作法院对于自身执行案件所承担的责任远远大于协助执行的案件，因为前者属于其法定的职责之所在，具有不可替代性和责任的直接性，如出现执行拖延等情况，面临着当事人、法院领导乃至上级法院等多重压力，而后者则属于委托法院的职责，尽管协作法院亦负有协作责任，但因不属于直接的责任法院，无须直接承受当事人等的压力。就现实情况而言，执行协助的不对等性也是影响协作法院积极性的一个重要原因。由于跨域案件的分布不均匀，一些法院辖区内的异地执行案件较多，而另一些法院则较少，甚至一些法院出现单向地接受委托执行和协助执行情况，而向对方未发出过任何委托或协助请求，这种“不对等性”不仅导致协作法院“案多人少”矛盾更为突出，而且造成思想和心理的不平衡。三是京津冀三地各级法院的执行信息化建设水平存在差异，形成信息壁垒。信息化平台主要以省（市）高院为中心，京津冀统一化平台尚未建立，“点对点”的财产查控系统尚未完全打通，跨域异地查询和控制执行义务人财产仍然依赖于对方的协作，执行信息化的优势和效能未得到充分发挥。四是跨域异地执行面临着难以解决的客观障碍。比如房产等的归口查询部门不一，通过信息化系统查询到车辆后实际找到并控制车辆以及房屋拍卖变卖、腾房等难度较大，这些问题不仅仅是京津冀区域面临的，也是全国普遍存在的现实问题，与执行的体制机制等的关联性不是很大，很难从根本上解决。

三、京津冀执行协作的优化路径

京津冀执行协作的典型范例是平谷、蓟县（现为天津市蓟州区）、三河、兴隆三省（市）四地法院基础上增加玉田、遵化法院，形成了三省（市）六地法院执行协作模式，堪称京津冀执行协作的“共同体”模式。这六地法院能够实现持续、稳定、深入合作的主要原因在于它们地理位置毗邻，居民跨域流动频繁，存在着非常密切的联系，因“共同需要”而产生了比较强烈的跨省级区划的执行协作愿望，因而建立和落实跨区划执行机制的起步较早、推动较快、合作力度较大、合作领域较广泛。由此得出的有益启示是：京津冀毗邻区域应当主动作为，结合经济社会发展的跨区域形势，以有利于形成跨区域的“片区”和方便当事人执行为出发点和落脚点，从思想深处打破行政区划界限，在京津冀一体化的引领下，树立跨区域的“小共同体”思维，寻求执行协同的突破点，找准着力点，建立常态化的协作机制；在此基础上不断扩大执行协同的“朋友圈”，进而将各个“片区”联结起来，形成基于共同需要和共同愿景的跨区域执行协同模式。

对于京津冀三地各级法院而言，围绕跨区域执行协作面临的主要问题及其成因，应当从以下层面促进深度协作：

一是以京津冀协同发展为出发点，切实提高思想认识。思想是行动的先导，统领京津冀跨区域执行协作的根本遵循是京津冀协同发展战略。京津冀协同发展要求三地将合作发展的功夫下在跨区域协同联动上，建立一体化的发展格局，形成新的城市发展群，实现优势互补、良性互动、共赢发展。执行协作具有技术化治理的特征，执行的中心环节是执行措施的实施，包括查封、扣押、冻结以及变卖、拍卖等，具有较强的同质性，对于同一案件的执行，无论交由哪个法院执行，所采取的执行措施大体相同，因而，跨区域执行协作的技术障碍较小，主要在于“愿不愿意”，也就是思想认识问题。从平谷等三省（市）六地法院的深度执行协作来看，只要跨区域法院之间具有密切联系和共同需求，执行协作即可取得明显成效。但由于京津冀三地基层法院之间的空间距离不等、联系程度不一，仅靠区域毗邻的优势来促进各法院之间的协作显然是不现实的，最根本的在于应当树立京津冀“一盘棋”的思维，提高和深化对京津冀协同发展的认识，将跨区域执行协作作为京津冀协同发展的一部分，主动提高政治站位，增强责任担当意识，将京津冀三地各级法院提出的执行协作请求，与该法院的执行同等对待，给予全方位的协助和支持，有效节约京津冀执行的司法成本，实现京津冀跨区域执行的顺畅运行。

二是制定明确具体的执行协作细则，促进跨区域执行协作落地。京津冀三地高院签署的执行协作协议以及各自出台的相关文件，为三地各级法院执行协作提供了基本依据，而执行协作能否落地，在三地各级法院特别是基层法院之间能否顺畅运行，关键在于各级法院是否制定了明确具体的规范，对协作事项制定了体系化的操作规则和具体流程，并明确了责任主体，实行“有人对接、有人负责”。由于各个法院面对的执行协作事项、协作频率等各不相同，一方面，针对跨区域执行协作的一般情形，制定通用的执行协作规则和流程，任何事项都依次自动运行；另一方面，各地法院可对近几年的跨区域执行协作事项进行梳理，针对频率较高的常态化协作事项，可实行集约化协作，指定专人负责，减少协作法院内部的沟通和运行成本，提高执行协作效率。特别是区域毗邻或协作事项较多的法院，可建立联席会议等方式，共同研究跨区域执行协作的具体问题，消除区域障碍，理顺跨区域执行的程序，逐渐形成跨区域协作执行与本院执行同等对待、一体化运行的模式。

三是推进京津冀区域执行信息化建设，提升被执行财产“点对点”异地查控效率。目前，京津冀三地各自建立了“点对点”查控系统，在各自辖区内基本形成了省级执行指挥中心统一领导、统一管理、统一协调的执行体系，但三地跨区域执行查控系统尚未全面建立，基层法院对被执行人的财产进行“点对点”异地查询仍存在技术障碍，主要原因在于三地分别建立的执行信息化系统兼容度较低，难以实现直接的对接。此外，三地各自建立的执行信息化系统与银行、车管所等的“点对点”查询系统的建设水平也不完全一致，造成跨区域以及区域内仍不同程度地存在着信息壁垒。鉴于此，一方面，京津冀三地高院可采取跨域立案系统的建设模式，进一步研究建立三地互通共享的执行信息系统，同时研究建立执行财产查询的保密机制，对于执行财产的异地查询，可由高院执行指挥中心统一进行，或者指定若干个中院的执行指挥中心负责，提高跨区域执行查询的便捷性和精准性；另一方面，三地高院分别与房产、土地、银行、证券、保险等机构建立互联互通的信息系统，按照国家发改委、最高人民法院等44个部门联合印发的《关于对失信被执行人实施联合惩戒的合作备忘录》的要求，实现省、市、县三级各机构之间的信息互通。需要指出的是，由于财产查询等涉及当事人的隐私，在建立“点对点”查控系统的同时，需要加强信息安全和保密的保障机制，严格将财产查询限定于被执行案件且以案件执行为目的，防止因信息泄露对当事人带来不必要的影响。

四是建立科学合理的激励和考核机制，提高京津冀跨区域执行协作的积极性。一方面，可将执行协作事项单独制作案号，计入执行人员工作量，因执行措施实施的同质性，至少将之与本院执行事项同等对待，在执行协作初期，因前文所述的执行协作与本院执行面临的压力不同，为调动执行人员积极性，可适当提高异地协助执行的工作量系数，对异地执行协助成效显著、有效节约跨区域执行成本以及有力提升本院执行协作声誉等方面表现突出的执行人员，可进行精神和物质层面的激励，以此营造京津冀三地一体化执行的良好氛围。另一方面，对于消极对待执行法院提出的执行协作请求的执行人员，进行必要的责任追究和惩戒，特别是未能严格落实执行协作的有关制度，对本院与其他法院的执行协作造成恶劣影响的，应当严格追究责任，促使执行人员切实立足于京津冀协同发展战略，牢固树立大局意识，认真履行异地协作责任，保证京津冀跨区域执行协作的顺利进行。

四、结语

总体而言，京津冀跨区域执行协作集中在三地毗邻法院，这与当地居民的跨区域流动频繁有关，因而产生了较多的跨区域案件，如果按照传统方式跨区域异地执行，则需要自下而上呈报省（市）高院，然后再转回执行法院和协作法院，手续复杂，程序繁琐，执行成本大，且影响执行效率，不利于对被执行人及其财产的及时查控和变现，也不利于实现权利人的合法权益。通过京津冀跨区域异地执行的制度化、信息化建设，有利于破除区域障碍和信息壁垒，促进毗邻区域常态化、高效率执行。但另一方面，地理位置相对较远的法院之间，尽管执行协作案件相对较少，但异地现场执行的经济成本更大，耗时更长，更需要充分利用信息化手段加强异地执行协作，减少执行法院往返异地现场执行的频率，尽可能地实现确有必要时现场执行，进一步增强京津冀执行的“同城效应”。

第三节　京津冀网络执行查控

大数据、人工智能等的广泛应用，促进了社会治理的“提档升级”，极大地提高了现代社会治理的能力。近年来，法院信息化建设取得了相当大的进展，大数据信息辅助决策、人工智能检索识别案件等，有力地提高了法院审判执行的精准度，有效地减少了法院重复性工作，缓解了“案多人少”矛盾，提升了司法效率。如前文所述，推进京津冀区域执行信息化建设，提升被执行财产“点对点”查控效率，是优化京津冀执行协作的重要途径，但从现实情况来看，京津冀网络执行查控的应用仍较为低端，对网络的技术挖掘和应用相对较为肤浅，与上海等地区相比仍存在着较大差距，未能将网络查控的巨大能量转化为京津冀区域执行的“生产力”，亟待从技术应用、信息共享、人才培养等方面进一步加强信息化建设，推动京津冀三地各级法院执行系统的纵向贯通、执行联动单位的横向联网，不断提升跨区域执行的效率，促进裁判文书确定的权利义务及时兑现，增强司法服务和保障京津冀协同发展的能力。

一、京津冀网络执行查控的目标导向

法院执行工作的基本要求是“一性两化”，即突出强制性以及加强规范化、信息化建设。近年来，最高人民法院将执行信息化作为破解“执行难”问题的重要抓手，积极主动向科技要生产力，着力构建全国执行一体化系统，逐步打破区域界线，尽可能地实现被执行人财产的全面精准查询、及时迅速控制、合法转移处置。2015 年 3 月召开的最高人民法院信息化建设工作领导小组第一次全体会议上，周强院长要求：“要树立全国法院‘一盘棋’的思想，以‘天平工程’为引领，加强整体规划和顶层设计，指导统筹各级法院推进信息化建设，努力实现‘全覆盖’。要逐步完善人民法院数据集中管理平台，促进信息化与法院业务的深度融合，实现全国法院司法信息资源的统一管理和信息共享，实现与相关单位的信息共享和业务协同；要加强协调和保障，整合全国法院信息化建设资源，统筹协调推进信息化建设，切实解决多头开发和各自为政问题，构建全面覆盖、互联互通、资源共享的法院信息化工作网络。”①

2015年8月26日，在广西南宁召开的全国法院执行工作座谈会上，周强院长进一步明确指出：“在‘互联网+’时代，现代信息技术不断融入和影响人民法院工作的方方面面，实现信息化与法院工作的深度融合是大势所趋。要提高认识、把握机遇，采取有效措施加快推进执行信息化建设，为执行工作发展提供信息科技保障。要进一步完善执行指挥系统，要将工作重点放在房地产管理部门、地方银行业金融机构等数据尚未实现全国集中的领域，因地制宜，充分发挥‘点对点’网络查控机制的灵活优势；要积极开发建设全国执行案件流程节点管理系统，对执行流程节点的网络进行实时监控，促进执行信息公开和执行行为的规范化，实现阳光执行；要大力推进网络司法拍卖，对破解财产处置周期长的瓶颈问题进行有益探索，有效打破地域限制，最大限度减少人为控制，切实压缩权力寻租空间，杜绝拍卖中的不公、不廉现象。”“要建立健全提升执行强制性的制度机制，加强执行区域合作，全方位、多层次谋划破解执行难问题。要加强以保全促执行的力度，用足用活诉前和诉中保全措施，依托执行网络查控系统，尽早保全被告财产，从源头上减少进入执行程序的案件数量；要强化被执行人财产报告义务，着力完善反规避执行工作机制，充分发挥网络执行查控机制核实被执行人财产状况，依法适用罚款、拘留、追究刑事责任等强制手段；要坚持从大局出发，敢于突破利益藩篱，推进建立强制执行区域协同网，探索执行信息区域共享，依托信息技术在更大范围、更深层次推动执行协作。”②

由此可见，网络执行查控的基本着力点不限于裁判文书生效后的查控，也不限于执行法院辖区内，而是旨在建立全国执行信息的“一

① 罗书臻：《全力促进人民法院信息化升级转型 进一步提升司法为民公正司法的能力和水平》，载《人民法院报》2015年3月26日，第2版。

② 罗书臻：《全力推进执行信息化建设转型升级 切实破解“执行难”难题》，载《人民法院报》2015年8月27日，第1-2版。

张网”，具体包括以下三个层面：一是在最高人民法院与有关部门建立“总对总”网络查控机制的基础上，各级法院进一步建立“点对点”网络执行机制，将房产、车辆、银行存款、证券股票等财产全部纳入执行查控网络，实现对被执行人财产的全覆盖，同时以此为基础，对失信被执行人的任职资格、出行、高消费等进行联合惩戒，切实形成“一处失信、处处受限”的局面，进一步推动全社会诚信体系建设。二是网络执行查控的系统应用，从查控被执行人财产拓展至对逃避执行的被执行人进行司法惩戒乃至追究刑事责任，加大对失信被执行人的惩罚力度，以此倒逼其自动履行裁判文书。从民事案件执行情况来看，困扰执行的关键环节是执行实施，而执行查控是执行实施的前提和核心，最终作用于被执行财产，但仅仅运用网络手段进行财产查控是远远不够的，也不足以对被执行人形成强大威慑，而是需要以“人”为中心，充分运用民事诉讼法以及刑法关于逃避执行的惩罚措施，将被动的强制执行转为积极的自动履行。三是网络查控机制的运行，既要打破地方保护主义，全国各地法院树立“一盘棋”思维，将各法院的网络并入全国查控系统，又要打破部门的利益藩篱，特别是银行、证券、股票等市场化部门应当积极配合，不应为了赢得客户而对网络执行查控消极对待甚至阻挠。事实上，对失信被执行人的查控惩戒，不仅不会影响这些部门的利益，而且有利于净化社会风气，增强全社会的诚信意识，为失信行为树立牢固的“篱笆”，避免借款人违约甚至银行出现呆账坏账现象。因此，跨区域网络执行查控机制建设的根本目的在于运用现代信息技术增强对被执行人财产的查控能力，可谓对被执行人财产安装了“天眼”。

2016 年 4 月 29 日，最高人民法院印发的《关于落实“用两到三年时间基本解决执行难问题”的工作纲要》提出：“实现网络执行查控系统全覆盖”的目标，明确要求“建成以最高人民法院‘总对总’网络执行查控系统为核心、以地方各级法院‘点对点’网络执行查控系统为补充、覆盖全国地域存款及其他金融产品、车辆、证券、股权、房地产等主要财产形式的网络化、自动化执行查控体系，实现全国四级法院互联互通、全面应用，所有负责办理执行实施案件的执行人员均能熟练使用系统，快速查找、控制所承办案件的被执行人及其财产。”2018年10月24日，周强院长在第十三届全国人民代表大会常务委员会第六次会议上作的《关于人民法院解决“执行难”工作情况的报告》指出，最高人民法院建立的“总对总”网络查控系统，与16家单位和3900多家银行业金融机构联网，可查询全国范围内的16类财产25项信息，基本实现了对被执行人主要财产形式“一网打尽”。2019年5月29日召开的全国法院执行工作视频会，会议要求，“要进一步完善综合治理执行难工作格局，推动健全党委政法委牵头的执行联动机制，强化人民法院主体责任，将解决执行难纳入各联动部门职责范围，将协助执行工作纳入基层社会治安综合治理网络化管理。要进一步推动执行工作与现代科技深度融合，以信息化、智能化为杠杆培育执行工作发展新动能，努力实现执行工作模式迭代升级”。[①] 网络执行查控系统由法院牵头建设，但对接的部门众多，需要各部门的密切配合和网络联动，是以民事强制执行为中心进行的社会综合治理工程，以被执行人财产网络查控为“杠杆”撬动整个社会的资产网络整合和信息共享，除了促进民事执行和社会诚信体系建设外，具有更广泛、更深远的意义。

在此背景下，京津冀三地各级法院加强被执行人财产“点对点”网络查控系统建设，不仅有利于更好更快地实现民事裁判文书确定的义务，而且客观上对京津冀其他领域的协同发展具有强大的助力作用。最高人民法院《关于为京津冀协同发展提供司法服务和保障的意见》第15条提出：“进一步推动并不断完善京津冀法院执行联动协作。

---

① 孙航：《坚持不懈构建解决执行难长效机制》，载《人民法院报》2019年5月30日，第1版。

推动三地各级法院执行系统的纵向贯通，执行联动单位的横向联网，实现三地执行指挥中心和财产网络查控系统有效对接和三地法院执行办案的‘同城效应’。”京津冀三地高院按此要求建立了财产网络查控系统，基本上实现了高院之间的对接，以此推动执行模式的现代化变革。

二、京津冀网络执行查控的主要问题

最高人民法院建成的对被执行人财产“总对总”网络查控系统，为全国范围内对被执行人财产进行网络查控提供了技术保障。京津冀三地法院分别建立了“点对点”网络查控系统，基本模式相同，主要包括两个体系：一是纵向层面，从省（市）高院、中院到基层法院建立了纵向的三级网络系统，将所有法院纳入其中，实现法院的全覆盖；二是横向层面，与协助单位实现网络对接，便于法院对被执行人财产的“一键查询”，主要协助单位及其查控惩戒类型包括国土住建（住房、土地、园林）、工商（产权、任职）、金融（银行、证券、保险、第三方支付平台）、公安（车辆、户籍、出境、失信）等，基本上建立了纵向贯通、横向联网的网络查控系统，取得了较好效果。比如，2019 年 1 月 10 日，北京高院召开新闻发布会，“2016 年至 2018 年，全市法院通过网络查控系统冻结资金 135.72 亿元，累计公布失信被执行人信息 23 万余例”。[①] 河北法院 2018 年运用网络执行查控系统“共冻结银行款项 61.76 亿元，查询不动产 1.09 万处、车辆 124.82 万辆、股票 3.04 亿股；创新执行查人找物方式，共发出律师调查令 6538 份，发布执行悬赏公告 231 份，请求公安机关配合查人找物 1389 次……与 48 家单位加强失信联合惩戒，发布失信被执行人名单 13.55 万例……

---

① 于立霄：《北京法院 3 年通过网络查控冻结资金 135.72 亿元》，https://news.sina.com.cn/o/2019-01-10/doc-ihqfskcn5950383.shtml，最后访问日期 2019 年 9 月 14 日。

2.02万名失信被执行人迫于信用惩戒压力自动履行了义务”。[①] 由此可见，网络执行查控系统的应用，迸发出巨大的能量，对于提高法院民事执行能力具有显著的推动作用。

但就京津冀三地法院网络执行查控而言，由于各个网络查控系统相对独立，网络端口不完全一致，与公安、房产等部门的联网程度不一致等，对执行系统的集成研发总体尚处于初级阶段，执行大数据的应用程度相对仍较低，与最高人民法院推动的“总对总”网络执行查控以及上海、浙江等执行信息化建设先行地区存在较大差距，主要体现为：

一是京津冀三地各自建立网络执行查控系统，技术标准不统一，系统整合难度较大，存在跨区域的执行数据壁垒。打通网络技术壁垒，建立京津冀一体化的通用系统，是实现三地网络执行查控一体化的基础。但包括网络执行查控系统建设在内，现代信息技术的司法领域的深入应用是个新事物，最高人民法院无法在短期内制定出明确具体的通用性技术标准，也很难主持研发出具有极大包容性的信息系统，由此造成的结果是，只能由各地法院自行探索、自行研发，或结合本地实际，委托技术公司研发，形成了各自独立、各具特色的网络查控系统。同时，因各地系统研发建成与推广应用的时间不一致，加上前期已投入了相应的成本，若未进行强行整合的情况下，京津冀三地法院通过沟通协调进行系统整合的难度较大，涉及以哪个系统为蓝本、研发费用如何分担等，目前三地只能维持现状，仍以各自系统进行网络查控，但查控范围基本上限于本省（市）范围内，需要查询跨省级行政区划的被执行人财产时，只能委托当地法院代为查询。此外，尽管案件管辖法院在京津冀区域，但被执行人及其财产可能在京津冀邻近

---

① 参见河北省高级人民法院院长卫彦明2019年1月15日在河北省第十三届人民代表大会第二次会议上作的《河北省高级人民法院工作报告》，http：//www.hbrd.gov.cn/system/2019/02/02/019430974.shtml，最后访问时间2020年1月9日。

省份或其他区域，除了执行法院对京津冀区域的被执行财产进行查询外，还面临着在更广泛的范围内乃至全国范围内进行网络查询，但京津冀三地的网络查控系统与其他省份也难以实现有效对接，造成跨省级区域的财产信息难以通过网络“一键扫尽”。

二是京津冀三地网络执行查控系统与协助部门的“点对点”对接程度不一，网络查询的精准度和效率受限。最高人民法院建立的“总对总”网络查控系统，最终需要落实到“点对点”上，将涉及被执行人的住房、车辆、银行存款、证券以及诸如微信、支付宝等网络支付平台的财产全部纳入，但目前京津冀三地与协助部门的网络对接仍不很顺畅，主要表现为：其一，一些协助部门未接入法院建立的网络查控系统，从现行系统中难以查到实际存在的被执行人财产信息；其二，一些部门尽管接入了该系统，但网络查控的功能各不相同，比如一些银行仅接受网上查询而不能即刻冻结，而一些银行则可实现即查即冻，部分银行甚至可以实现即刻扣划；其三，网络查控的协助部门主要限于银行等传统领域，而现代支付方式的虚拟化程度越来越高，支付宝、微信以及其他支付平台的个人账户成为交易支付的重要方式，网络查控未能全面涵盖这些新业态新领域，通过该类方式逃避执行的现象无法有效遏制；其四，一些银行、证券机构等为了增加业务收入，对个人开户几乎无限制，同一被执行人名下有多个账户，资金在多个账户之间经常波动，在案件执行过程中，因时间间隔差异，导致查询结果不一致，给执行带来了困难；五是一些机构的名称发生变更，财产信息不齐全等，导致财产信息查询不到或出现错误，比如银行的支行名称变更，或与网络查控系统中登记的名称不一致，需要反复核对开户行信息，甚至有些需要现场进行财产确认，导致财产查控延迟，给被执行人转移财产提供了可乘之机；等等。总之，“点对点”网络查控不同程度地存在各种问题，与预期仍存在相当大的差距，对同一区域内的财产查控带来了诸多现实障碍，而跨省级区域的异地查控更是如此，需要进一步地进行技术层面的整合。

三是京津冀法院一些执行人员对网络查控系统的操作不熟练，查控系统应用程度较低。“路径依赖”属于常见的现象，人们往往习惯于按照已经习惯的方式处理问题，而对新事物的接受和熟悉需要一个过程，网络查控系统的应用亦是如此。目前，京津冀网络查控系统的应用率相对较低，法院执行人员对该系统不熟悉等是重要原因，主要表现为：一是一些人员存在畏难情绪，对新系统存有某种抗拒心理，未认真地学习如何操作网络查控系统，加上该系统目前仍存在一定的不完备之处，更进一步加剧了这种情绪；二是一些人员更习惯于运用传统的财产查控方式，而对网络查控的流程不熟悉，不愿使用该系统，甚至存在使用该系统的效率反而低于传统查控的个别现象；三是由于一些执行人员的年龄普遍偏大，对计算机的接触较晚，对一般办公软件的操作存在较大难度，对网络查控系统的操作更是如此，这种现象在基层法院更为突出；四是基层法院执行人员承担着相当重的现场查控任务，每一个案件的现场查控需要耗费较多的时间和精力，而配备专门的网络查控人员存在一定困难，导致大多数执行人员仍以传统查控方式为主，对网络查控的重视不够；等等。

综上，京津冀网络查控系统应用存在的问题可归纳为技术设计、现实操作以及执行人员主观认识和应用能力等三个层面，表明网络查控系统的应用水平有待进一步提高，充分发挥现代信息技术在财产查控中的作用，真正达到通过技术创新提升法院执行能力的目标。

三、京津冀网络执行查控的改进思路

总体来看，全国网络执行查控的总体框架已经建成，执行查控的网络技术比较成熟，在最高人民法院的直接推动下，与有关部门密切合作，建立了比较先进、覆盖面较广的“总对总”网络执行查控体系，但因地区发展不平衡等原因，包括京津冀三地各级法院在内，网络执行查控系统应用的总体情况尚未达到预期，应当着眼于思想认识层面的突破和技术应用的升级，不断提升现代信息技术在民事执行中的应用水平。

一是切实树立大数据思维，增强对网络执行查控的认识。“大数据”是需要通过现代化的数据处理手段和模式进行捕捉、管理和分析的数据集合，具有“5V”特点，即Volume（大量）、Velocity（高速）、Variety（多样）、Value（低价值密度）、Veracity（真实性）。现代社会属于信息社会，任何事物都可体现为具有一定现实性和价值的“信息”，而“信息”在社会运行中发挥着越来越重要的作用，特别是进入大数据时代更是如此。人们的户籍、银行账户及存款、车辆或房屋登记等，属于传统事物的信息化，而诸如网购等则是利用现代信息技术生成信息的新型方式，这些“信息”的集合可作为分析当事人经济能力、生活水平、消费偏好、信用状况等的重要依据，但同时也具有私密性，应当予以充分保护。对于民事执行而言，运用科学、合理、正当的技术手段，对被执行人的财产等信息进行大数据分析，有利于提高执行的精准度和效率，节约执行成本，强化社会诚信意识。民事执行中的大数据思维，是指应当充分地认识到被执行人财产的“信息”价值，积极主动地学习网络查控技术，挖掘大数据的潜能，主要体现为全样思维、容错思维和相关思维，是思维方式的革命，不能完全按照传统的思维，将被执行财产的网络信息等同于财产的登记方式变革，运用大数据处理方式，对这些分散的、碎片化的信息进行提取和分析，能够产生远远超出传统人工手段查控财产的效果，主要体现为高度智能化。因此，一方面，网络执行查控的协助单位应当提高认识，正确认识其社会意义，进而与法院加强深度合作。法院对被执行人财产的查控执行，并不是法院一家的事情，尽管直接目的是为了尽快地实现裁判文书确定的权利义务，但并不限于此。借助民事执行甄别和确认

“老赖”，客观上有助于对当事人的信用情况进行“把关”，进而降低其他部门甄别的成本和此后可能发生的信用风险，特别是对于银行等金融机构以及涉及任职资格等对信用等级要求较高的领域，更应主动地加强与法院的合作，而不能为了眼前利益放纵甚至包庇失信行为。另一方面，法院执行人员应当充分地认识到网络执行查控手段的巨大“能量”，从思想深处克服畏难情绪，主动地学习网络查控的技术操作方法，积极地运用网络查控系统对被执行人财产进行查控，在实践运用中增强认识，“尝到甜头”，将网络查控作为财产查控的基本方式，使传统的现场查控作为必要补充。

二是进一步加强技术研发和信息融合，打破信息壁垒，不断推进网络执行查控的智能化水平。网络执行查控系统的研发具有相当的复杂性，既要符合民事执行程序的相关规定，又要符合各行业各领域现实运行的逻辑，因而，建立具有高度包容性的、顺畅对接的网络执行查控系统具有一定的难度，但并非不可行。从最高人民法院建立的“总对总”网络查控系统的运行情况来看，运用大数据手段加强民事执行的总体构想基本得以实现，但由于地方各部门的复杂性和特殊性，实现技术层面的无障碍对接，亟待从细节入手，打通各部门之间的信息壁垒，促进跨部门信息的互通共享。就京津冀而言，一方面，三地高院可协商建立统一的网络执行查控系统，确保三地各级法院可异地查控被执行人财产，形成三地网络执行的一体化格局。目前三地高院分别建立了网络执行系统，与当地一些部门进行了网络对接，在此后的技术融合过程中，可博采众长，在行之有效的网络查控技术之基础上，三地高院协商打通系统壁垒，并对研发成本进行合理分担。另一方面，需要进一步加强法院与金融机构等协助单位的网络对接，使网络查控的大数据手段能够真正地发挥作用。比如，针对当前存在的“明确针对一个被执行人在同一银行存在多个账户的问题，网络生成执行裁定书及协助通知书必须做到一个账号一个裁定一个协助执行通知书相对应，否则银行不予认定，反馈回来无法冻结扣划；对于不利于执行、不便于网络操作的问题必须梳理总结，汇总至高级法院直至最高人民法院，不断改进完善设计，满足一线办案的实际需求”。[①] 事实上，被执行人财产信息互通共享只是基础，包括京津冀法院在内，网络执行查控目前尚处于“打基础”阶段，未来的发展应当立足于“智能化”，运用大数据手段对被执行人财产信息进行集成分析，在极短的时间内自动生成被执行财产清单以及相对应的各类文件和表格，法院执行人员的主要精力用于对现实财产的精确定位、控制以及强制执行。

三是以制度建设和落实为引领，构建体系化的网络执行查控运行机制。近年来，最高人民法院加强对网络执行查控的制度建设，2015年11月13日，与中国银行业监督管理委员会（现改为中国银行保险业监督管理委员会）联合印发了《人民法院、银行业、金融机构网络执行查控工作规范》，并制定了“网络执行查控工作技术规范”；2018年3月21日，再次联合印发了《关于进一步推进网络执行查控工作的通知》，除了明确网络冻结、网络划扣等功能以及异地委托执行的材料要求等之外，该《通知》第9条明确提出：“银行业金融机构应研究完善银行端网络查控数据库，确保网络查控系统反馈的数据和线下柜台查询的数据保持一致；应提升银行端网络查控数据库性能，提高反馈速度和反馈率，解决查控数据积压问题；自收到全国法院网络执行查控系统发起的网络查控请求24小时之内，应予以有效反馈。”该条以银行端网络查控数据库为枢纽，为法院与金融机构的数据信息对接提供了依据。围绕京津冀执行查控面临的现实问题，应当从以下层面加强和落实制度建设，优化网络执行查控的运行机制。其一，将网络执行查控作为常态化的财产查控方式，加强对法院执行人员的技术培训，可定期组织集中培训、查控操作演示等，由能够熟练操作的人员对网

① 郝绍彬、黄志佳：《期待网络扣划助力执行攻坚》，载《人民法院报》2018年4月12日，第2版。

络查控的每个细节进行指导，帮助所有人员熟练掌握查控流程和基本操作方法。其二，建立网络查控的激励与考核机制，对运用网络手段查控的执行人员以及执行情况进行定期通报，同时可开展网络查控的评比活动，积极营造网络执行查控的氛围。网络执行查控属于法院信息化应用的范畴，应当进一步优化执行考核指标，将网络查控计入法院执行人员的业绩档案，作为评优评先和晋升选拔的重要依据。此外，对于协助单位的网络对接情况，法院可定期予以反馈，对网络执行查控存在的问题提示其予以改进。其三，加强专业化复合型人才的培养。网络执行查控的技术供给依赖于精通计算机技术和数学算法的人才，而法院对网络执行查控的具体需求则需要法律专业人才进行程序性设计。法院信息化建设的一般做法是，法院人员提出设计要求，由技术公司进行系统设计，但由于专业思维差异，以及网络设计的调研不够细致等原因，导致信息化系统不能完全契合法院的需求。网络执行查控系统目前存在的各种问题，也与此有关。法院可通过多种渠道，培养既熟悉法律知识又精通计算机技术的复合型人才，有条件的单位可设立专门的信息化岗位或部门，对包括网络查控系统在内的法院信息化应用进行技术研发和维护，进一步提升大数据和人工智能在法院的应用水平。

四、结语

京津冀法院网络执行查控面临的困境，在全国各地法院具有一定的普遍性。这与当前仍处于探索和完善阶段有关。2019 年 6 月 3 日，最高人民法院印发的《关于深化执行改革健全解决执行难长效机制的意见——人民法院执行工作纲要（2019—2023）》提出，“加快以执行指挥中心综合管理平台为核心，以四级法院统一的办案系统和执行公开系统为两翼，以网络查控、评估拍卖、信用惩戒、执行委托等 N 个执行办案辅助系统为子系统的执行信息化系统建设”，“从源头上解决执行财产和被执行人信息不准确、不全面，导致执行查控系统功能不能有效发挥的问题”等。该《意见》第27条[①]进一步明确提出“完善人民法院网络执行查控系统”，并对建设思路、查控功能、智能化、应用培训、规范化查控等作了规定，京津冀法院需要以打破区域信息壁垒、实现跨域异地直接查控为目标，进一步推动网络执行查控系统的改造升级和应用推广，以此服务和保障京津冀协同发展和雄安新区建设。

---

① 最高人民法院《关于深化执行改革健全解决执行难长效机制的意见——人民法院执行工作纲要（2019—2023）》第27条：完善人民法院网络执行查控系统。坚持以全国统一的执行查控系统为主，以地方各级人民法院执行查控系统为补充的建设思路。进一步拓宽查控系统的覆盖范围，加快推进与互联网金融全面对接，将保险产品等各种理财产品纳入查控系统，实现对不动产以及车辆、船舶等特殊动产线上查封，从根本上解决在一些财产形式上查控扣功能不齐全问题，实现所有财产形式查控扣一体化。尽快解决查控系统运行不畅、信息反馈不及时不准确、线上线下查询不一致等突出问题。提高系统智能化水平，实现批量勾选、自动查询、全天候查询、智能筛选、批量冻结等功能。利用人工智能对反馈结果作深度发掘，形成条目完备、结构简明、方便适用的查控财产反馈清单和财产线索图，便于执行法官确定财产查控方向和措施。在确保系统安全的前提下，推动查控系统向移动端发展，方便干警随时随地利用查控系统为办案服务。强化系统应用，定期组织系统性的操作培训，加强对查控系统应用的监督和指导力度，强化执行干警应用查控系统的意识和能力。严格规范信息调取、使用等，明确权限、程序、责任，全程留痕，防止公民、企业信息外泄，确保查控在合法合规轨道上运行。

第六章　京津冀司法协同的保障机制

京津冀法院在立案、审判、执行等司法运行的主要环节，建立了跨省级行政区划的司法协同机制，进一步扩大司法的“同城效应”，以此服务保障京津冀协同发展和雄安新区建设。特别是在集中管辖、跨域网上立案、审判机构改革、要素式审判、法律统一适用、执行体制改革、网络执行查控等取得了一定突破，甚至某些方面在全国范围内具有典型性和示范性，既契合了京津冀经济社会发展对司法的需求，又体现了京津冀法院主动融入和服务大局的责任担当。京津冀司法协同主要体现在立案、审判、执行等与案件裁判和社会矛盾纠纷化解直接相关的领域，从长远来看，除了围绕亟待协同的各个“点”进行探索外，应当建立常态化、制度化的跨区域司法协同保障机制。但由于涉及三个省（市），从我国政治体制和国家权力架构的角度来讲，属于中央领导下三个省级行政区划之间的司法协同，与省级行政区划内的中级法院或基层法院司法协同相比，由于彼此之间不存在行政区划上的隶属关系，因而涉及的因素更为复杂，横向层面开展立案、审判、执行等协同运行的难度更大，需要在最高人民法院的协调下，进一步加强京津冀跨区域司法合作，拓展司法协同的深度和广度。同时，应当充分发挥法院信息化 3.0 对于提升司法能力的“倍增器”作用，加强人工智能与司法的深度融合，以“信息”为纽带，打破京津冀跨区域的现实壁垒，增强京津冀司法的协同度和聚合力。此外，人才培养、司法调研等也是深化京津冀司法协同的必要条件。跨区域司法协同的保障机制涉及人、财、物等各个方面，就京津冀而言，重点应当从司法合作、“数字法庭、智慧司法”、法官培养、司法调研等层面入手，为促进三地司法协同为京津冀协同发展提供有力保障。

第一节　京津冀司法合作机制

“司法合作”又被称为“司法协作”，都指的不同司法机构之间的合作。从现有资料来看，“司法合作”一词主要用于跨国或国际性的合作，比如国际刑事司法合作、“一带一路”反恐司法合作、金砖国家司法合作等，但并不限于此，我国国内跨行政区划也使用该词，比如“粤港澳大湾区建设中的司法合作”“京津冀三地司法合作”等，而“司法协作”则主要是指跨行政区划的法院之间按照法律规定进行的程序性协作。广义上讲，京津冀法院之间开展的立案、审判、执行等各方面的司法协同举措，均属于司法协作的范畴，但从京津冀法院不存在行政区划的隶属关系之角度来讲，这些层面的协同仅仅依靠法律规定是很难实现的，而且除了最高人民法院制定指导性文件外，三地任一法院均无法对其他两省（市）的法院下达文件，唯一可能的方式是京津冀三地法院建立常态化的联系、沟通、协调、研判等机制，以此作为深化京津冀司法协同的保障性机制。自《规划纲要》发布以来，在最高人民法院的指导和参与下，京津冀三地法院建立了各类合作机制，一些法院与当地党委、政府等部门也建立了联系，但从运行情况来看，仍存在着运行不通畅、合作不深入、落实不到位等现实困境，亟待切实树立“一盘棋”思维，将京津冀司法合作机制予以制度化，确保各类机制常态化运行，以此来研究京津冀司法协同的相关问题并督促落实到位，使司法服务保障京津冀协同发展的各项举措切实落地，进而形成三地司法一体化运行的局面。

一、京津冀司法合作的现状考察

从京津冀司法协同的角度来看，“司法合作”比“司法协作”的外延更广。较早时期，有学者对“司法协作”进行研究指出：“司法协作，是指不同地区的人民法院之间为了发挥人民法院的整体职能而建立的一种合作关系。司法协作关系就是参与协作的人民法院以及这些人民法院与诉讼参与人之间的权利义务关系。各个人民法院从其组织系统上看，其管辖范围和其所在的行政区划是一致的，各个人民法院分工负责，在其辖区内行使审判权，但是从民事诉讼法的有关管辖的规定看，人民法院所管辖的人和事又往往超过自己的辖区。所以，客观上要求各个人民法院在行使审判权的时候，有必要相互配合、相互协作。”由此认为，司法协作关系的主要内容包括代为送达、代为调查、代为执行、代为采取财产保全措施、代为保全证据、代为采取某些民事强制措施、代为调解、协助开庭等。[①] 显然，这是基于1991年正式施行的《民事诉讼法》对“司法协作”的解释，以此增强跨行政区划的司法整体效能，所归纳的八类司法协作也适用于京津冀。但京津冀司法合作的内涵和外延均已超越了该定义，旨在坚持《民事诉讼法》等确立的立案、审判、执行的基本程序之前提下，深化和创新跨区划的司法合作机制，形成京津冀司法一体化的运行格局。因此，京津冀司法合作既是京津冀协同发展的应然之意，也是司法服务保障京津冀协同发展的必然要求。建立紧密型的京津冀司法合作机制，除了严格落实《民事诉讼法》等法律规范外，更重要的是，需要加强京津

① 参见张发祥：《司法协作关系浅议》，载《现代法学》1993年第6期。

冀三地的沟通协作，共同研究和确定有利于促进京津冀协同发展的司法运行机制。

京津冀司法合作的领域非常广泛，涉及事项繁多，本书第二章第一节“司法服务保障制度规范的文本梳理”部分进行了比较系统的论述。从司法合作的内容来看，几乎涵盖了管辖、立案、审判、执行、诉调对接、社会矛盾纠纷多元化解、司法参与社会治理等与司法有关的所有事项，同时将京津冀协同发展面临的重点案件①的司法应对作为三地司法协同的重要内容。以最高人民法院《关于为京津冀协同发展提供司法服务和保障的意见》为例，要求法院正确履行审判职能，依法审理涉北京非首都功能疏解、公共服务、脱贫攻坚、金融、知识产权、环境资源、海事商事、重点项目和工程建设等民商事案件，以及与此相关的行政案件和刑事案件。这些案件在其他区域同样存在，但对于京津冀协同发展和雄安新区建设而言，不仅在于依法审理案件以定分止争和实现社会和谐稳定，而且要求法院立足于《规划纲要》对北京、天津、河北三省（市）的基本定位，以推动京津冀三地优势互补、平衡发展为目标，对司法体制机制进行改革。某种意义上讲，由于京津冀三省（市）不存在行政区划的隶属关系，三地各级法院之间的司法合作，除了中共中央、国务院、最高人民法院等下发文件统一部署以及最高人民法院组织召开有关协调会等，主要依赖于三地高院建立科学合理、常态运行的司法合作机制，特别是推动京津冀司法合作的日常工作机制，共同研究和推动各项工作的有效开展和落实到位。目前，京津冀法院建立的司法合作机制主要包括：

一是最高人民法院负责召集的京津冀三地法院联席会议机制。2016年5月，京津冀法院联席会议机制正式建立，旨在共同研究解决京津冀司法合作的重点难点问题，推动三地司法的协同运行。同年5

① 京津冀协同发展面临的重点案件是指本书第三章第二节论述的知识产权、环境资源、海事海商、金融等特定类型案件，以及涉京津冀协同发展和雄安新区建设的案件。

月 31 日召开的第一次会议，要求充分发挥京津冀法院联席会议机制的统筹指导作用，加强调查研究，研究共性问题，提出解决方案，最高人民法院有关人员汇报了《京津冀法院联席会议办公室关于 2016 年工作计划的初步方案》。京津冀法院联席会议机制是三地司法合作的“最高规格”的机制，最高人民法院党组副书记、常务副院长沈德咏为总召集人，最高人民法院党组副书记、副院长江必新为成员，京津冀三地高院层面的司法合作事项，经联席会议通过后执行。

二是京津冀三地各级法院之间的工作联动机制。特别是执行方面，除了京津冀三地高院签署了《北京、天津、河北法院执行工作联动协作协议书》外，有关法院也签署了执行联动协议，建立了比较紧密的执行联动协作关系，签约法院对于跨行政区划的异地执行给予积极协助。此外，在立案、审判、信息化建设等方面，京津冀法院也进一步加强联动协作，比如对涉京津冀协同发展案件实行跟踪管理、率先实现了跨域网上立案的全覆盖等。京津冀法院之间的日常工作联动机制，主要体现为司法合作的具体实施，既包括京津冀法院联席会议研究决定的司法合作事项的落实，也包括京津冀三地各级法院针对共性问题开展协作等，实现该区域内司法一体化运行。

三是最高人民法院主办的以京津冀司法论坛为代表的学术交流和研讨机制。“京津冀协同发展”的提出仅有五年，《规划纲要》的立意高远、体系庞杂，所描绘的协同发展蓝图需要在实践中不断推进，而由此可能产生的法律问题以及各类社会矛盾纠纷，某种程度上具有一定的不确定性。特别是京津冀协同发展究竟对司法带来了哪些挑战，从体制机制层面如何破解京津冀司法难题，立案、审判、执行都会涉及诸多细节问题，京津冀三地法院如何逐一地实现跨区域协作，诸如此类，无论宏观还是微观层面，很大程度上只是提出了相关的命题，在司法实践中如何逐个落实，在短期内难以完全达成共识，甚至对于某些问题仍存在着不同设想，需要通过广泛的交流研讨，从学术和实务层面展开充分论证。目前，京津冀司法论坛自 2016 年以来已举办了三届，论坛主题从“全面贯彻五大发展理念，深入推进京津冀协同”“加强京津冀司法协同，服务保障经济发展和金融安全”到“人民法院为京津冀协同发展和雄安新区规划建设提供司法保障”，着眼于充分发挥司法功能推动京津冀协同发展的重要问题展开了深入探讨，并形成了论文集。此外，一些法院、高校等组织举办了各类论坛和研讨会，专家学者以及司法实务部门人员提出了真知灼见。通过学术交流研讨，既深化了人们对司法服务保障京津冀协同发展的认识，对相关问题逐步达成了共识，又为京津冀三地各级法院如何进一步推动司法合作提供了思路。除了京津冀法院建立的司法合作机制外，三地各级法院加强与党委、政府等部门的协作，推动社会矛盾纠纷多元化解，主动参与社会治理，坚持把非诉讼纠纷解决机制挺在前面，切实加强诉源治理，着力打造“党委领导、政府负责、民主协商、社会协同、公众参与、法治保障、科技支撑”的社会治理格局。为此，京津冀法院与党委、政府等部门之间主要是通过工作汇报或通报、日常会议、信息简报等方式，讨论研究或互通共享社会矛盾纠纷化解和社会治理的有关问题，不断增强司法服务保障地方经济社会发展的能力。

二、京津冀司法合作的现实困境

尽管京津冀法院已建立了司法合作机制，诸如京津冀法院联席会议机制等发挥着重要作用，但与司法协同治理仍存在较大差距，主要表现为司法合作的可持续性不足，区域司法协同的深度、广度和力度均有待增强，为适应京津冀协同发展而提出的一些司法协同举措有待进一步研究落实等，这些问题折射出京津冀司法合作面临着诸多现实困境，主要表现为：

一是京津冀司法合作的组织比较松散。京津冀法院联席会议机制是推动三地司法协同的重要机制，有关重大问题都是经过联席会议讨论作出的，但从公开披露的资料来看，除了2016年召开第一次会议外，此后召开联席会议的次数比较少。目前继续探索落实的京津冀司法协同事项，主要是最高人民法院以及京津冀三地高院出台的“为京津冀协同发展提供司法服务和保障的意见”所确定的，这些事项提出后，需要三地法院经常性地沟通协调，制定切实可行的措施，推动和保障其逐一落实，此为京津冀司法协同的重心，但无论是京津冀法院联席会议还是其他形式的沟通协调会、推进会等的召开次数较少，而且是以“会议”的方式进行推动，并未形成比较固定的司法合作组织。由此造成的结果是，一方面，“会议”召开的非制度性，导致研究部署京津冀司法合作的工作很难持续开展，可能陷入“说起来重要，做起来次要，忙起来不要”的困境；另一方面，包括京津冀法院联席会议在内，召集会议的沟通成本较大，特别是京津冀三地高院自主召开会议，需要提出动议的高院分别向其他两个高院发出邀请，并经其同意才能召开，如后者中的任一高院因各种原因无法参加，京津冀三地司法合作将会化为泡影。即便是京津冀法院联席会议，尽管由最高人民法院负责召集，可自上而下发布通知要求京津冀三地高院参加，但本质上仍属于一种松散的机制，缺乏强有力的组织体系作为保障，难以成为推动京津冀法院建立可持续的司法合作模式。

二是京津冀司法合作缺乏刚性的制度规范。刚性的制度规范是对京津冀司法协同运行的“顶层设计”，是促进京津冀司法合作的基本依据和必要条件。尽管最高人民法院以及京津冀三地高院分别下发了规范性文件，包括京津冀高院在内，三省（市）的一些法院也签署了司法协作协议，但这些文件的内容大多属于倡导性、探索性或原则性的规定，只是提出了宏观思路或具体“命题”，究竟如何去落实，未予以明确；而现有的法律法规以及司法解释等正式的具有强制力的制度规范，对跨区域司法协作的规定相当少，基本上停留于前文所列举的8

种情形。京津冀司法合作属于“新事物”，诸如跨域网上立案、知识产权案件和环境资源案件集中管辖等创新性举措，正是京津冀法院需要进一步研究和试点探索的，无论最高人民法院还是京津冀高院，都很难确定明确的方案，这是导致刚性制度规范难以形成的客观原因。但因制度规范缺乏刚性的强制力和约束性，京津冀司法合作主要依赖于三地法院的需求驱动以及相互博弈，如果某一法院对具体合作事项的需求不强烈，则可能导致该司法合作事项无法达成，进而导致三地司法合作分崩离析、难以为继。此外，一些探索性的司法合作事项，在无法律明确授权的情况下，也面临着合法性质疑。

三是京津冀司法合作的力度有待进一步增强。制定了明确的制度规范并不必然促成京津冀司法合作，相反，制度规范的执行和落实是重心。为了促进京津冀三省（市）法院的司法合作，有关法院已经出台了指导意见或签署了合作协议，提出了比较明确的跨区域司法合作思路，但很多举措仍停留在“纸面”上，尚未转化为三地司法合作的现实。比如，2019 年 6 月 5 日召开的第三届京津冀司法论坛上，三地高院签署了《关于京津冀协同发展服务保障雄安新区建设合作框架协议》，围绕立案、审判、执行、信息化建设、队伍建设等方面，提出跨域网上立案、试行集中管辖、分调裁平台建设、案件识别管理和关联案件检索、送达和调查取证的跨域协作、司法标准化建设、三地法院案件会商、法律适用的研判与协调、执行体制改革、执行联动与异地执行协助、法院信息化共建共商、全面推进电子诉讼、身份认证信息化支持、干警培训合作、法官挂职交流锻炼、人员培训和法官交流常态化协商、学术调研与调研成果转化等机制，其中大多数机制是最高人民法院以及京津冀三地高院出台的意见中已提出的，除了跨域网上立案等取得了一定进展外，很多机制已在实践中展开，但尚未常态化、普遍化的应用推广。再如，京津冀区域的法律统一适用备受关注，关涉司法裁判的实质性问题，目前三地各级法院按照最高人民法院的要求实行类案强制检索，但检索范围主要局限于本院作出的裁判，而非京津冀所有法院的类案，而且类案强制检索报告主要运用于个案裁判时作为参考，尚未进一步挖掘类案对于分析和研究制定京津冀该类型案件裁判标准的价值。总之，京津冀司法合作的各类“命题”已经基本成型，但合作的力度、深度和广度仍有待增强，特别是需要下大力气、采取有效措施，将每一个合作事项逐步落到实处，并在京津冀区域全面推广应用。

四是京津冀司法合作的具体事项有待进一步论证。京津冀协同发展的重要性不言而喻。2019 年 1 月 18 日，习近平总书记在京津冀考察并主持召开京津冀协同发展座谈会，进一步强调，要从全局的高度和更长远的考虑来认识和做好京津冀协同发展工作，增强协同发展的自觉性、主动性、创造性，保持历史耐心和战略定力，稳扎稳打，勇于担当，敢于创新，善作善成，下更大气力推动京津冀协同发展取得新的更大进展。最高人民法院致力于全面推进京津冀司法合作，周强院长亲自出席第三届京津冀司法论坛，着力推动京津冀法院构建全方位协作体系、统一司法裁判标准和建立资源共享和工作联动机制，提升司法服务保障京津冀协同发展和雄安新区建设的能力和水平。京津冀三地高院也积极推动司法合作事项的具体落实，一些法院率先建立了行之有效的联动协作机制，取得了一定的运行效果。但京津冀司法合作是一个多领域、宽口径、深层次的系统工程，构建京津冀司法一体化格局存在体制、机制、制度以及现实运行等多方面的障碍，特别是需要以改革创新的勇气，在坚持现有政治体制和法律制度的前提下，打破行政区划以及人为因素带来的壁垒，这就需要对京津冀司法合作的具体事项展开充分、详实的论证，提出切实可行的方案。以案件集中管辖为例，京津冀法院联席会议达成的共识是，探索建立跨区划知识产权案件集中在北京、涉外海事商事案件集中在天津、跨区划环境资源案件集中在河北管辖的制度，以此破解京津冀区域壁垒和促进法律统一适用，但除了天津海事法院专门管辖海事海商案件外，对于跨区域知识产权案件和环境资源案件如何实行集中管辖，以及非跨区域的此类案件如何与之实现法律统一适用等，均需要进行论证。京津冀司法合作的重大事项至今仍未取得实质性突破，除了没有强有力的制度规范以及专门的组织机构负责推进外，尚未进行深入的分析论证是重要原因。因为调研论证是京津冀司法合作从命题提出到最终落地的中间环节，是可行性分析以及具体方案的依据之所在，该环节的缺失或未深入开展，导致司法合作的具体事项无法达成共识或很难做出科学决策。因此，亟待进一步加强对京津冀司法合作项目的调研论证，对此，本章第二节将专门予以论述。

三、京津冀司法合作的制度转型

总体而言，京津冀司法合作面临的各种问题，主要原因在于未将之制度化，缺乏刚性有力的制度保障，而有条不紊地推进京津冀司法合作的重要突破口也在于建章立制，实现跨区域合作的制度转型。因为制度是京津冀三地各级法院共同遵循的行为准则，具有规范性、强制性和相对稳定性等特征，对于促进京津冀深入司法合作具有引领性、推动性和保障性功能。如前文所述，尽管最高人民法院以及京津冀三地高级法院出台了为京津冀协同发展提供司法服务和保障的意见，三地有关法院也签署了合作协议，但大多属于指导性的，而未制定具体的实施细则，特别是实践中如何落实，缺乏明确的组织主体、实施主体和监督主体，导致跨区域司法合作陷入文本化和悬浮化的困境。因此，应当建立强力的组织保障机制，负责京津冀司法合作的日常工作，对于已成熟的合作方案，可提请三地人大常委会按照京津冀立法程序上升为地方性法规，同时由最高人民法院以及三省（市）人大对京津冀司法合作的进展实行监督，以此强化三地司法合作进程的力度，使司法合作项目由文本转化为实践。

一是建立强有力的京津冀司法合作组织保障机制。组织保障的基本要领是“有人抓、有人管”，主要是解决“人”的问题。京津冀司法合作的进度、质量和水平，根本上取决于“人”。对于三地各级法院而言，审理案件是其本职工作，在“案多人少”的背景下，不仅审判团队陷入案件审理和裁判工作，而且随着法院内设机构改革、人员分类管理改革等，综合管理服务岗位也陷入了“人少、事杂、工作量大”的境地，往往忙于应对本法院的事务，对于诸如跨区域司法合作等看似“额外”的事项，大多是“例行公事”般地应对，缺乏足够的参与积极性。尽管一些文件中专门规定了“组织保障”，甚至要求法院院长或主管副院长亲自挂帅，但现实中往往流于形式，具体落实情况不尽人意。目前，除了最高人民法院负责召集的京津冀法院联席会议机制外，京津冀三地法院尚未自行建立常态化的组织保障机制，而前者的主要职责在于研究京津冀司法合作的重大事项，且每年召集的次数相对较少。鉴于此，京津冀三地高院需要建立常态化的组织保障机制，专门负责和推动京津冀司法合作，重点是负责京津冀法院联席会议确定的司法合作事项的具体落实。具体而言，可由京津冀法院联席会议对三地司法合作事项进行梳理，列出任务清单，对每一事项确立明确的完成时限，并按照时间节点进行督查。京津冀三地高院指定专门部门负责司法合作事项的对接、推进和落实，建立常态化的联系机制，对清单中所列的每一项任务制定切实可行的落实方案，进一步细化为可执行的任务，对标逐一落实，使跨区域的司法合作事项“有方案、有清单；有组织、有督促；有落实、有成效”，并在实践中不间断地稳步推进，通过司法合作“条”的层面突破来实现京津冀整体的司法协同。

二是建立京津冀司法合作的规则协调机制。京津冀司法合作是京津冀协同发展的客观需要和必然要求，尽管初期面临着重重困难，但从长远来看，随着《规划纲要》的逐步落实以及雄安新区规划建设进程的加快，京津冀区域司法的一体化程度将越来越高，紧密型、深层次的司法合作是保障京津冀区域产业协同、交通一体、政策统一的内在需求。目前，由于受制于人们的思想认识以及地区间的利益布局、发展水平差异等因素，京津冀协同发展并未全面展开，而是在交通、生态环保、产业等重点领域率先取得了突破，但未来的区域协同必然体现在政策和制度层面，需要建立一体化的法律制度和政策体系。法院作为适用法律裁判案件和化解矛盾纠纷的国家机关，促成京津冀法律规则统一是其行使司法职权的需要，而跨区域司法合作的重点和难点不仅仅体现在程序机制层面，更体现为裁判标准的统一性，特别是通过沟通合作，对存在区域差异的法律适用情况进行仔细梳理，根据三地的现实社会条件确定有计划、有步骤促成法律规则统一的时间表和路线图。鉴于此，应当围绕法律统一适用的核心目标，针对立案、审判、执行等诸环节的司法合作，由京津冀三地法院共同制定明确的合作规则，如无法达成共识的，应及时提请最高人民法院召集京津冀法院联席会议，协调形成统一的规则，京津冀三地各级法院严格予以执行，以此来避免因无法形成合作共识而导致司法合作拖延或搁置。

三是建立京津冀司法合作的法律转化机制。京津冀司法合作的价值与意义已不再局限于法院系统内，所涉及的事项也不仅仅局限于法院的审判执行，而是与京津冀的政治、经济、文化、社会、生态等密切相关，三地依法制定的地方性法规和政府规章可能成为法院裁判的规范来源，而三地全方位的协同合作需要司法提供坚实保障。这就要求必须打破京津冀司法的行政区划壁垒，将跨区域司法合作提升到法律制度的高度，对于已形成共识的合作事项，依法转化为地方性法规，由法院协同有关部门共同推进，以此解决司法合作乏力、不持续等问题。目前，京津冀三地已形成了比较成熟的协同立法模式，在此基础上，可由三地高院分别向各自所在省（市）人大常委会提出，列入年度立法计划，然后由三地法院负责起草和论证等，提出地方性法规草案，经京津冀人大立法工作联席会议通过后，分别提交各自的人大常委会主任会议批准后施行。由此将京津冀司法合作事项转化为地方性法规，赋予其法律效力，由三地人大常委会监督执行。

四是建立京津冀司法合作的考核监督机制。京津冀司法合作的持续推进，需要以刚性的考核监督机制作为保障。在加强京津冀司法合作的组织保障机制、规则协调机制和法律转化机制的基础上，一方面，需要制定明确可行的考核机制，对京津冀有关法院以及具体责任人进行考核，重点考核三地司法合作事项的落实情况以及对面临的问题是否采取了有效措施予以解决，以此来提高法院整体以及责任人的责任心和创造性。另一方面，应当对京津冀司法合作的进展进行定期督查，总体上可分为两个体系：其一，法院系统内的督查，主要是充分发挥京津冀法院联席会议的职能，对于其确定的三地司法合作事项，三地高院应当对实施方案、具体措施以及落实情况等定期汇报和反馈，对于三地无法协商推进的事项，由最高人民法院及时予以协调解决，确保司法合作稳步推进；其二，对于转化为地方性法规的司法合作事项，三地高院应通过每年工作报告以及专项报告等方式，向各自的人大常委会进行汇报，后者对实施状况进行专项督查，对于落实不力、推进缓慢等情况要求限期整改，并对督查结果向社会公开，接受社会公众的监督。

四、结语

刚性的制度是深化京津冀司法合作的根本引擎和直接动力。京津冀“区域经济社会的一体化必将带动包括司法治理在内的区域治理相应变革。如果没有牢固统一的司法治理框架约束和保障，一体化将无法维系。通过司法协作消除京津冀区域司法壁垒中司法标准杂乱、司法信息闭塞、司法互助凝滞等问题，规范、统一司法活动，是实现区域一体化发展的重要司法保障”。[①] 同时，京津冀司法合作亦需要建立健全保障机制，将之纳入制度化轨道，强化三地法院之间的日常联系，促进司法合作事项的稳步推进和逐一落实，构建京津冀司法协同联动的运行模式。

第二节　京津冀司法协同的调研论证机制

京津冀司法协同事项的科学推进和深入落实需要以充分的调研论证为基础。这既源于跨省级行政区划司法协同的开拓性和复杂性，需要通过调研论证确保司法协同治理的科学性，又源于司法协同从话语转向实践的内在需求，调研论证工作的开展对于协同事项的落地起着一定的推动作用——尽管经过调研论证后未必付诸实践，但至少对协同事项应否、能否转化为实践有了充分把握和可靠依据。自《规划纲要》发布以来，京津冀司法协同的若干重大命题已基本确立，诸如京津冀网上立案等已取得了实质性进展，但大多数兼具理论性和实践性的命题尚未得到很好的推进，重要原因之一是未展开全面深入的调研论证，无论学术界还是实务界都对相关问题缺乏充分的认识，更是难以达成共识。因此，应当建立健全京津冀司法协同的调研论证机制，将之作为重大改革的前置程序，将调研论证报告作为制定实施方案的基本依据，确保协同事项的科学落地。

一、京津冀司法协同调研论证的重要意义

京津冀司法协同是跨省级行政区划的、全方位的协同，在全国范

---

① 张晨：《京津冀怎样突破司法壁垒》，载《法制日报》2019年6月20日，第6版。

围内可谓“独树一帜”。在京津冀协同发展和全面深化司法体制配套改革的背景下，京津冀法院承担着双重“创新”的历史使命：一是围绕京津冀协同发展战略和《规划纲要》，创新跨省（市）的司法运行机制，促进京津冀三地各级法院之间的深度合作和协同治理，为三地协同发展提供一体化的和谐稳定的社会环境支持；二是因地制宜，推动司法体制配套改革，创新审判执行的体制机制，提升司法运行的信息化和规范化水平，增强司法服务保障地方经济社会发展的能力，而法院内部的改革创新又将进一步增强京津冀跨省（市）的司法协同治理能力。《规划纲要》对京津冀协同发展进行了顶层设计，乡村振兴战略等实施中催发的新型法律关系和社会矛盾纠纷，为京津冀司法协同构筑了纵横交错的“网”，三地各级法院需要以包括京津冀协同发展战略、乡村振兴战略等在内的国家重大战略为统领，加强对三地司法协同事项的调研论证，进而制定科学可行的实施方案，推动协同事项逐条落实。因此，加强京津冀司法协同的调研论证，既是确保司法协同治理之科学性的客观需要，也是促进三地司法协同转化为实践的必要保障，是京津冀司法协同从“命题”转向实践的中间环节，对于三地司法协同治理的“命题”确定、科学性评估、实施方案制定以及实践运行等均具有重要意义。

加强调研论证是京津冀司法协同事项的开拓性和科学性之必然要求。《规划纲要》坚持区域整体定位“一盘棋”思维，确定了北京、天津、河北三省（市）的功能定位，并按照“功能互补、区域联动、轴向集聚、节点支撑”的布局思路，确立了以“一核、双城、三轴、四区、多节点”为骨架的网络型空间格局，率先在交通、环保、产业转移等重点领域取得突破，在此过程中必然触及三地各领域的宏观调整以及相关私法主体的利益重整。雄安新区作为京津冀协同发展催生的“新生儿”，作为北京非首都功能的集中承载地，不仅在城市规划、产业布局、创新发展等层面处于引领地位，而且必然引起社会治理的全方位变革。因此，“创新”是京津冀协同发展的重要推动力，对于司法而言，三地各级法院的司法协同创新自然是题中之义，也是保障京津冀协同发展的必然要求。近年来，最高人民法院相继印发了《关于人民法院为“一带一路”建设提供司法服务和保障的若干意见》（2015年6月16日）、《关于为京津冀协同发展提供司法服务和保障的意见》（2016年2月3日）、《关于为长江经济带发展提供司法服务和保障的意见》（2016年2月24日）、《关于为自由贸易试验区建设提供司法保障的意见》（2016年12月30日）、《关于为海南全面深化改革开放提供司法服务和保障的意见》（2018年8月1日）等，这些“意见”都是以服务保障区域发展为主题，且提出了具有针对性的司法创新要求，但围绕京津冀协同发展需要妥善审理北京非首都功能疏解、公共服务、金融、知识产权、环境资源、海事海商以及重点工程、重点项目案件和有关行政案件等，涵盖内容最广泛，大多数属于京津冀协同发展所催生的新命题，其他地区很少涉及或仅限于省级行政区划内，特别是京津冀产业转移以及医疗、教育、就业、社会保障等民生问题，不仅涉及人民群众的切身利益，而且需要加快京津冀公共政策的创新和对接，这些全新的命题摆在京津冀三地各级法院面前，不仅无现成的经验可借鉴，而且随着京津冀协同发展战略的深入推进而处于不断变革之中，只有对每一个问题进行深入的调研论证，才能确保司法协同事项以及落实的科学性；只有做到未雨绸缪，三地法院才能有效地应对和化解可能引发的各类社会矛盾纠纷。

加强调研论证是京津冀跨省级行政区划司法协同复杂性之现实需要。跨省（市）的司法协同，面临着司法权力运行的横向协调，需要在我国《宪法》所确定的政治体制下，对京津冀三地法院的协同运行做出新的制度安排。这既不同于各个法院内部进行的职责调整，也不同于省（市）内同级法院之间跨行政区划的司法协同。一般而言，同级法院之间无法协同的事项，需报共同的上一级法院协同，而京津冀三地各级法院的共同上一级法院是最高人民法院，如果所有事项事无巨细地呈报最高人民法院并由其作出决定，显然是不现实的。目前，形成的框架性机制是最高人民法院负责召集的京津冀法院联席会议，“重点研究和解决京津冀协同发展中的重大司法事项、司法需求、司法政策和重大疑难法律适用问题，促进司法裁判尺度的统一”，① 具体落实则依赖于京津冀三地高院的协同推进，但任一高院很难制定出完全符合三地实际的落实方案，更不可能将单方的方案强加于其他两方。鉴于此，三地高院需要对京津冀法院联席会议研究决定的司法协同事项进行充分的调研论证，共同形成共识性的实施方案，经联席会议讨论通过后施行。从上文列举的最高人民法院出台的服务保障区域发展的“意见”来看，只有《关于为京津冀协同发展提供司法服务和保障的意见》专门提出建立健全京津冀三地法院联席会议机制、信息化合作、执行联动协作、积极探索特定类型案件集中管辖或专门管辖等，可见跨省（市）司法协同的复杂性，而该“意见”提出的“建立京津冀三地法院常态化调研协调机制”，既包括三地法院系统内“共同调研京津冀协同发展中的法律、司法问题，增强司法工作的系统性、针对性和及时性”，又旨在“通过调研工作，加强与京津冀地区政府法制部门、行政执法机关、信访部门的联系，及时通报涉诉信访情况和存在的问题，充分调动各方面的积极性，有效化解社会矛盾纠纷”。② 因此，调研论证的意义不仅仅在于增强京津冀司法协同的科学性，而且具有三地法院建立跨省（市）的司法联结之程序意义，是三地各级法院特别是高级法院形成司法协同共识的重要纽带。

加强调研论证是推动京津冀司法协同实践转化的重要引擎。京津冀司法协同既不能停留在“纸面”上，而是需要转化为实实在在的三地协同实践；也不能“闭门造车”，协同事项的提出以及具体方案的制

① 见最高人民法院《关于为京津冀协同发展提供司法服务和保障的意见》。
② 见最高人民法院《关于为京津冀协同发展提供司法服务和保障的意见》。

定不能凭空想象，而是需要以充分的实践为基础。因此，加强对实践问题的调研论证，有助于充分了解京津冀三地的司法协同需求，深刻把握司法协同面临的问题及成因，切实推动司法协同转化为具体实践。如果缺失“调研论证”这一重要环节，导致的结果是，要么三地司法协同事项无法很好地切合实践需求，要么协同事项停留于“纸面”上甚至停留于“命题”阶段，无法真正地转化为协同治理实践。从目前的情况来看，主要体现为后者，根本原因在于，诸如特定类型案件集中管辖或专门管辖、跨行政区划法律统一适用等，究竟如何落实，人们普遍没有形成比较明晰的思路，也没有明确的部门牵头并协调有关部门共同推进。鉴于此，对京津冀协同事项的调研论证，其意义在于为三地法院推进该事项的协同提供必要性、可行性以及具体方案，使三地高院或京津冀法院联席会议讨论相关问题时“有据可查、有章可循”，能够针对具体问题展开深入讨论，提出明确的意见，经过反复讨论达成共识。否则，如果没有严谨、确凿、充分的调查论证报告为支撑，现已提出的京津冀司法协同事项，即便写入有关框架性协议而且反复地提及，也只能作为一个“命题”停留于“纸面”，而无法转化为实践。相应地，如果不能将京津冀司法协同的每一个“命题”作为专项课题展开调研论证，“写入文件”很可能成为一些法院促进京津冀司法协同的重要成果，就此而终。从增强京津冀法院司法协同的动力之角度来讲，明确由三地高院共同组成调研组对司法协同事项进行调研论证，将调研论证报告作为决策的前置环节，进而环环相扣，建立“命题论证——命题提出——调研论证——讨论决策——具体实施——成效评估”的司法协同实践机制，是推动京津冀司法协同从观念转化为文本、从文本转化为实践的重要保障。

二、京津冀司法协同调研论证的现状考察

尽管最高人民法院《关于为京津冀协同发展提供司法服务和保障

的意见》提出“建立京津冀三地法院常态化调研协调机制”，但专门开展的调研论证比较少，三地司法协同的推进主要依赖于最高人民法院以及三地高院的协调或者有关法院基于某些方面建立“共同体”（比如执行协作）的需要而进行的自发性协作。就“司法服务保障京津冀协同发展”的论证而言，学术层面展开了一些宏观探讨，比如最高人民法院司法研究2016年度重大课题《京津冀协同发展的司法服务与保障问题研究》、2019年度司法研究重大课题《京津冀协同发展司法保障机制创新研究》，河北法学会2017年度研究课题《京津冀协同发展法治保障机制研究》、2018年度研究课题指南《京津冀协同发展与雄安新区法治保障问题研究（立法机制、法律实施问题、社会治理法治化、法治联动机制等）》，以及本书所列举的各类研讨会上，一些学者从不同角度对京津冀司法协同展开了理论探讨。总体而言，除了最高人民法院专门立项的课题外，目前所开展的学术研究尚难以为司法决策以及实践提供明确的指引，存在的主要问题包括：

一是未对京津冀司法协同的具体事项展开调研论证。最高人民法院的立项课题属于综合性的，其中包含了京津冀司法协同的某些具体事项，比如一般是按照立案、审判、执行等几个模块展开，但因课题自身的限制，无法对每个具体问题展开深入、细致的专门调研论证。为完成最高人民法院立项课题，课题承担者围绕若干个具体问题确立子课题，在一定范围内展开调研，除此之外，京津冀法院基本上未将司法协同作为调研内容。事实上，京津冀司法协同有待进一步深入研究的问题非常多。以2019年6月5日第三届京津冀司法论坛上三地高院签署的《关于京津冀协同发展服务保障雄安新区建设的合作框架协议》为例，京津冀司法合作的事项分为立案、审判、执行、信息化建设、队伍建设等五个部分，共14项，每项都可分解为若干个具体的调研题目，都需要进行深入的调研论证。否则，如果停留于14个大项，甚至对这14个大项也未进行调研论证，京津冀司法协同如何推进，则可能成为无源之水、无本之木，缺乏必要且充分的实施基础。特别是对京津冀司法协同方案的“论证”，对于确立实施方案和具体实施具有非常重要的价值，既是调研论证报告的精华，也是报告的核心，决定着报告的质量。总体来看，自最高人民法院发布“意见”以来，京津冀司法协同的一些事项已得到落实，但是否具有可持续性，以及尚停留于“命题”阶段而未落实的事项，既缺乏专项调研，也缺乏充分论证，导致司法协同的方向不明确、思路不清晰、依据不充分、落实无方案，自提出以来仍处于搁置状态。

二是京津冀司法协同的理论研究与实践探索有待深度融合。京津冀司法协同的每一个具体问题既具有理论性，又具有实践性，既需要科学的理论指导，又需要充分的实践基础，需要理论研究与实践探索的深度融合。目前，一些高校、科研院所等对相关问题进行了理论研究，但由于缺乏对京津冀法院司法协同的深入了解，对实践数据的掌握不充分，甚至某些方面滞后于实践发展，导致研究成果与司法实践无法恰好地对接。而以最高人民法院立项课题为依托，课题承担法院所开展的研究则存在着理论供给不足和实践挖掘不深的双重“短板”：一方面，法院以审判执行为职责，即便是研究室等部门，人员也比较少，其主要负责本院的信息调研、分析和研究审判实践中的新情况新问题以及总结审判经验、提供审判服务和指导意见等，偏重于服务于本级以及下级法院的审判和执行实践，对理论问题的关注相对较少，开展理论研究并非其“长项”；另一方面，法院拥有丰富的实践素材，法官对审判执行以及京津冀司法协同具有切身体验，对实践中存在的问题把握得比较深、准、透，但因自身的时间、精力有限以及未经过系统的课题研究训练，往往难以将实践需求提升为具有指导性的高水平理论成果。此外，一个比较普遍的现象是，法院人员往往疲于应对日常工作，对课题调研论证的重视程度不够、主动性不强、积极性不高，调研成果未列入绩效考核内容或即便列入权重也较小，无法激发他们开展课题研究的动力。由此造成的结果是，学术研究机构与司法实务部门“两张皮”，不能很好地发挥二者的优势，未能将理论研究与实践需求恰好地融合，难以为京津冀司法协同提供有力的依据。

三是缺乏京津冀司法协同的调研论证机制。“调研论证”包括两个部分：一是充分的实证调研，旨在对京津冀司法协同的实践做法以及社会各界的认知情况进行深入、细致、充分的了解，准确地把握京津冀司法协同的现实情况、存在问题及其成因，为提出科学可行的解决方案提供实践依据，确保研究成果具有针对性；二是深入的论证分析，旨在对京津冀司法协同有关问题的理论依据、价值目标、各类观点、具体方案等进行综合性的论证和判断，对“是什么”“为什么”“如何做”等提出明确的思路，确保研究成果的科学性以及京津冀司法协同事项具有必要性和可行性。最高人民法院《关于为京津冀协同发展提供司法服务和保障的意见》以及京津冀三地高院签署的合作协议等，都提出建立常态化的调研交流机制，但实践推进并不乐观，主要原因在于该机制未制度化和常态化。如前文所述，京津冀司法协同的一些事项尽管反复提但未能付诸实践的一个重要原因是缺乏深入的调研论证，包括对调研论证的重视不够、未对调研论证事项进行分解、未确立明确的部门具体负责该项工作等，最终导致三地司法协同主要靠会议或上级指示去推进，该类推进方式属于外部强制型而非内源性的。真正意义上的跨区域司法协同应当是内源性的：一方面，司法协同的驱动力源自共同目标和共同需求，京津冀协同发展为三地各级法院的司法协同提供了共同的目标和需求，但从需求层面来讲，除了平谷、三河、遵化、兴隆、蓟县（现为天津市蓟州区）、玉田等相邻地区的法院具有构建“区域司法共同体”的需求外，一般而言，法院之间的空间距离越远，共同的司法协同需求越低，由它们自发地建立司法协同关系的意愿和动力也随之降低，这就需要京津冀三地高院建立和推进司法协同工作；另一方面，司法协同机制的构建和运行应当源自协同各方的共同推动，包括对于司法协同机制的组织机构、具体机制、监督考核等一系列事项，应当由协同各方共同形成系统的制度安排，对于京津冀司法协同调研论证机制而言亦是如此。京津冀司法协同的调研论证工作未能全面展开，主要原因在于缺乏制度化、常态化的调研论证机制。

由此可见，加强京津冀司法协同的调研论证，其意义远远超越了“形成调研论证报告”这一显性的结果，而是对于京津冀司法协同有关事项的提出和具体落实具有重要的推动作用。建立健全京津冀司法协同调研论证机制的意义也不亚于三地法院之间建立的执行协作等具体机制，甚至可以说，对于构建和落实具体事项的协同机制而言，调研论证机制处于“上游”，是具体事项协同机制具有必要性、可行性和科学性的必要保障，是这些具体协同事项从命题提出到文本化再到实践的纽带。

三、京津冀司法协同调研论证的机制构建

京津冀司法协同是一项系统工程，具有改革创新的艰巨性和长期性。周强院长在第三届京津冀司法论坛上强调：“要充分发挥司法职能，努力为京津冀协同发展营造良好法治环境。要抓住疏解北京非首都功能的‘牛鼻子’，围绕协同发展战略目标，建立与区域协同发展功能布局相匹配的审判资源配置和司法供给模式。”① 京津冀审判资源配置和司法供给模式构建的基本目标是“司法一体化”，亦即京津冀司法的协同运行，这就需要建立体系化的司法协同调研论证机制，对协同的具体事项进行充分调研和详实论证，以此作为三地司法协同的依据，以达到司法协同“推出一项、应用一片”的目标。基于此，应当以强有力的组织体系为保证、以细而准的任务分解为牵引、以专而精的院

① 孙航：《为京津冀协同发展和雄安新区规划建设提供有力司法服务和保障》，载《人民法院报》2019年6月6日，第1版。

校合作为依托、以刚而常的监督考核为保障，建立健全京津冀司法协同的调研论证机制。

一是建立健全京津冀司法协同调研论证的组织机制。京津冀司法协同调研论证的组织体系构建可从两个层面展开：一方面，用好用活京津冀法院联席会议机制，“要进一步发挥京津冀法院联席会议的统筹协调和指导作用，明确工作目标，完善工作机制，推动司法协同制度化、常态化”。[①] 联席会议由最高人民法院召集、京津冀高院参加，是三地司法协同的最高规格的组织机制，会议的召开应当常态化，可制定具体的联席会议规则，确定定期召开的时间周期、具体职责、决议规则等。对于三地司法协同调研论证工作的部署而言，可确定不同的会议层次，比如每半年或至少一年召开一次京津冀法院联席会议，主要职责是对三地司法协同的重大问题进行研究讨论，包括司法协同的总体目标、基本原则、重要领域、主要工作等，其中，确定调研论证任务、开展阶段性检查、讨论调研论证报告、研究司法协同事项的具体方案等作为该会议的一项重要内容。此外，至少每两个月或三个月召开一次推进会，对相关问题调研论证的进展情况进行通报，共同分析存在的问题以及未来的具体工作思路和计划，确保调研论证工作顺利开展。另一方面，京津冀三地高院应当建立司法协同调研论证的组织实施机制。可以研究室为依托，建立三地高院之间的常态化联系机制，并指定专人负责调研论证工作的组织协调、问卷调查、实地考察、会议讨论、报告撰写等工作。具体而言，可根据京津冀法院联席会议确定的调研论证计划，制定具体的年度计划和实施方案，经三地高院批准后，由三地研究室组成联合课题组或分别组成课题组开展调研论证工作。该层面的调研论证实施机制的构建是重点，旨在解决调研论证的组织主体不明确、相关工作无法开展等现实问题，进而解决京津

---

① 孙航：《为京津冀协同发展和雄安新区规划建设提供有力司法服务和保障》，载《人民法院报》2019年6月6日，第1版。

冀司法协同事项无法转化为实践的难题。

二是建立健全京津冀司法协同调研论证任务的分解机制。京津冀司法协同的主要事项已比较明确，但仍停留于宏观层面，亟待将之分解为若干个具体任务，列出清单和时间表，为调研论证工作的开展确立明确而具体的任务。以最高人民法院《关于为京津冀协同发展提供司法服务和保障的意见》为例，该“意见”第二部分“依法履行人民法院审判职能，促进京津冀地区创新、协调、绿色、开放、共享发展”，确定了京津冀司法协同的主要方面，而每个方面都可分解为若干个具体的任务，需要对三地创新相关工作机制以及如何共同推进进行充分的调研论证。比如，围绕“依法惩罚京津冀地区破坏社会稳定、经济发展、金融安全、生态保护的各种犯罪”，该意见提出“依法惩罚阻挠破坏承接非首都功能重大项目建设的犯罪，确保重点建设项目的顺利开展；依法惩罚破坏市场秩序、侵犯知识产权和侵吞、挪用企业资金等经济犯罪，保障产业转移升级；依法惩罚非法吸收公众存款、集资诈骗、电信诈骗、操纵证券期货市场等金融领域犯罪，维护投资环境和金融秩序；依法惩罚破坏资源、污染环境犯罪和环境资源监管失职渎职犯罪，促进京津冀地区绿色发展”，可从刑事审判的角度，以京津冀地区各类犯罪行为所涉及的罪名为基准进行梳理，进而选择需要三地着力解决的犯罪行为作为调研课题，对如何建立健全三地的刑事审判工作机制提出论证方案。再如，该意见提出“依法引入第三方治理环境污染的损害赔偿责任承担方式”，即为新的研究课题，可单独作为调研论证的任务。当然，这只是任务分解的粗略方法，而对调研论证任务的分解是一项专业性很强的工作，需要坚持系统思维，立足于京津冀司法协同的实践需求，制定科学合理的任务表。由此可见，京津冀司法协同调研论证的任务分解，并非对调研任务的任意选取或简单罗列，而是需要对已提出的主要事项进行深入挖掘和细化，并对调研任务和具体题目进行论证分析，将确有必要开展调研论证的题目列入任务清单。这需要京津冀高院建立专门的调研论证任务分解机制，对拟调研论证的题目进行挖掘、选取和分析论证，确保对该题目进行调研论证具有必要性和现实意义。

三是建立健全法院与高校等研究机构的调研论证合作机制。京津冀司法协同的调研论证，需要充分发挥法院的实践资源优势和高校等研究机构的学术研究优势，深化法院与高校等研究机构的深度合作，提升调研论证报告的质量。近年来，我国高校的法学研究注重理论成果与法学实践的紧密结合，着眼于解决司法实践中的现实问题，推动研究成果的理论转化，一些党委、政府、法院等也对充分发挥高校等智库的作用予以高度重视，二者建立了常态化的合作机制，共同开展有关问题的调研论证工作。京津冀司法协同的有关问题，比如探索特定类型案件的集中管辖或专门管辖等，涉及管辖制度，不仅是三地司法协同的重要内容，而且具有重要的学术价值，高校等研究机构对此亦给予充分关注。基于此，京津冀高院可选取具有一定研究实力和合作愿望的高校和科研院所，建立合作名单，在确定调研论证任务的基础上，每年确定若干个委托课题，与高校等研究机构签订委托调研论证协议，明确研究任务和期限等，由其负责具体的调研论证工作。在项目推进过程中，一方面，承担调研论证工作的高校等研究机构应当坚持研究成果的推广应用为导向，制定明确的工作方案、确定调研提纲和调研论证报告提纲，经法院讨论确定后，严格予以执行；另一方面，法院应当对调研论证工作提供必要的支持，包括提供相关材料和数据、组织实地参观考察和座谈交流等，对该调研论证课题在实践中面临的现实问题进行客观分析，使课题研究最大限度地立足于京津冀司法协同的现实需求。就责任分担而言，法院主要是对调研论证的协调、督促以及结项验收，而作为直接的承担单位，高校等研究机构则必须以提交高质量的调研论证报告为目标，扎实地开展实证调研和课题论证工作，以确保调研论证的质量。因此，以委托课题的方式开展法院与高校等研究机构之间的调研论证合作，可以有效地发挥二者的专长，实现强强联合和优势互补，是京津冀司法协同调研论证的可行选择。

四是建立健全京津冀司法协同调研论证的监督考核机制。京津冀司法协同调研论证工作的开展需要以刚性且常态化的监督考核机制作为保障，具体而言，分为三个层面：其一，京津冀法院联席会议对其所确定的调研论证任务的推进情况进行监督考核，针对的对象是京津冀三地高院，主要侧重于节点监督和结果考核。其中，节点监督主要是对照调研论证的时间表，对每个时间节点是否达到了预期目标进行考核，重点监督工作的进展情况；而结果考核则是针对调研论证报告以及以此为依据制定的京津冀司法协同事项的落实方案，重点考核调研论证工作的实际效果，特别是围绕司法协同事项能否在实践中推进以及如何推进等现实问题，考察该项调研论证是否为推动京津冀司法协同提供了充分的理论基础和实践依据。其二，京津冀三地高院对辖区法院的监督考核，主要侧重于调研论证的组织协调等，比如，是否为课题承担单位按时、如实地提供了有关数据资料，是否充分地展示了京津冀司法协同的实践运行情况、存在问题及其成因，是否积极地组织开展问卷调查以及协助实地考察等。其三，作为委托单位的法院对承担课题调研论证的高校等研究机构的监督考核，主要是按照双方签订的委托协议，监督调研论证工作的进展，督促后者扎实地开展相关工作，切实提高调研论证报告的质量。上述三个层面的监督考核，对于高校等具体承担单位而言，完成高质量的研究成果是其合同义务，监督考核的结果运用以双方签订的协议为准，包括扣减委托费用、承担违约金等，而对法院的监督考核则是着眼于推动调研论证工作的开展，可将有关法院的组织协同以及工作推进情况纳入绩效考核体系，对于表现突出的予以奖励，而对于消极怠工甚至造成调研论证工作延期等不良后果的，予以通报批评或按照有关规定予以严肃处理。

四、结语

京津冀司法协同事项的调研论证尚未引起足够的重视，甚至一些人将之误解为学者纯粹的学术研究，进而认为由此形成的调研论证成果对于司法实践无多大指导意义。事实上，一方面，京津冀司法协同的很多事项具有开创性，具有丰富的理论价值，需要从理论层面进行深入的论证分析。如果没有科学的理论作为指导，这些事项很难在实践中落实或者即便强行推进也可能造成不良后果。另一方面，调研论证的根本目的在于为京津冀司法协同事项的落地提供科学有力的依据，是立足于实践需求和现实条件所形成的论证分析，进而转化为司法协同事项的实施方案，因而并非完全的“空对空”的理论研究。如果没有强有力的调研论证机制作为保障，司法协同事项的落实可能会异化为“纸上谈兵”，最终或许将“不了了之”，成为“看上去很美”的文本点缀。因此，应当尽快地建立京津冀司法协同的调研论证机制，使之成为三地司法协同的智慧之源。

第三节　京津冀司法协同的技术支持机制

现代信息技术与司法的深度融合，极大地提升了司法运行的质效，信息化与司法改革并称为推动法院工作的“车之两轮、鸟之两翼”。大数据、人工智能、云计算、区块链技术等计算机领域的术语可谓“强行”介入司法，包括司法实务工作者在内，人们还没来得及理解这些术语的含义，各类司法应用系统已上线运行，诸如“互联网法院”等已从“法院信息化”的话语中脱胎而出，成为新时代以现代信息技术为支撑并服务于信息化社会的新型司法机构，由此重构并型塑着未来的司法运行模式。京津冀司法协同亦不例外，现代信息技术为其提供了强有力的技术支持，使跨省级行政区划的司法之运行更加便捷高效，未来的司法协同也将借力于信息技术，进一步推动京津冀司法的协同化、一体化和智能化，同时应当注意到，司法协同的技术支持面临着技术与伦理、隐蔽决策与现实司法、算法歧视与法律正义等的多重矛盾，需要科学合理地设定信息技术介入司法的必要限度。

一、技术支持司法运行的应用场域

现代信息技术在司法领域的深度应用备受重视，科技部发布的专项研究计划可谓引领着现代信息技术支持司法运行的潮流。2018 年 1 月 9 日，科技部发布了《关于发布国家重点研发计划公共安全风险防控与技术装备重点专项（司法专题任务）2018 年度第一批项目申报指南的通知》，将“公正司法与司法为民关键技术研究与应用示范”作为专题研究任务，旨在“面向‘全面依法治国’战略布局，积极响应‘建设网络强国’、‘大数据战略’和‘互联网＋行动计划’，重点围绕国家智慧司法体系建设中亟待解决的问题，开展技术攻关和应用示范，使我国的司法资源优化配置理论和跨部门跨层级多业务司法协同关键技术达到国际先进水平，形成一批具有中国特色、引领世界司法技术和装备发展的先进技术成果，初步形成以智慧司法知识中心和法检司三部门运行支撑平台为核心的国家智慧司法运行支撑体系，为实现公正司法和司法为民，建成公正、透明的司法体系提供科技支撑。”该《通知》从 6 个方面确定了 16 项研究任务，并对每项任务的研究内容和考核指标进行了详细规定。与法院的司法运行直接相关的研究项目包括：智慧司法基础科学问题与人工智能技术研究（智慧法院智能化服务技术研究）、智慧法院核心业务运行关键技术与装备研究（面向诉讼全流程的一体化便民服务技术及装备研究、高质高效的审判支撑关键技术及装备研究、全流程管控的精细化执行技术及装备研究、科学高效的法院智能化管理与决策关键技术研究)、智慧司法业务协同与知识支撑体系研究（智慧司法业务协同关键技术研究、内外贯通的审判执行与诉讼服务协同支撑技术研究)、公正司法与司法为民综合应用示范与效能评价研究（智慧法院综合示范及效能评价）等。

从上述研究内容来看，现代科技为司法提供支撑的领域非常广泛，几乎涵盖了司法的所有领域，按照立案、审判、执行、司法管理、诉讼服务等，主要体现在以下层面：

一是诉讼服务的高度智能化，诸如诉讼自动导引和咨询、诉讼风险智能分析和结果预测、诉讼材料自动化生成和有效性审查等技术，为诉讼当事人极大地提供了便利。

二是庭审运行的智能化识别与辅助，诸如跨层级法院案件管辖权识别预警、虚假诉讼甄别预警、均衡分案、案件繁简智能分流、庭审辅助信息自动生成及虚拟示证、庭审全程多模态记录和融合比对分析、类案精准推荐、刑事案件量刑智能辅助、庭审智能问答、跨网系网上调解、诉讼财产保全智能评估及预警、司法文书多渠道电子送达等技术，极大地弥补了传统人工识别的缺陷；同时，将诉讼文书的智能化管理作为重要内容，深入研究人机协同笔录快速生成、文书自动校对和纠错、电子卷宗自动归目与高效检索等技术以及智慧法院综合效能评价体系及一体化应用平台。

三是以解决“执行难”为目标，推进被执行人和被执行财产的智能化查控，诸如被执行人线索查找、隐匿涉案财物线索挖掘、司法委托机构信誉动态评价及推荐、拍卖价值差异合理性预警和拍卖违规预警、执行全程智能分流和辅助监管以及单兵执法辅助技术等的研发应用，进一步提高执行的效率。

四是司法运行过程的智能化监控以及司法管理的智能化运行，诸如庭审过程规范性自动化检测、审判流程全链条监管与偏离预警、审判执行流程及节点信息自动化发布、案件评查、审判质量评估、审判执行全局态势研判与管理决策辅助、法院信息系统运行态势分析、突发情况应急处置和故障预警定位等，以及审判风险排查与预警、人脸识别、四级法院跨层级跨平台统一身份认证、人员绩效评估、法院廉政风险防控、舆情监测与应急处置等技术，旨在进一步提升司法运行与管理的科学化、规范化水平。

五是加强跨区域跨层级的司法技术协同，诸如司法业务协同虚拟工作空间、司法业务信息资源分类与管理、多部门跨层级跨网系数据安全交互处理、司法业务协同服务、司法业务协同模型驱动的软件一体化开发运行、司法业务协同支撑平台，以及跨地域跨层级的“一人多案”的关联预警与协同处置、跨层级协作的涉诉信访业务协同、跨地域跨层级的委托执行案件多方协作、跨域立案及与专业法院协同等技术，进一步打通司法运行的地域与层级壁垒，实现信息共通共享，增强司法协同运行的合力和协调性。

2018 年 2 月 8 日，科技部发布了《“公共安全风险防控与应急技术装备”重点专项（司法专题任务）2018 年度第二批项目申报指南（征求意见稿）》，该“征求意见稿”仍分为 6 个方面，包括 11 项研究任务，具体包括：智慧司法基础科学问题与人工智能技术研究（智慧司法科学理论与司法改革科技支撑技术研究、智慧法院智能化感知交互技术研究、智慧法院智能化认知技术研究）、智慧法院核心业务运行关键技术与装备研究（智能司法公开关键技术研究、多源涉诉信访智能处置技术研究、热点案件和民生案件审判智能辅助技术研究）、智慧司法业务协同与知识支撑体系研究（智慧司法知识中心关键技术研究）、公正司法与司法为民综合应用示范与效能评价研究（智慧司法典型应用协同示范及综合评价）等。与“第一批项目申报指南”相比，该“征求意见稿”进一步拓展了司法与科技的融合深度和广度，主要体现为：

一是从纯粹的技术研发与应用转向技术支撑与司法理论的紧密结合，比如，司法人员决策、相关人员心理辅导和行为干预、司法责任制改革方案优化与证成、跨行政区域法院设置与改革成效智能评估、以审判为中心的诉讼制度改革成效评估与优化、多元化纠纷解决机制改革成效评估与优化以及司法人员、经费与装备精确动态配置等技术与装备，均是司法改革的重点，涉及司法体制机制以及价值理念等，现代科技为司法改革提供智能化分析评估模型，有利于从宏观层面审视改革成效并作出科学的优化方案。

二是声音、图像技术在司法中的深度应用，比如，面向典型法院业务场景的多人嘈杂环境下笔录自动生成与智能修正、司法图像证据的目标检测与智能匹配等技术及装备，以及模态生物特征识别当事人身份鉴别、视频关键信息提取与自动标注、面向诉讼或信访等咨询服务的语音合成、诉讼当事人画像自动构建、基于法言法语的民族语和外国语机器翻译、基于人物特征分析的多源视频资源智能搜索与拼接等技术，进一步提升现代司法的精准识别水平。

三是建立司法公开的智能化运行技术，为“阳光司法”提供技术支持。比如，庭审公开敏感信息实时跟踪和屏蔽、裁判文书公开敏感信息识别与保护、面向司法公开持续改进的庭审直播社会关注度与社会效应评估、基于司法公开信息资源有效融合的探索式搜索、面向诉讼当事人和法律工作者网上行为轨迹的司法公开信息精准推送、司法公开评查等技术的研发，有利于进一步推进司法公开，提升司法公信和司法权威。

四是现代信息技术的应用，从提升司法运行和管理的信息化、智能化、现代化转向对社会矛盾纠纷以及司法知识等的智能化构建，主要体现在三个方面：其一，面向法院的技术与装备研发，不再局限于审判执行以及司法管理等，而是以诉源治理为导向，加强涉诉信访以及社会风险的预测预警预防，比如多源涉诉信访案件诉访分离与诉讼随案风险排查辅助、面向信访群体特征的跨部门稳控及联动处置、涉诉信访辅助分流与信访区管控、涉诉信访案件全过程事后倒推评查、面向海量涉诉信访案件分析的处理效果评估与社会风险预警等技术以及涉诉信访案件处置管理及可视化监控系统的研发，提升对涉诉信访的智能化监控和处置能力。其二，选取若干个案件类型，着眼于技术应用与具体案件的结合，比如，民间借贷案件复杂债权关系分析和借贷事实辅助认定、基于专利地图的专利权属明细边界界定与关联分析、交通事故纠纷案件跨机构损害鉴定和赔偿方案辅助生成、基于未成年人犯罪成因的法庭教育辅助、面向“僵尸企业”破产案件的企业识别认定和统一裁定、家事纠纷案件的家庭成员权益智能分析等，旨在运用技术手段对案件的相关问题展开智能分析。其三，围绕“智慧司法”，构建司法领域知识图谱，比如，研究司法领域知识分类体系及知识模型、海量案件要素分析、刑事案件情节精准判定、司法信息语义搜索、知识驱动的人案物关联分析等技术以及以审判为中心的大规模司法知识库构建、管理和服务平台等，为智能化司法提供“知识”性支持。

由此可见，现代信息技术与司法的深度融合，已具有显著的超前性，为司法的智能化运行提供了非常广阔的前景。法院信息化 3.0 的运行模式已初见端倪，高度的“智能化”司法将带来司法运行模式的全方位、跨越式变革，技术应用的通用性将为京津冀协同司法带来新的契机。前文已论述到，法院信息化建设为京津冀司法的一体化协同运行注入了新的动能，但实践中仍停留于办公的“数字化”水平，未来的“技术型”司法将以智能化的决策辅助为导向，为司法以及社会治理带来前所未有的创造力和生产力。

二、技术支持司法运行的理论分析

从科技部会同最高人民法院等组织专家制定的“公正司法与司法

为民关键技术研究与应用示范”重点专项研究任务来看，诸如大数据、人工智能、云计算、区块链等现代技术在司法中的深入应用已成为不可阻挡的发展趋势，而且已经形成了比较明确的技术与装备研发思路。这是法学（司法）与计算机、数学等跨学科交叉融合的结果，具体而言，是现代信息技术在司法领域的深入应用，存在着两个向度的对接：一是计算机技术的发展，能够为智能化司法提供先进的技术支持，此为未来司法模式变革的技术性要件。近年来，以人工智能为中心的新技术可谓日新月异，在互联网、金融等领域已有广泛应用，这些技术对于司法运行而言，只是应用领域的转换，不会存在太大的技术障碍。科技部发布的上述两批指南，对每一项研究任务的考核指标进行比较详细的说明，可见，相关领域的技术已经成熟且可转化为支持司法运行的具体技术。二是现代司法运行对技术的需求，亦即如何构建“技术支持司法运行”的具体情境，需要立足于司法场景对技术研发提出明确的要求，反过来亦是对“智能化司法运行”的画像。但司法面临着伦理、价值、社会环境等多元的支持条件，并非完全按照技术手段能够结构化型塑，因而，按照技术的运行逻辑对司法运行进行精准的构造，存在着诸多不可控因素，甚至这些因素对于司法的伦理性和人性化起着至关重要的作用。鉴于此，通过技术支持系统对司法运行的重构，存在着一定的区间和限度，此亦是法理层面不可回避的值得深入探讨的问题。

现代信息技术对司法运行的正面影响是显而易见的。从最初的计算机录入带来的“办公自动化”，极大地解决了人工书写的重复劳动、效率低下等问题，到计算机网络互联互通，实现了司法与科技的首次深度融合，特别是运用技术手段对案件运行实行节点监督以及初步实现智能庭审等，将司法的技术支持推向新的阶段，而执行案件网络查控等集中体现了司法“大数据”的功能和效用。

实际上，无论是大数据、云计算、人工智能还是区块链等新的技术手段在司法中的应用，都体现了“算法+数据”的运行实质。它们之间的关系可以按照以下简单的逻辑过程来表达：以“大数据”为中心，将之分为大数据采集、存储与计算实施、分析与处理、共享与交易等四个主要阶段，互联网/物联网、云计算、人工智能（机器学习是重要方式）、区块链分别是这四个阶段的运行工具。具体而言：其一，大数据具有“5V”特点，即 Volume（大量）、Velocity（高速）、Variety（多样）、Value（低价值密度）、Veracity（真实性），其采集渠道主要是互联网和物联网，由此形成了非结构化或半结构化的数据集合；其二，对大数据进行存储和计算，显然是单机无法完成的，需要采取分布式架构，也就是运用云计算的分布式处理、分布式数据库、云存储、虚拟化技术等对海量数据进行分布式的数据挖掘；其三，采用人工智能（AI）的方式对大数据的分析和处理，涉及知识表示、智能搜索、推理、规划、机器学习、知识获取、模式识别、智能网络、智能算法、机器学习等，主要研究机器人、图像识别、语言识别、自然语言处理和专家系统等，以类似人类智能的方式做出反应；其四，大数据的输出、共享和交易过程中，面临的一个突出问题就是“数据安全”，一般而言，云计算能够确保数据的安全、稳定、可靠运行，但无法消除数据被篡改的风险，而区块链则能够确保每个数据块不被篡改以及数据块的记录内容不被没有私钥的用户读取。

由此可见，现代信息技术对司法所提供的技术支持大体上可分为两个层面：一是运用信息化手段对司法运行过程的精细化塑造，该层面的应用，基本上与大数据、人工智能、云计算等无太大关联，而是运用计算机运行思维对司法运行过程“编写程序”，使司法运行更为精准、高效和可视化。比如，司法流程的节点控制，即便没有现代信息技术的支持，绝大多数法官都具备按照诉讼法的要求推进诉讼程序的基本素质，但计算机技术的应用使节点控制更精细，并可通过全程留痕、自动预警等方式进行监督。二是对司法运行态势、类案检索与智能分析、法律条文检索推送、改革成效评估、个案裁判的智能辅助、声音图像识别、司法文书自动生成与纠错等，则充分体现了上文分析的大数据、云计算、人工智能、区块链等的综合运用，其显著特点是抓取相关的司法大数据并进行智能化分析，进而生成智能化的结果。

在对人工智能等技术与司法深度融合保持乐观和期许的同时，如同这些技术在其他领域的应用一样，一个不可回避的问题是“人工智能能否代替人类智能”？对此，已有比较明确的结论，即人工智能不是人的智能，不能代替人类智能，但它可以像人类一样思考，甚至可以超越人的智能，这或许主要源于人工智能能够在同一时空中拥有海量的数据信息并进行高速的运行计算，但它的运行并非自发地、独立地做出具有创造性的思考——不排除人工智能生成的结果具有创造性——而是按照程序指令。因此，人工智能在案件裁判中处于辅助地位，它不应当也无法替代法官的思考。正如有学者指出的：“由机器人来主导评价本身就犯了主体错误和对象错误的逻辑关系，把机器人赋予与人一样的法律主体地位和人格身份，不仅不可靠和不可取，更是一种十分荒谬和违背人性的做法，其结局是改变了人是一切社会关系总和的真理定性，也是人类的自我否定和毁灭。因为人工智能并不知道本我的存在，也没有意识和思维，更没有综合认知能力和自我表征能力，只会遵从设计者的指令。”[①] 司法权的核心是判断权，是法官基于对案件事实、证据以及特定的社会环境等进行综合判断的基础上依法适用法律的活动，具有个案的独特性和情境的特定性，人工智能的决策分析则是基于同类案件大数据对该类型案件一般规律的总结，对于法官裁决案件具有一定的指导性和参考性，但无法直接作为裁判结果。具体而言，任何案件都是当事人之间直接的对抗，包括利益冲突和情绪、情感、心理等的对抗，尽管利益纷争处于核心地位，但源于当事人自

① 潘庸鲁：《人工智能介入司法领域路径分析》，载《东方法学》2018年第3期。

身的“体验”性因素对于纠纷解决起着重要作用，人工智能无法替代法官洞察这些因素，也无法替代法官的审判经验，对案件进行全面、综合分析并做出准确的自由裁量——尽管它可以通过大数据分析作出裁量区间的设定，但未必是准确且合理的。此外，支持案件事实的证据，而证据是否具有客观性、关联性、合法性，以及证据的证明力判断等，都需要法官根据证据材料以及当事人双方的质证情况来判断。此即表明，司法运行的“亲历性”必须是具有思维能力和情感的“人”的行为，而事先设计好程序的机器人是不具备此种能力的。

此外，“算法 + 数据”是新技术的共性特征，如果说数据是“油料”，算法则是“引擎”，一系列复杂的算法在人工智能、云计算等技术中发挥着至关重要的作用。但“算法”自身具有难以克服的缺陷。一方面，算法存在偏见或歧视。“受制于算法设计者的专业能力和认知水平，以及追求效率与相关性而非精确与因果性的设计导向的影响，加之算法使用数据的不充足、不全面或低质量，极有可能导致算法偏见或歧视，这在司法实践领域内极易引发司法裁判公正性的质疑。”① 理论上讲，当通过人工智能作出的裁判结果与法官认知不一致的时候，可以由法官自行校正或者提交审委会讨论，进而作出正确的裁决，也就是说，人工智能只是辅助决策，但在具体案件中，发生“人脑”与“电脑”的冲突时，往往失去了判断的参照，由于难以对“电脑”的分析过程进行准确把握，也就无法有理有据地对“电脑”分析的结果是否正确做出评判，究竟是“电脑”出现了差错，还是“人脑”的思维能力跟不上“电脑”，又成了悬而未决的问题，甚至算法带来的偏见或歧视是什么，也难以准确地洞察。另一方面，算法自身存在“不透明性”。“算法从接受输入数据到输出运算结果之前，会有一个令外界难以知悉的‘黑箱’，算法就是在这一黑箱进行自动化的数据处置与分

① 高鲁嘉：《人工智能时代我国司法智慧化的机遇、挑战及发展路径》，载《山东大学学报（哲学社会科学版）》2019 年第 3 期。

析，即算法的‘不透明性’。”[①] 尽管设计者对算法的设计尽可能地科学合理，但算法运作方式的不透明性对司法而言具有重要影响，它无异于“司法神秘主义”。如果司法文明从“神秘主义”迈向司法公开，进入高新技术时代又导向机器控制司法引发的“神秘主义”，显然是逆时代潮流的。因此，人工智能等介入司法应当是有限度的，特别是在智能决策方面，既要坚持其“辅助性”地位，又要不断地改进人工智能在司法领域的应用技术。在司法实践中，应当明确确立“法官判断优先于人工智能决策”的原则，当二者发生重大分歧时，依法将案件提交审委会讨论。

三、京津冀司法协同的技术化支持

人工智能的司法应用为京津冀司法协同提供了技术支持，将司法带入了智能化时代。河北高院自主研发的“智审 1.0”等系统，是人工智能与司法深度融合的产物，展示了未来司法运行模式变革的基本方向。对于京津冀跨省级行政区划的司法协同而言，人工智能等新技术的引领、推动和支持作用主要体现在两个层面：一是新技术在三地各级法院的普遍推广应用，以此优化司法运行过程，替代人力的重复性、程式性劳动，将人力从繁杂的事务性工作中解脱出来，集中精力做需要“人脑”才能为之事，提升司法运行的科学化、规范化、高效化水平，增强三地各级法院化解社会矛盾纠纷、服务保障地方经济社会发展的能力。此为人工智能对司法的对内挖潜增效。二是以京津冀司法大数据为基础，运用人工智能等新技术对京津冀区域的司法运行态势、社会矛盾纠纷运行情况、司法协同情况等进行综合评估分析，以及对个案的法律适用进行智能化辅助，以此增强京津冀三地司法协

① 高鲁嘉：《人工智能时代我国司法智慧化的机遇、挑战及发展路径》，载《山东大学学报（哲学社会科学版）》2019 年第 3 期。

同运行的合力，促进法律跨区域的统一适用。因此，人工智能等新技术与司法的深度融合，为司法描绘了美好的蓝图，为京津冀司法协同提供了新的契机，亟待从技术研发与应用、司法大数据建设、复合型人才培养等方面建立京津冀司法协同的技术支持机制，运用新技术全面打造“数字法庭、智能司法”，促进跨区域司法的协同运行，为京津冀协同发展提供强有力的保障。

一是加强司法运行关键技术与装备的研发和推广应用。数字法庭、智慧法庭需要以科技作为支撑，提升法庭硬件装备的科技水平。2018年，由科技部牵头，会同最高人民法院等制定了“公正司法与司法为民关键技术研究与应用示范”专项研发计划，两批指南确立了27项研究任务，每项研究任务中又分为若干个具体任务，涵盖了司法运行的方方面面。这些技术的研发应用对于法院的意义可谓不可估量，甚至某些研发构想对传统司法运行模式具有颠覆性。从京津冀三地各级法院的司法智能化情况来看，与“两批指南”确定的任务存在相当大的差距，此亦为全国法院存在的共性问题。对于京津冀法院而言，一方面，可借此机会，积极主动地参与到科技部组织的有关司法关键技术的研发与示范应用中，从司法运行的角度对技术和装备的研发提出更加精准、具体的要求，并为技术研发单位提供应用条件，包括将新研发的技术装备引入法院进行运行调试，以及组织人员共同研究如何进行技术改进等。另一方面，三地法院特别是高院可以已发布的“指南”为基础，对司法运行的关键技术和装备需求进行细致的梳理，然后按照“智能司法”的总体思路，自行地组织相关技术研发并进行应用试点，对于运行效果良好的技术在更大范围内予以推广应用。从成本角度来讲，法院自行研发的成本较大且无充足的经费保障，但法院在技术与装备的研发过程中应当参与其中，为技术研发的承担单位提供专业化的指导和要求。此外，京津冀法院需要进一步加强新技术的推广应用，目前法院信息化建设仍处于彼此孤立的状态，无论是信息化系统对接还是未来司法运行关键技术与装备的应用，都应当坚持技术一体化、同质化的思维，切实打通三地之间的技术壁垒，实现无缝对接。可以乐观地期许，人工智能在司法领域的普遍推广应用，可能如同当今普遍使用计算机操作一样，将会成为一种常态。

二是加强京津冀司法数据共享以及司法大数据建设。司法大数据是人工智能支持司法运行的“原料”，如果没有海量的数据，人工智能在司法中便无法运行，亦无意义。无论是借助于人工智能对京津冀司法运行进行宏观分析还是促进三地裁判标准统一，都需要以京津冀司法的“全数据”作为支撑。但司法大数据的构建不同于互联网数据，每一条数据都应当是经过法院认定的具有权威性的数据。因此，其一，京津冀三地各级法院需要加强对现有司法数据的共享力度，除了按照最高人民法院的要求公开生效裁判文书外，三地高院可协商建立法院内部司法数据库，进一步扩大数据共享的范围。其二，京津冀司法大数据建设不仅在于“量”，更要讲求“质”，确保每一条司法数据都具有价值和意义。尽管运用技术手段可以对数据进行“清洗”，而且清洗数据是大数据应用的一个重要环节，但对司法数据的“质”的要求更侧重于其“价值性”，而数据清洗的目的在于确保“相关性”。为此，一方面，法官应当切实提升司法文书的制作质量，比如裁判文书应着重于说理，能够让人工智能自动识别并准确归纳出“裁判要旨”；另一方面，应当按照裁判层级评估的需要，建立“从多数据向精准数据转型的模式”，即“精准数据获得的初始阶段需要法律专家和实务工作者通过设置监督性学习和深度学习的方式对程序进行不断地调试。法官可以通过自然语言的输入获得：最相近的文书且裁判文书的正确性是经过论证的；对适用法条的深度剖析；对裁判文书裁判思维的统计分析；对裁判文书行为导向的统计分析”。“裁判层级的本质即是借助大数据和云计算等技术，以量化、前瞻性的形式对裁判的水平做出评定，把涉及多元性、多层次性、多面向性、多维度的裁判复杂系统，结构化为高、中、低三个层级，以此作为评价裁判的尺度。”[①] 因此，京津冀司法大数据的构建具有极强的专业性，初级阶段可主要着眼于司法数据共享，未来需要建立完善的司法大数据构建机制，对数据的“质”进行严格的审查和分级，确保基于司法大数据的智能分析结果能够为京津冀司法协同运行和法官裁判提供科学的依据。

三是加强司法与人工智能等技术相融合的复合型人才培养。司法与人工智能等计算机科学的深度融合已是不可阻挡的趋势，但人才培养的学科断层始终是技术应用的“软肋”：精通计算机技术的不太懂法律和司法运行过程，而精通法学以及司法实务的则对计算机技术是“外行”。前文已提到，对于诸如民事执行网络查控等此类相对比较简单的技术推广，也存在着执行人员的思想认识、能力等跟不上的问题，而人工智能等在司法中应用更需要精通法律和计算机技术的复合型人才。一方面，在技术研发阶段，需要法律人才全程参与并提供专业化的研发需求，甚至可以说，法院需要什么样的软件和硬件，运用该软硬件后司法将如何运行以及结果如何，这些问题都需要法律人才设计出“蓝图”，而计算机人才只是按此“蓝图”进行技术层面的设计。人工智能、云计算等技术发展成熟后，主要侧重于技术的应用推广，纯粹性的创造性工作或创意将会减少，而对复杂的司法运行的方方面面进行梳理则是一项艰巨的工程，因而，复合型人才的培养应当是内源性的，着眼于从精通法律的人才中培养具有技术禀赋的研发人才。另一方面，为适应京津冀司法协同以及人工智能等技术的司法应用之需要，京津冀三地各级法院应当未雨绸缪，对法院所有人员进行技术培训，首先让他们克服畏难情绪，了解计算机基础知识，熟练掌握司法运行系统的基本操作，督促他们尽快地融入信息化时代的司法场景中，进而在各类软硬件上线运行后，及时开展全员培训。同时，新招聘录用人才时，在

---

① 余斌：《论大数据人工智能时代司法裁判层级的适用——以商事裁判为例》，载《学术研究》2018 年第 3 期。

符合基本条件的前提下，可对精通计算机的法律人员予以优先考虑，逐渐培养和打造能够适应人工智能时代司法运行的复合型、高素质人才队伍。

四、结语

人工智能、云计算等技术与司法的深度融合，尽管很多具体技术尚处于研发阶段，但已付诸实践的河北“智审 1.0”、类案和关联案件检索推送、辅助智能决策系统等昭示了科技在司法领域具有蓬勃的生命力，也确实提升了司法运行的质量和效果，并逐步地重构着司法运行模式，信息时代的司法将迎来深刻的变革。对于京津冀三地各级法院而言，应当以此为契机，向技术要生产力，不断提升法院的科技化水平，深化京津冀司法的协同运行，更好地服务和保障京津冀区域的协同发展。

第四节　京津冀司法协同的人才保障机制

自党的十八届四中全会通过的《中共中央关于全面推进依法治国若干重大问题的决定》提出“建设高素质法治专门队伍”以来，习近平总书记在中央政法工作会议上对“加快推进政法队伍革命化、正规化、专业化、职业化建设”提出了更为精准的论述。进入新时代，“法院队伍要准确把握人民群众多元化多层次司法需求，进一步强化以人民为中心的司法理念，进一步改进司法作风、提高司法能力，推动司法供给侧改革，提供更多优质高效的司法服务和司法产品，努力使人民的获得感、幸福感、安全感更加充实、更有保障”，[①] 这既是对法院人才队伍建设的要求，也是京津冀法院助力京津冀协同发展的客观需要。近年来，在最高人民法院的指导和京津冀三地高院的推动下，法院人才队伍建设取得了一定成效，但地区差异性较为明显、基层人才素质有待提升、人才培养与职业发展渠道不够畅通等问题仍较为突出，亟待进一步完善京津冀人才队伍一体化建设机制，不断提升法院化解社会矛盾纠纷和服务保障京津冀协同发展的能力，并为其提供坚实保障。

一、京津冀法院人才队伍建设的客观动因

当今社会的竞争是人才的竞争，人才是各项事业发展的根本动力。对于法院而言，无论审判执行还是司法管理、法院行政工作，都需要高素质的人才作为保障。特别是对于以裁判为核心的司法正义而言，“对正义质量具有最深远影响的乃是正义生产线的操作者和维护者，即法官。总体上说，一个国家有什么样的法官，便有什么样的正义。法官的素质、能力、公信水平如何，直接决定着正义的供给充分程度。”[②] 因此，在京津冀协同发展的背景下，三地各级法院更需要切实加强人才培养，打造高精尖的审判、执行、法院行政、法警等团队，增强法院的整体战斗力，为京津冀协同发展提供人才支持和保障。

京津冀法院加强人才队伍建设是满足人民群众日益增长的司法需求的需要。司法是一项专业性活动，公正和效率是司法永恒的两大主题。随着民众法律意识和维权意识的日益增强，对司法的需求也更加强烈，对司法的要求越来越高，集中体现为民众对司法的多元化需求。一方面，法院是依法适用法律裁判案件的专门机构，民众发生纠纷后

---

① 徐隽：《加强新时代人民法院队伍建设——访最高人民法院党组成员、政治部主任徐家新》，载《人民日报》2018年2月24日，第2版。

② 杨小利著：《司法体制改革背景下法官养成机制研究》，中国政法大学出版社2018年版，第3页。

期待法院严格按照法律规定裁断是非，阐释法律规则，明确人们的行为预期，从而实现法律正义；另一方面，法律适用具有自身无法克服的局限性，除需要经过严格的司法程序、当事人当庭质证的证据支持外，还存在着“法律事实”与“案件事实”的不完全一致性等问题，由此体现出的法律正义与民众观念层面的实质正义存在差异，如何尽最大限度地弥合二者之间的间隙，考验着法官的司法能力。此外，当事人在诉讼中的主体性地位日益凸显，既注重诉求的充分表达，又期望法院提供多元化的纠纷解决机制，促进民事纠纷解决“合意”的达成，与此同时，在坚持公正的前提下，对纠纷解决的效率也提出了更高要求，希望法院提供更加便捷高效的司法服务。因此，“以当事人为中心”是法院践行“司法为民”宗旨应当坚持的根本理念。习近平总书记提出“努力让人民群众在每一个司法案件中都感受到公平正义”，这一重任落在法院所有人员的身上，他们是否具有高尚的司法人格、扎实的专业知识、精湛的司法能力，决定着法院能否肩负起时代赋予的司法重任，能否满足人民群众日益增长的司法需求。对于京津冀法院而言，切实提升审判、执行、行政管理等领域的人员素质和能力，运用司法手段积极参与社会综合治理，妥善化解各类社会矛盾纠纷，及时修复当事人之间的社会关系，不仅是满足当事人司法需求的应有之意，而且对于维护京津冀社会和谐稳定具有重大的政治意义。

京津冀法院加强人才队伍建设是提升司法公信和权威的需要。一般而言，司法公信力的提升和司法权威的维护，直接地取决于裁判结果是否公正，亦即事实认定是否准确、法律适用是否正确以及能否赢得社会的广泛认可，此即法律效果与社会效果的统一。此外，人们对法院及其工作人员的总体认知和评价，也是司法公信和司法权威的重要影响因素。上述两个层面，最终将聚焦到法院人员身上，体现为由个人的司法人格所聚集的法院品格。“具体来讲，法官司法人格在司法中具有以下作用：1. 高尚的司法人格会给当事人以良好的印象，有助于双方实现良好的情感沟通，保障办案秩序、证据收集和裁判的执行。2. 在情感认同的基础上，高尚的司法人格会对当事人起到行为示范的作用，有利于刑事犯罪分子认罪服法，有利于民事行政案件当事人纠纷的解决。3. 司法人格具有对真理与正义的形象化作用，有利于形成纠纷解决机制和维护人民法院的权威。4. 司法人格作为一种现实的伦理存在，会对社会的道德环境产生净化作用，使普通公民的行为有了参照系，具有言传身教的示范作用。5. 司法人格对于法官的办案行为具有制约作用，使法官能自觉依照法律和社会的公平观念办理各种案件，保持清正廉洁的司法品德，保障案件审理的公正性。6. 法官司法人格的养成会促使法官更加努力地工作和学习，提高工作质量和效率，不断适应审判和执法实践的需要。”① 事实上，司法人格不仅仅是一种品格，而是包括德、能、勤、绩、廉在内的综合素质的体现，也不仅仅是法官应当具备的人格，而是法院所有工作人员具备的基本素质。京津冀法院加强人才队伍培养，在各个岗位上锤炼一批具有司法人格的专业化团队，对于树立法院形象、维护法院声誉以及提升司法公信和司法权威具有强大的推动作用。

京津冀法院加强人才队伍建设是服务保障京津冀协同发展的需要。当前我国正处于实现“两个一百年”奋斗目标的历史交汇期，迎来了前所未有的发展机遇，同时也面临着社会矛盾和社会风险交织叠加的挑战。一方面，京津冀协同发展等重大国家战略到了升级加力的关键阶段，任何环节的问题都可能引发连锁反应，影响工作进展，甚至波及全局。国内外的各类干扰渗透等活动从未停止，防范安全风险的形势严峻，在京津冀区域尤为凸显。京津冀区域的公共服务不均等、利益分配不均衡、产业政策不一致等，在《规划纲要》实施过程中，各类要素的跨区域流动以及相应的政策变革引起利益格局调整，甚至某

① 钱怀瑜：《论法官司法人格的养成》，载《河南社会科学》2009 年第 4 期。

些方面正在进行着重构性的改革，涉及户籍、住房、教育、养老、医疗等民生领域，势必引发各类新情况新问题新矛盾，都将给社会稳定带来潜在风险。另一方面，京津冀协同发展也将进一步激活三地的各类要素资源，市场行为更加活跃，创新驱动更加显著，各类新型的社会关系不断涌现，与之相对应的法律关系也将面临持续性变革，在此过程中将会出现大量的新类型矛盾纠纷，涉及知识产权、金融、农村土地乃至小区管理等多个领域。这不仅对京津冀的社会综合治理带来了新的挑战，而且可能演化为司法案件进入诉讼，而法院作为社会治理的责任单位，既要在政法委的协调下与其他单位共同加强社会治理，又要切实履行司法职责，依法审理各类案件和化解社会矛盾纠纷，坚决维护京津冀区域的社会和谐稳定。京津冀法院应对上述两个层面的挑战，根本的在于打造一支跟得上时代发展潮流的高水平人才队伍，既能协同应对传统型社会风险以及矛盾纠纷，又能够以深厚的专业功底和丰富的司法经验应对新类型案件，通过充分发挥司法功能，为京津冀协同发展提供专业化服务和坚实保障。

京津冀法院加强人才队伍建设是顺应全面深化司法改革的需要。法院人员分类管理是全面深化司法改革的重要内容，随着员额制、司法责任制等改革的推进，员额法官、法官助理、书记员以及司法警察等人员管理序列已基本明晰。2019 年 2 月 27 日，最高人民法院印发的《关于深化人民法院司法体制综合配套改革的意见——人民法院第五个五年改革纲要（2019－2023）》进一步提出“全面推进人民法院队伍革命化、正规化、专业化、职业化建设，遵循干部成长规律，完善法官培养、选任和培训机制，强化干警政治训练、知识更新、能力培训、实践锻炼，努力提升队伍政治素质、职业素养、司法能力和专业水平，确保各类人员职能分工明晰、职业保障到位，构建中国特色社会主义法院人员分类管理和职业保障制度体系”的目标，并将“健全人民法院人员分类管理和职业保障制度体系”作为一项重要改革内容，提出完善编制动态调整机制、法院人员分类管理制度、法官选任机制、法官单独职务序列配套举措、法院人员教育培训机制以及健全法院人员待遇保障机制和审判辅助人员配备机制等。京津冀三地各级法院应当以该“意见”为指导，坚持习近平总书记提出的信念过硬、政治过硬、责任过硬、能力过硬、作风过硬等“五个过硬”的标准，“要按照建设高素质专业化法治工作队伍的要求，强化能力培养和实践锻炼，使法治工作者掌握新知识、熟悉新领域、开拓新视野，不断提高职业素养和专业技能”,[①] 不断提升各类人员的综合素质，让人才成为法院最靓丽的一道“风景”，助力京津冀协同发展。

综上，京津冀法院加强人才队伍建设具有多重动因，而京津冀协同发展战略的实施使之更加紧迫，其根本在于切实提升法院的司法能力，依法审理和裁决各类案件，妥善化解社会矛盾纠纷，对于人才力量相对薄弱的法院而言更是如此。面对涌入法院的各类新型案件或复杂疑难案件，现有的人才队伍能否得心应手地应对，此为三地各级法院均需认真检视的重大问题。

二、京津冀法院人才队伍建设的现状考察

人才队伍建设始终是法院发展的重中之重。为增强司法实务部门工作人员的法学理论水平，推动法学专家、律师等与立法工作者、法官、检察官的跨界流动，2016 年 6 月 2 日，中共中央办公厅印发了《从律师和法学专家中公开选拔立法工作者、法官、检察官办法》，一些法院据此公布了公开选拔的岗位，但进展不是很理想。比如，2019 年 9 月 26 日，某省的省委组织部、省委政法委、省法院、省检察院联合发布公告，计划从律师和法学专家中公开选拔法官 6 名、检察官 3

① 梁平：《法治工作者要做到“五个过硬”》，载《河北日报》2018 年 11 月 28 日，第 7 版。

名，但因报名人数不足取消了7个岗位。此外，近年来，所谓的法官“离职潮”屡次提及，而法官流失问题确已引起了重视。2014年《北京市高级人民法院工作报告》指出：“一批年轻法官逐步成长起来，但素质能力和审判经验还不适应日益复杂的审判工作。由于任务重、要求高、压力大、保障不完善，出现了人才流失问题”，[①]“近5年（注：2014年以前的5年），北京法院系统已有500多人辞职调动离开法院，法官流失现象严重，且主要集中在基层法院，离开的法官大部分经验较丰富，能力较强，流失速度还在加剧”。[②] 由此可见，加强法院人才队伍建设，稳定法官队伍，提升人才队伍的整体水平，是全国各级法院普遍面临的问题，而京津冀协同发展战略实施对三地人才队伍建设提出了更高的要求：一方面，基于司法协同治理的需要，人才相对匮乏、整体水平较低的法院急切需要“补短板”，以过硬的素质和能力融入京津冀协同发展的潮流中并为之提供优质的司法服务；另一方面，三地各级法院需要着力培养高素质的复合型人才，培育专业审判人才队伍，为知识产权、环境资源、海事海商、金融等专业审判机构的运行或专业审判储备人才。

为此，京津冀法院以分级分类培训、挂职交流、专业比赛等为抓手，着力加强司法能力培养和人才队伍建设。比如，北京法院2013－2017年间“重点围绕新法律法规、新知识领域和审判实务疑难问题开展培训，举办培训班483期，培训169430人次”，“举办审判业务专家评选、优秀裁判文书评比、司法业务技能比赛等活动，加强与法学院校的合作，举办一系列审判业务研讨活动，2017年有1000余名法官和100余名专家学者共同参与审判业务规范研讨论证活动”，“全市法院有1107人入选‘十百千’人才工程，110人入选首都法学高级人才库，

① 参见慕平：《北京市高级人民法院工作报告——2014年1月19日在北京市第十四届人民代表大会第二次会议上》，载《北京日报》2014年2月10日，第2版。

② 邹坚贞：《法官离职为哪般》，载《中国经济周刊》2015年第20期。

在全国法院学术讨论会、优秀案例分析评比中，北京法院连续多年居全国第一”；[①] 2018 年“举办培训班 122 期，培训 2.1 万人次，提高法官正确适用法律、解决矛盾纠纷的能力。完善干部基层挂职、交流锻炼机制，注重在办理重大复杂案件和急难险重任务中锻炼干部、提升素质。开展模范法官、审判业务专家、优秀裁判文书评选活动，与相关高校建立合作共建机制，开展高层次人才培养。在法院系统学术论文比赛、优秀案例评比中，北京法院保持全国领先”。[②] 天津法院 2013 - 2017 年间“在全国省级法院首推公务员单独统一招录；采取上下级法院互派挂职、外派挂职、选派驻村帮扶干部等方式锻炼干部 150 名；实施教育培训‘965 工程’，线上线下培训 886 期 36216 人次；承担国家和市级重点调研课题 30 项，232 项调研成果和法学论文在全国获奖，市高院出版法学专著 13 部，全方位提升干警司法能力。法官教育培训工作连续三年在全国法院量化考核中排名第一。”[③] 河北法院 2013 - 2017 年“省法院先后组织各类业务培训班 287 期，培训干警 22.93 万人次，不断增强广大干警改革创新、群众工作、驾驭风险的本领”；[④] 2018 年“注重案例教学、网上教学，省法院组织线上线下培训 73 期 8.94 万人次，采取上下级法院互派挂职、与高校法学院校合作、选派驻村帮扶干部等方式锻炼干部 76 人，全面提升队伍整体司法能力”。[⑤]

---

① 参见北京市高级人民法院院长杨万明 2018 年 1 月 28 日在北京市第十五届人民代表大会第一次会议上作的《北京高级人民法院工作报告》，http：//www.bjcourt.gov.cn/article/newsDetail.htm? NId = 100002867&channel = 100001012，最后访问时间 2020 年 1 月 9 日。

② 参见北京市高级人民法院代理院长寇昉 2019 年 1 月 18 日在北京市第十五届人民代表大会第二次会议上作的《北京市高级人民法院工作报告》，http：//www.bjrd.gov.cn/zdgz/zyfb/bg/201902/t20190211_ 191070.html，最后访问时间 2020 年 1 月 9 日。

③ 参见天津市高级人民法院院长高憬宏 2018 年 1 月 26 日在天津市第十七届人民代表大会第一次会议作的《天津市高级人民法院工作报告》，http：//www.tjrd.gov.cn/tjsrmdbdh/system/2018/03/05/030010074.shtml，最后访问时间 2020 年 1 月 9 日。

④ 参见卫彦明：《河北省高级人民法院工作报告——2018 年 1 月 27 日在河北省第十三届人民代表大会第一次会议上》，载《河北日报》2018 年 3 月 3 日，第 6 版。

⑤ 参见河北省高级人民法院院长卫彦明 2019 年 1 月 15 日在河北省第十三届人民代表大会第二次会议上作的《河北省高级人民法院工作报告》，http：//www.hbrd.gov.cn/system/2019/02/02/019430974.shtml，最后访问时间 2020 年 1 月 9 日。

除了京津冀法院各自组织的培训交流外，在京津冀协同发展的语境下，三地法院开展跨区域培训和交流。2017 年 2 月，最高人民法院印发了《关于加强京津冀三地法院人员培训和法官交流工作的意见》，正式建立了京津冀三地法院人员培训和法官交流工作机制，包括建立京津冀法院干警培训合作共享机制、建立三地法院法官挂职交流锻炼机制以及建立培训交流的常态化协商机制和人员信息资源共享平台等。根据最高人民法院制定的《2017 年京津冀三地法院合作培训和法官交流计划》，三地法院有计划地互派人员挂职交流。以廊坊中院为例，接收天津河北区、北京大兴区、北京平谷区的三名法官挂职，其中天津河北区的法官为全国刑事审判专家和行政审判专家，从事刑事审判已三十多年，异地挂职交流有利于促进不同法院之间互相学习、互相借鉴，提升法官个人以及法院相关领域的审判水平。2019 年 6 月 5 日，京津冀高院签署的《关于京津冀协同发展服务保障雄安新区建设合作框架协议》，进一步提出健全法官挂职交流常态化机制、健全人员培训和工作交流的常态化协商机制以及建立学术协同研究制度等，着力推进京津冀人才队伍的一体化建设。

从上述情况来看，京津冀法院建立了比较完善的人员培训、异地交流挂职等机制，对于人才队伍建设起到了积极的推动作用。特别是三地高院组织的专业知识培训，及时地对法律法规修订以及相关司法解释进行跟进，使法官知识更新成为常态。此外，诸如京津冀三地法院共同举办《民法总则》专题视频讲座、环境资源保护审判培训班等，促进三地法官对法律的统一适用。从人才队伍建设的角度来讲，以京津冀三地司法协同为目标，仍存在以下主要问题：

一是人才素质的区域性差异较大，成为制约京津冀司法协同运行的现实障碍。一方面，京津冀三省（市）之间的人才素质呈现阶梯状分析，总体布局不均衡现象突出。以跨区划环境资源案件集中在河北管辖为例，“河北省高级人民法院或其环保审判庭建制属于河北省，其管辖的案件却是京津冀三地的生态环境保护案件，由于河北省公共服务方面同北京和天津之间存在较大差距，其整体环境司法能力与公正性将备受京津质疑”,[①] 其反映的实质是三地的人才队伍素质差异。另一方面，同一省（市）辖区内不同层级法院的人才队伍也存在着显著差异，甚至与法院层级相匹配，呈现出明显的层次性。特别是基层法院及派出法庭，承担着70%左右的一审案件，面临着人员少、业务水平偏低的双重困境。

二是法院人员分类管理改革有待配套推进。目前已形成了比较清晰的法院人员序列，《关于深化人民法院司法体制综合配套改革的意见——人民法院第五个五年改革纲要（2019－2023）》将“健全人民法院人员分类管理和职业保障制度体系”细化为十个具体机制或系统，法院各类人员最关心的或许是与切身利益相关的待遇、职业发展等现实问题，而这些问题的解决并非法院一家之力可为，需要财政、编制等部门的协同推进。此外，在职业化、专业化人才培养的基础上，随着员额制改革与审判团队建设的不断深化，如何打通法官助理与法官之间的职业通道，如何为书记员以及综合管理人员提供晋升渠道等，仍待进一步研究。从根本上来讲，这些涉及法院对人才能否“引得来、留得住、用得好”的问题。

三是京津冀三地人才培训和交流挂职有待进一步扩大规模且常态化。2018年6月，第一批异地挂职结束后，目前尚未启动第二批，人员异地流动未常态化、制度化。出现此类情况的主要原因在于：一方面，受“案多人少”矛盾的困扰，各地法院普遍“派不出人”，如果外派一名人员而无对应的人员增补，就意味着该岗位的工作任务需要分担给其他人，进一步增大了其他人员的工作量。此外，目前外派跨省（市）乃至省（市）内不同法院挂职的人员往往是业务骨干或具有

---

① 李雷、李庆保、张勇：《京津冀协同环境司法中的集中管辖问题研究》，载《河北法学》2017年第11期。

培养潜力的优秀分子，对派出法院而言更是难以做出“两全其美”的抉择。另一方面，异地挂职交流的短期性，制约着京津冀人才跨区划流动的效用。尽管挂职的考核由接收法院与派出法院共同负责，但法官挂职结束后仍回原法院，且挂职的期限较短，一般为一年，派出法院、接收法院以及挂职法官的态度迥异，因无明确而刚性的制约机制，导致挂职交流的效果难以达到预期。

三、京津冀法院人才队伍建设的机制优化

京津冀协同发展对三地法院人才队伍建设提出了更高、更迫切的要求，亟待进一步细化和优化机制。“人才培养机制应该是一个有机的整体，各要素之间环环相扣，相互支撑，共同发挥作用”，“真正的人才培养不仅要求法官学习知识，更重要的是培养为法院的共同目标而奋斗的意识和能力”。[①] 对于京津冀法院而言，既要从体制机制层面逐渐打破人才选拔和流动的区域性壁垒，又要着眼于法院内部的人才培养机制建设，构建京津冀一体化的人才队伍建设模式。

一是逐步建立京津冀一体化的人才选拔和流动机制。自法官员额制改革以来，京津冀三地均建立了省级法官遴选委员会，负责初任法官人选专业能力的审核，实现了法官的统一选任。在此基础上，京津冀三地可逐步建立针对各个序列人才的一体化选拔机制。具体思路是：一方面，可对书记员、法警、行政工作人员等从事事务性工作的人员，建立京津冀三地联合招聘选拔机制，统一报考和录用条件，共同公布岗位需求，联合组织选拔考试，从选拔环节保障京津冀三地各级法院事务性工作人员的基本素质。另一方面，对于初任法官的能力审核和选拔，可由三省（市）法官遴选委员会联合组织遴选，保证所选拔的

① 王梓臣：《构建系统高效的法院人才培养机制》，载《山东审判》2016年第1期。

初任法官具备在京津冀区域的任一基层法院开展工作的能力。同时，上述各类人才在填报志愿时，鼓励从京津冀三地选择不同的法院并进行调剂录用。在逐步统一各类人才统一选拔机制的前提下，严格按照《法官法》第17条的规定，初任法官一般到基层法院任职，上级法院法官一般逐级遴选，将优质的法官资源向基层法院倾斜，并为其预留充足的职业发展通道。对于书记员、法警、行政工作人员等，可参照初任法官的选拔任用机制执行。此外，应当进一步深化京津冀三地各级法院的人才交流机制，可由京津冀三地高院对辖区内各级法院的岗位和人员状况进行全面摸底测算，确定比较科学合理的岗位需求标准，并将现有的异地挂职分为短期、中期和长期三个不同的期限，由京津冀三地高院联合遴选异地挂职人员，分派给人员明显紧缺的法院，对于挂职期限较长且表现突出的挂职人员，可经三地有关法院协商就地留用，并给予职务、待遇等方面的妥善安排，促进京津冀三地法院人才跨省（市）的自然流动。

二是建立健全京津冀法院各类人才的职业发展机制。法官员额制改革进一步优化了法院人员结构，引导优秀办案人才向一线集聚，促进了司法运行的专业化、集约化。“目前来看，完成员额法官遴选仅是形式上完成了法官员额制改革，如何充分释放法官员额制改革的整体效能，还需要按照法官员额制改革的内在要求，进一步加强系统集成和综合配套，持之以恒，久久为功。”① 员额制改革是法院人员分类管理改革的一部分，也最受关注，是否入额是衡量能否成为真正意义上的“法官”的分界线。在员额制引起法官高度关注的同时，也激发了法院其他岗位人员对职业发展的诉求。本质上讲，无论从事审判、执行等业务性岗位还是其他事务性岗位，都需要而且都可以涌现出一批综合素质良好、业务精湛的人才，因此，京津冀法院在逐步打通跨省

① 李宗诚：《准确把握法官员额制改革的深刻内涵》，载《人民法院报》2018年4月10日，第2版。

（市）人才流动的同时，更需要注重法院内部各类人才的培养，为其提供充分的职业发展通道。其一，对于书记员、法警以及其他事务性工作人员，可参照公务员职务与职级的管理规定，分别制定明确具体的职务与职级晋升条件，对于满一定年限且考核合格的人员自然晋升职级并享受对应的待遇，而对于表现优异的可破格晋升。其二，对于员额法官，按照《法官法》规定实行单独职务序列管理，并结合新时期法官履职环境等，制定和完善法官的等级设置、确定和晋升办法，增强职业发展对法官的吸引和激励作用。其三，对于未入额的法官助理，既要尊重其个人意愿，又要注重激发其奋进的动力和斗志。对于具有迫切入额意愿的，按照员额法官的遴选条件和程序组织遴选，使其以入额为目标，促使其努力提升业务能力和综合素质；对于因各种因素不愿入额的，尽力将其安排在合适岗位上，帮助其获得应有的尊荣感和责任感，立足岗位，精益求精，努力发挥所长。因此，法院人才职业发展机制的确立，不仅仅需要对各类人员提供应有的晋升渠道和待遇，还需要从软环境入手，从人员的思想深处入手，打造凝聚人心、积极上进的法院文化。

三是探索建立京津冀渐进式的法官养成机制。法官养成在法院人才队伍建设中居于重要地位。员额制改革以来，取消了以前的“助理审判员”职位，由员额法官、法官助理、书记员组成审判团队，法官助理在审判中起着辅助性作用，同时又是培养员额法官的重要源泉，由此形成“法官助理——员额法官”的法官养成机制。但从法官助理的职责定位来看，主要承担的是非判断性的事务性工作，无资格参与庭审、裁决等判断性的司法运行环节，“从承担非判断性辅助事务的法官助理直晋为履行判断性核心职权的员额法官，实际飞跃了低判断事务阶段，而直接达到高判断事务阶段，与法官养成规律不符”。[①] 此外，

① 李志增、李冰：《内生型塑造：法官助理三阶式养成路径探析——基于审判辅助事务与初任法官培养模式的契合》，载《中国应用法学》2019年第4期。

员额制改革后，法官的积极性也不同程度地受到影响。一方面，“一部分人员在入额后心理上易产生懈怠松散情绪，不愿将过多的精力投入到审判一线，得过且过与一劳永逸思想有所抬头”；[①] 另一方面，未入额但以前从事审判工作的法官的消极情绪更为明显，特别是在由年轻的入额法官负责的审判团队中，未入额的年长法官配合工作的主动性、积极性和执行力都相对较弱，总体上消解了员额制改革的整体边际效应。显然，这背离了改革的预期，主要原因在于由法官助理到员额法官的养成渠道还没有理顺，相关机制尚未细化。鉴于此，应以法官助理的培养为核心，附以对员额法官的考核考评与动态管理，将法官助理作为员额法官遴选的充足的后备力量。具体而言，作为一名合格的员额法官，不仅仅应当能够准确地适用法律，正确地行使审判权，而且应当对司法运行的整个流程及其细节以及司法文书制作等都具有充分的了解，能够独立地开展一切司法活动。因此，应当对法官助理分阶段进行渐进式的业务能力培养。其一，初级阶段（1 年左右）：以熟悉法院的整个业务流程以及代行书记员职责为主，对法官助理进行适应性和基本业务能力训练，使其尽快地融入并熟悉法院的工作环境和具体的司法情境。其二，中级阶段（3 年左右）：以介入司法裁判的基础性、程序性工作为主，可在员额法官的指导下，除了负责纯粹的程序性事务外，对案件卷宗材料进行整理，组织当事人进行证据交换，归纳争议焦点，起草裁判文书等，对法官助理的基础性司法能力进行系统训练。其三，高级阶段（5 年左右）：以培养法官助理的庭审驾驭能力为主，可在员额法官的指导和帮助下，由其负责调解、非诉、小额速裁等案件，在案件运行的关键节点，由员额法官给予必要的指导或亲自参与案件，逐渐培养法官助理独立的司法程序驾驭和裁决判断能力。

四是深化多元化的京津冀各类人才培训机制。京津冀三地高院的

① 张勇利：《论基层人民法院法官养成机制的构建与完善——以员额法官的定位为视角》，载《中共郑州市委党校学报》2018 年第 1 期。

《工作报告》显示，每年开展了各类业务培训班，不断地促进法官的知识更新，提升其业务能力。但总体来看，仍存在培训的受众面相对较窄、偏重于业务知识培训、培训方式单一等问题，反映出三地各级法院仍存在着“重使用、轻培养”的问题。鉴于此，在京津冀协同发展的背景下，三地法院的人才培训应以提升跨区域的司法协同能力为主导，对员额法官、法官助理、书记员、法警、行政人员、信息技术人员等，采用多元方式展开分类分层次培训，提升其岗位应用能力和区域协同能力。其一，拓宽培训的受众面，将员额法官和法官助理以外的人员纳入培训体系中，由三地高院协同共同开展业务培训和技能“大练兵”，为其“充电”，在提升其能力的同时，使其感受到法院的重视，激发其“精益求精”的工作热情，营造“每个岗位都需要且能培养优秀人才”的良好氛围。其二，创新人才培训的方式。对于参加法官学院分院等举办的业务培训班的人员，可提出明确的要求，比如让其培训后提交精炼的培训笔记，或面向审判团队、业务庭或法院汇报培训情况或进行转训，既督促其消化知识，又达到“以点带面”进行全员培训的目的。除了集中授课培训外，重点应拓展实践培训，比如定期组织业务能力强的法官围绕典型案件开展小组讨论或深层剖析，通过讨论式或示范性教学，增强法官的实际应用能力。其三，加强对理论知识的培训。随着人们法律知识水平的不断提升，包括调解在内，案件的处理从人情、经验转向法律、法理，而京津冀协同发展过程中所涌现出的新类型案件的审理，更需要法官精通法律知识并深刻地理解有关法理，能够运用法学理论对案件事实和法律适用进行深入的阐释，因而，法院需要加大与高校等的合作力度，组织法学专家对法律适用中的疑难复杂问题进行法理辅导，提升法官的理论水平。此外，随着司法体制综合配套改革的不断推进，我国司法运行模式发生了重构性变革，催生了更多的亟待深入研究的课题，除了最高人民法院组织的司法系统内征文外，法院可每年确定若干个研究方向，鼓励有兴趣的人员开展调研论证，增强其对司法改革实务的理论认识，培养兼具理论水平和实务经验的综合性人才。

四、结语

人才队伍建设是京津冀法院各项工作蓬勃发展的不竭动力，是司法服务和保障京津冀协同发展的有力支撑。京津冀三地法院之间的人才队伍不平衡现象在一定时期内将持续存在，跨省（市）的人才交流挂职等为促进法官异地流动提供了新的契机，但与京津冀协同发展对三地法院人才的同质化需求尚存在相当大的差距。鉴于此，京津冀法院需要探索一体化的人才队伍建设机制，逐步打破人才选拔、培养和流动的行政区划壁垒，同时加大内部挖潜，加强对各类人才的分类分层级培训力度，为满足人民群众日益增长的司法需求和切实提升司法质效提供源源不断的人才支持。

后　记

京津冀协同发展重大国家战略提出以来已有五年，中共中央、国务院决定设立雄安新区亦两年有余，围绕疏解非首都功能、解决北京"大城市病"以及打造世界级城市群和新的经济增长极，京津冀三地按照中央总体部署有条不紊地推进京津冀协同发展和雄安新区规划建设，不断取得新突破。为进一步深化京津冀司法协同治理的理论研究，建立健全司法协同治理机制，构建京津冀司法协同运行模式，更好地服务和保障京津冀协同发展战略实施，笔者对相关问题展开研究，得到了河北省高级人民法院的支持并获得立项（立项编号：HBGF2017－01）。本书是对京津冀协同发展战略提出五年来，京津冀法院在立案、审判、执行等领域的协同实践进行持续跟踪和系统总结所形成的拓展性研究成果。

京津冀协同发展战略的实施是一项系统性工程，与乡村振兴战略等国家战略以及全面深化司法体制配套改革、法院信息化建设、"扫黑除恶"专项斗争、社会治理等具有密切的联系。课题组对北京、天津、河北的各级法院开展了实地考察、座谈交流和深度访谈，特别是对河北省 11 个地级市以及雄安新区的中级法院、基层法院及其派出法庭进行了广泛的实证调研，获取了大量的一手资料，增强了对相关问题的感性认知，问卷调查、座谈访谈的相关数据资料为本书提供了鲜活的素材。2017 年 9 月，在河北省高级人民法院的大力支持下，负责组织了"京津冀协同发展司法服务和保障论坛"，最高人民法院以及北京、天津、河北、上海、深圳等各级法院和高校、科研机构的专家学者，共同探讨京津冀司法协同相关问题，这是河北省内首次司法实务界和法学理论界展开了深层次的研讨交流，有力地推进了本书的研究工作。

本书的顺利完成，离不开有关单位以及专家学者提供的帮助。实证调研工作的顺利开展，得到了河北省委政法委、河北省高级人民法院以及各地有关单位和部门的倾力协助。特别是课题组成员刘宇琼、冯兆蕙等对书稿的提纲、框架以及相关内容提出了真知灼见，撰写了阶段性论文，为本书写作提供了实质性帮助，在此一并表示最诚挚的谢意！

京津冀协同发展和雄安新区建设尚处于起步阶段，京津冀司法协同治理的机制构建和深入推进任重道远，尚待进一步跟踪研究。本书的出版，既是五年历程的总结，更是新的起点，以此抛砖引玉，期望得到专家学者的批评指正。

图书在版编目（CIP）数据

京津冀协同发展司法服务与保障研究/陈焘，梁平著.—北京：中国法制出版社，2019.12
ISBN 978-7-5216-0732-1

Ⅰ.①京… Ⅱ.①陈…②梁… Ⅲ.①区域经济发展-法律保护-研究-华北地区 Ⅳ.①D927.202.29

中国版本图书馆 CIP 数据核字（2019）第 284773 号

策划编辑 胡斌　　责任编辑 胡斌 潘环环　　封面设计 李 宁

京津冀协同发展司法服务与保障研究

JINGJINJI XIETONG FAZHAN SIFA FUWU YU BAOZHANG YANJIU

著者/陈焘，梁平
经销/新华书店
印刷/三河市紫恒印装有限公司
开本/640 毫米×960 毫米 16 开　　印张/20.5 字数/255 千
版次/2019 年 12 月第 1 版　　2019 年 12 月第 1 次印刷

中国法制出版社出版
书号 ISBN 978-7-5216-0732-1　　定价：68.00 元

北京西单横二条 2 号 邮政编码 100031　　传真：010-66031119
网址：http://www.zgfzs.com　　**编辑部电话：010-66066324**
市场营销部电话：010-66033393　　**邮购部电话：010-66033288**

（如有印装质量问题，请与本社印务部联系调换。电话：010-66032926）